应用型本科经管系列教材 工商营销类

商务礼仪

主　编　步会敏　朱文仲

副主编　李　婷　方璐萍　王荣华

厦门大学出版社 XIAMEN UNIVERSITY PRESS | 国家一级出版社 全国百佳图书出版单位

图书在版编目（CIP）数据

商务礼仪 / 步会敏，朱文仲主编 ；李婷，方璐萍，王荣华副主编. -- 厦门 ：厦门大学出版社，2024. 9.
(应用型本科经管系列教材). -- ISBN 978-7-5615-9481-0

Ⅰ. F718

中国国家版本馆 CIP 数据核字第 2024J7B818 号

责任编辑　李瑞晶
美术编辑　李嘉彬
技术编辑　朱　楷

出版发行　厦门大学出版社
社　　址　厦门市软件园二期望海路 39 号
邮政编码　361008
总　　机　0592-2181111　0592-2181406(传真)
营销中心　0592-2184458　0592-2181365
网　　址　http://www.xmupress.com
邮　　箱　xmup@xmupress.com
印　　刷　厦门市金凯龙包装科技有限公司

开本　787 mm×1 092 mm　1/16
印张　14.25
字数　280 千字
版次　2024 年 9 月第 1 版
印次　2024 年 9 月第 1 次印刷
定价　42.00 元

本书如有印装质量问题请直接寄承印厂调换

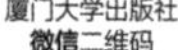

厦门大学出版社
微信二维码

厦门大学出版社
微博二维码

应用型本科经管系列教材
编委会名单

（按姓氏笔画排序）

总 序

教育是强国建设、民族复兴之基。习近平总书记在2024年9月召开的全国教育大会上强调,紧紧围绕立德树人根本任务,朝着建成教育强国战略目标扎实迈进。《墨子·尚贤》有言:“国有贤良之士众,则国家之治厚;贤良之士寡,则国家之治薄。”培养什么人,是教育的首要问题。随着国家对高等教育质量提升和创新型人才培养的日益重视,应用型本科教育以其鲜明的职业导向和实践特色,成为培养未来经济社会所需高素质、高技能人才的关键阵地。作为连接理论与实践、促进经济社会发展的重要桥梁,经管学科始终站在时代的前沿,不断创新教育模式、更新教材建设。在快速变化的全球经济版图中,全国各地积极探索地方特色鲜明的应用型人才培养体系,努力为区域经济发展输送高质量的经管类人才。鉴于此,我们精心策划并编写了应用型本科经管系列教材,旨在响应国家教材建设要求,为推进建设中国特色、世界一流的教育提供坚强保障。

一、回应时代呼唤:抓住新机遇,迎接新挑战

习近平总书记指出,教育数字化是我国开辟教育发展新赛道和塑造教育发展新优势的重要突破口。教书育人既要体现时代精神,又要回答时代之问。当前,全球经济一体化加速推进,信息技术日新月异,新兴产业层出不穷,这些变化不仅深刻改变了经济社会的运行逻辑,也对经管教育提出了新的挑战。如何回应信息技术的发展,推进教育数字化,是我们面临的重大课题。为紧跟时代脉搏,牢牢把握当前时代特征赋予经管教育的新使命和新任务,本系列教材在形式上不再局限于纸质书本的内容,通过提供丰富的数字化教学资源来满足新时代的教学需求,包括在线学

习资源、微课视频、电子课件、题库测试等，探索数字技术赋能教材建设之路，持续推动经管教育数字化改革创新。

二、创新人才培养：锻造“新商科”人才，支撑新质生产力发展

新质生产力以科技创新为驱动力，以高水平人才为支撑。传统经管教育体系非常关注管理和营销、金融与投资、会计等维度的素养培训和提升，但容易形成学科领地和专业边界固化的“知识孤岛”。新质生产力的要素构成转变，对经管专业人才的素质和技能提出了新的要求。面向未来，经管教育的发展必须适应科技的变革和社会的真实需求。教材建设是育人育才的重要依托，我们邀请了来自高校、企业、行业协会等多方专家共同参与编写，确保教材内容既紧跟学术前沿，又有足够宽广的视野，助力培养和锻造一批具有多学科知识背景、多方面实践技能的“新商科”高水平复合型人才，直接服务现代化产业建设与中国高质量发展，着力打造中国经济的升级版。

三、定位教材特质：强化应用导向，注重实践能力

传统的经管类专业教材通常侧重于理论体系的完整性和逻辑性，而应用型本科教育更关注理论的实际应用性和操作性。为了更好地体现应用型本科教育的实践导向，本系列教材紧密围绕应用型本科教育的人才培养目标，坚持“理论够用、重在实践”的原则，力求在内容安排上实现理论性与实践性的有机结合。本系列教材在编写过程中不仅重视基础理论的系统性讲解，还特别注重理论在实际经济管理活动中的应用场景和操作方法。教材中不仅涵盖了经管领域的基础理论和核心知识，还融入了国内外优秀的经典教学案例，精选了大量真实企业的管理案例，分析了行业热点问题和研究了典型经济现象，旨在通过模拟真实的工作场景和解决实际问题，提升学生的综合素质和实践能力。

四、开阔教学视野：服务国家经济，面向国际合作

在全球经济一体化的背景下，企业的经营和管理已经超越了单一国

家的范围。这就需要应用型本科经管教育围绕服务国家战略需求，促进中国经济和管理教育事业发展，培养既深刻理解中国国情和特色又具备全球视野的经济管理人才。因此，本系列教材在内容设置中，既注重结合我国经济背景和产业特点，展开如关于数字贸易发展、绿色经济转型、海洋经济发展等系列专题内容的深入分析；又引入了国际经贸理论、跨国企业管理、国际投资分析等内容，增强学生国际化视野和跨文化管理能力的培养。如此规划，既能提升学生在就业过程中的适应性和竞争力，又能为学生未来参与国际合作打下基础。

五、整合编写资源：确保内容科学性，增强教材适用性

采他山之石以攻玉，纳百家之长以厚己。本系列教材在策划之初，就先下好作者队伍的“先手棋”，得到了众多经管院校的大力支持。各院校注重发挥自身学科优势，联合一线教师共同将教学经验融入教材之中。各位编者在撰写过程中仔细打磨、反复论证，力求在内容的科学性、先进性和适用性上达到最佳平衡，用心打造培根铸魂、启智增慧的精品教材。同时，我们还通过广泛征求教师和学生的意见，不断改进教材的内容结构，使其更加符合应用型本科教育的实际需要。

应用型本科教育已然走上了提质培优、增值赋能的快车道。教材建设是推动教育创新的重要引擎，应用型本科经管系列教材的出版是对应用型本科教育改革和发展的一次积极探索。它不仅反映了高等教育服务国家经济的理念，也体现了教育界对应用型人才培养的深入思考和实践。我们期冀本系列教材能够在应用型本科教育中发挥重要作用，让更多院校和师生受益于优质教育资源，为学生提供更好的学习方向和成长机会。

程晨

2024 年 11 月

前 言

中华文明绵延五千年未曾间断，中华优秀传统文化历经五千年依然生生不息、薪火相传，为中华民族生生不息、发展壮大提供了丰厚滋养，给我们的文化自信打下了最厚重的历史根基。习近平总书记指出："泱泱中华，历史何其悠久，文明何其博大，这是我们的自信之基、力量之源。"党的二十大报告明确提出"推进文化自信自强，铸就社会主义文化新辉煌"的发展要求，并强调"传承中华优秀传统文化"。[①] 中华优秀传统文化是宝贵的财富，中华礼仪文化是其中的重要组成部分。

人是社会关系的总和，没有人能脱离社会群体独自存在，但是每个人都有自己的看法，有自己的行为方式。因此，需要一套大家都普遍认同并且具备可操作性的行为准则来对每个人的行为进行约束和规范，礼仪规范就可以发挥这样的作用。对一个人来说，学礼、遵礼、行礼，有助于提升个人思想道德水平、文化修养、人际交往能力；对一个社会来说，形成学礼守礼之风，有助于培育良好社会道德风尚，有利于社会整体文明程度的提升，能够推动社会的进步。

本书基于上述背景和相应考量，围绕各类商务活动和各种商务情景，基于商务人员最为需要、最具有应用价值的商务礼仪编写。全书主要内容包括商务人员形象礼仪、通联礼仪、商务宴请礼仪、办公礼仪、涉外商务礼仪等，其中穿插知识链接、礼仪故事等，以帮助学生拓宽知识面，增强学习的趣味性。本书既可作为高校管理类、财经商贸类专业学生学习商务

---

① 刘妍宏.在文化自信自强中传承中华优秀传统文化[EB/OL].[2024-05-03].https://theory.gmw.cn/2024-02/26/content_37165538.htm。

礼仪的教科书，也可作为从事商务工作和进行商务活动的社会人士提高礼仪修养、交际能力的读本和训练手册，还可作为各级各类组织对商务人员进行礼仪培训的教材。

本书在编写中，力求做到通俗易懂，实现基础性、应用性、趣味性、创新性的统一。前言、第一章“商务礼仪概述”、第三章“通联礼仪”由厦门大学嘉庚学院步会敏副教授编写；第二章“商务人员形象礼仪”由福建商学院方璐萍副教授编写；第四章“日常见面礼仪”由福建理工大学李婷副教授和王荣华副教授共同编写；第五章“商务往来礼仪”和第九章“办公礼仪”由福建师范大学协和学院黄丽燕老师编写；第六章“商务活动礼仪”由福建理工大学李婷副教授、王荣华副教授和福州理工学院朱文仲副教授共同编写；第七章“商务宴请礼仪”由福州理工学院陈思璇老师编写；第八章“求职面试礼仪”和第十章“涉外商务礼仪”由福州理工学院朱文仲副教授编写；最终的书稿审核和校对工作由步会敏、朱文仲负责。此外，福建理工大学屈峰老师、郑琳老师、陈玲晖老师、郑淑婷老师也参加了本书的编写工作，厦门大学嘉庚学院旅游管理专业2022级本科生董姿含、电子信息工程专业2023级本科生李松潭分别负责第一章、第三章修订和配图。在此一并表示感谢。

本书的顺利出版，得益于厦门大学嘉庚学院管理学院黄山河院长和李林霞老师的鼎力支持，离不开福建商学院和厦门大学出版社的组织策划和推进，在此表示由衷的感谢。在编写过程中，编写团队参考了很多礼仪方面的文献，团队各位老师所在院校的学生提供了非常好的素材，很多专家学者给予了指导和帮助，在此表示诚挚的感谢。由于时间和编者水平有限，书中难免存在一些疏漏和不足之处，恳请广大读者批评指正。

编者

2024年5月

目 录

第一章 商务礼仪概述 …… 1

第一节 中国礼仪文化溯源 …… 3

第二节 现代商务礼仪的重要性 …… 7

第三节 商务礼仪的特点 …… 10

第四节 商务礼仪的重要原则 …… 12

第二章 商务人员形象礼仪 …… 17

第一节 仪容礼仪 …… 19

第二节 仪表礼仪 …… 26

第三节 仪态礼仪 …… 39

第四节 言谈礼仪 …… 49

第三章 通联礼仪 …… 62

第一节 接打电话的礼仪 …… 64

第二节 收发邮件的礼仪 …… 69

第三节 新媒体礼仪 …… 72

第四节 交通礼仪 …… 77

第四章 日常见面礼仪 …… 85

第一节 握手与鞠躬礼仪 …… 87

第二节 介绍及递送名片礼仪 …… 91

第五章 商务往来礼仪 …… 96

第一节 商务接待礼仪 …… 98

第二节 商务拜访礼仪 …… 104

第三节 礼品馈赠礼仪 …… 108

第六章　商务活动礼仪…… 115
第一节　新闻发布会礼仪…… 122
第二节　展览会与展销会礼仪…… 125
第三节　商务谈判礼仪…… 130
第四节　庆典活动礼仪…… 136
第七章　商务宴请礼仪…… 144
第一节　中餐礼仪…… 146
第二节　西餐礼仪…… 151
第三节　宴会礼仪…… 155
第八章　求职面试礼仪…… 165
第一节　面试前的准备工作…… 167
第二节　面试过程中的礼仪…… 171
第三节　面试后的礼仪…… 174
第九章　办公礼仪…… 178
第一节　办公室公共区域礼仪…… 181
第二节　上下级交往礼仪…… 184
第三节　同事交往礼仪…… 188
第四节　商务文书撰写…… 192
第十章　涉外商务礼仪…… 197
第一节　涉外商务礼仪概述…… 199
第二节　各国商务礼俗及禁忌…… 203

第一章　商务礼仪概述

学习目标

知识目标

1.了解中国礼仪文化的起源。

2.理解现代商务礼仪的重要性。

3.掌握商务礼仪的特点。

4.掌握商务礼仪的重要原则。

能力目标

1.能判断礼仪起源不同说法的局限性。

2.能对商务礼仪的特点进行分析。

3.能在不同场合有效使用商务礼仪原则。

4.能结合时代特征对商务礼仪融会贯通、灵活运用。

素养目标

1.深化对我国礼仪文化发展历程的认知，在融会贯通的基础上增强文化自信。

2.随着时代的变迁、社会的进步和人类文明程度的提高，学会灵活变通地运用商务礼仪的技巧与方法，努力成为新时代高素质人才。

知识图谱

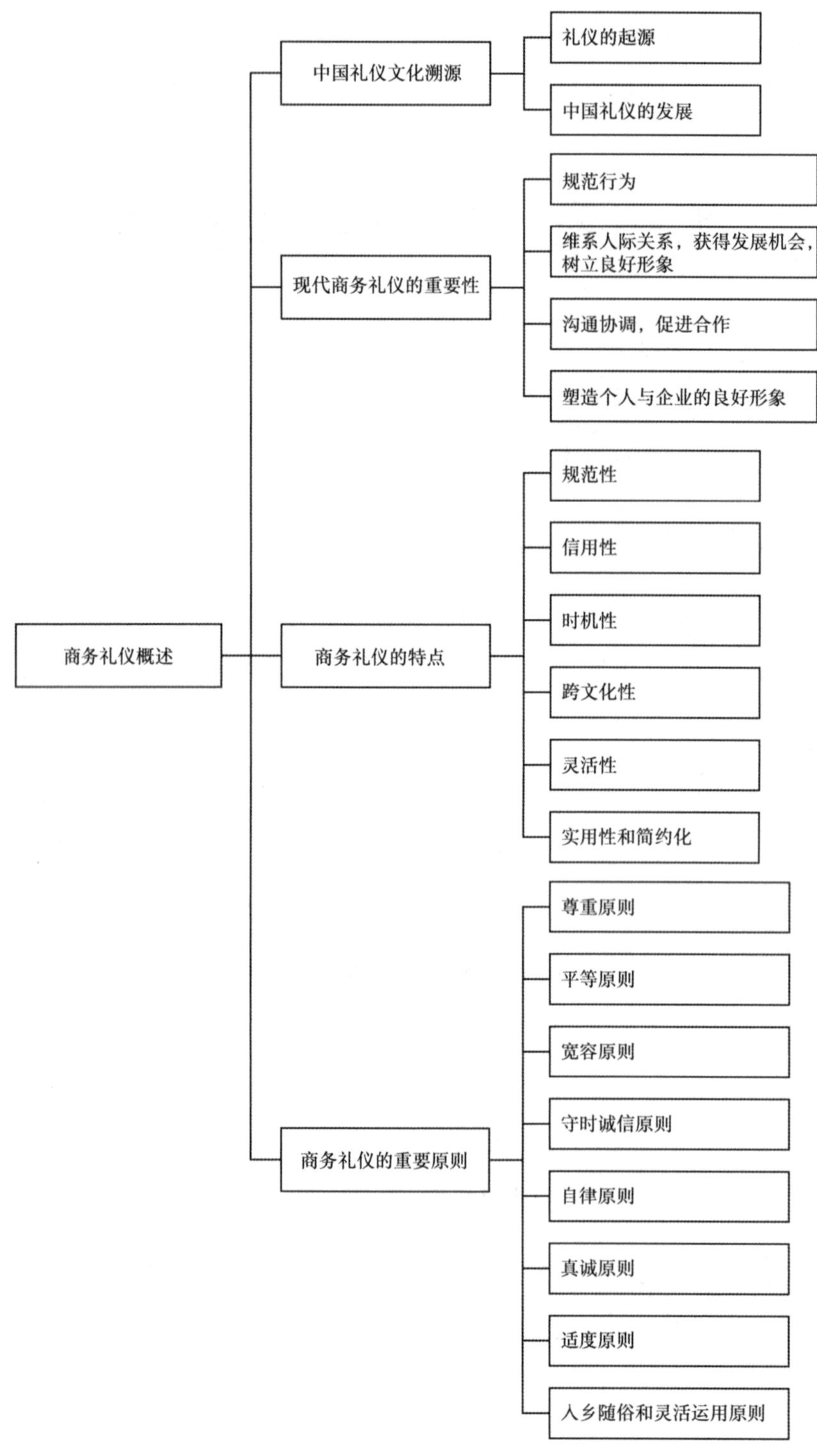
商务礼仪概述
中国礼仪文化溯源
礼仪的起源
中国礼仪的发展
现代商务礼仪的重要性
规范行为
维系人际关系，获得发展机会，树立良好形象
沟通协调，促进合作
塑造个人与企业的良好形象
商务礼仪的特点
规范性
信用性
时机性
跨文化性
灵活性
实用性和简约化
商务礼仪的重要原则
尊重原则
平等原则
宽容原则
守时诚信原则
自律原则
真诚原则
适度原则
入乡随俗和灵活运用原则

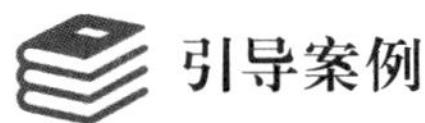

引导案例

曾子避席

曾子是孔子的高徒之一。有一次他坐在孔子身边求教，孔子问他："从前的圣贤帝王具有至高无上的道德、精要奥妙的理论，可以使天下顺从，子民和睦，君王和臣下之间没有抱怨，你知道是什么样的道德和理论吗？"曾子听后马上从座席上站起来，走到席子边上，恭敬地向老师作揖答曰："弟子还不够聪慧，哪里能够知道这些深奥的道理，还请老师赐教。"

分析：在这里，"避席"的动作虽小，但传递的道理却很深。曾子避席不仅表现了其践行礼法的坚定意志，还向世人传递了尊师重道的要义，他也因此成为世人学习的楷模。进一步而言，曾子的内在德性成就了其在儒家学派中的重要地位，可见修德对于修才大有助益。

第一节 中国礼仪文化溯源

中国作为四大文明古国之一，在5000多年的历史长河中留下了宝贵的财富，以其悠久的文明历史和丰富的礼仪文化而闻名，素有"礼仪之邦"的美誉。礼是中华传统文化的核心要素，是一种寓教于美的文明教化方式，有着中华民族特有的人文传统。

一、礼仪的起源

(一)关于礼仪起源的常见说法

1.天神生礼

"天神生礼说"代表人类图腾崇拜时期对原始礼仪的一种认识。《左传》有言："礼以顺天，天之道也。"

2.礼是天、地、人统一的体现

天、地对人有制约性，天、地和人还有统一性，而天、地又具有高于人类的主宰性。这一说法把礼引进人际关系中，相比"天神生礼说"有了很大进步，也体现了统治阶级是为了巩固自己的地位而设立礼制的。

3.礼起源于人的自然本性

这是儒家学派的创见。例如孔子以仁释礼，认为礼是处理人际关系的总则，仁是礼的心理依据；克己以爱人就是仁，用仁爱之心正确、恰当地处理好人际关系就是礼。

4.礼是人性和环境矛盾的产物

孔子提出“克己复礼”的观点。克己是解决人性与环境矛盾的方法，所以圣人制礼，节制贪欲。《论语》有言“不学礼，无以立”，可见文明礼仪的重要性。讲文明、重礼仪，是中华民族的优良传统，也是做人应具备的基本品质。

5.礼生于理，起于俗

清代政治家纪昀有言：“盖礼者理也，其义至大，其所包者至广。”“礼”通常与彬彬有礼相联系。在中国，这个字还蕴含着治理国家的深刻道理，即“礼”是各类规章制度的总称。

（二）“五礼”说

还有一种说法，认为古代的礼分两种：一是指典章制度，比如夏礼、周礼等；二是指人们的行为规范、礼节。春秋之后，礼被归纳为五大类，以吉、凶、宾、军、嘉为类目名称，统称为“五礼”。

1.吉礼

吉礼是“五礼”之首。古人祭礼为求吉祥，故称吉礼，主要是对天神、地祇、人鬼的祭祀典礼。《周礼·春官·大宗伯》云“以吉礼事邦国之鬼神祇”，将祭礼对象分为天神、地祇、人鬼三类，每类之下又细分为若干等。

祭天神：主要包括祭昊天上帝、日月星辰、司中、司命、雨师等。古代只有天子可以祭天。

祭地祇：主要包括祭社稷、五帝、五岳；祭山林川泽；祭四方百物，即诸小神。

祭人鬼：主要包括祭先王、先祖，祭祀必须在宗庙之中。

2.凶礼

凶礼多指丧葬、持服等礼仪，现多指不吉利之事发生后所用礼仪。凶礼主要包括如下几种。

（1）丧葬礼：对死者表示哀痛与哀悼之情的礼仪。

（2）荒礼：遇到饥荒年或瘟疫流行时，统治阶层表达体察灾情、与民同苦之意的礼仪。

（3）吊礼：当他国或他人遭受自然灾害后，统治阶层派人慰问的礼仪。

（4）恤礼：邻国遭乱时，统治者派人慰问的礼仪。

（5）袷礼：当他国遭敌人袭击后，同盟诸侯筹集财物予以援助的礼仪。

3.宾礼

宾礼是诸侯朝见天子及诸侯间相互拜访时的礼仪，主要包括天子受诸侯朝觐、天子受诸侯遣使来聘、天子遣使迎劳诸侯、天子受诸侯国朝贡或宴请诸侯(使者)等。《周礼·春官·大宗伯》云："以宾礼亲邦。"宾礼以天子为主，视诸侯为宾，因来宾身份、时间、目的的不同而又各有称呼，如朝、觐、宗、遇、会、同、问、视等。古代宾礼的主要意义是维护邦交，而随着"邦国"的不复存在，宾礼的意义也有所改变。后世则将皇帝遣使藩邦，以及外来使者朝贡、觐见及相见之礼也纳入宾礼范畴。

4.军礼

军礼，是指军队操练征伐之礼，与战事相关。《周礼·春官·大宗伯》云："以军礼同邦国。"《周礼》所说的军礼包括如下几个方面。

(1)大师之礼：召集和整顿军队。

(2)大均之礼：校正户口，调节赋征。

(3)大田之礼：检阅车马人众，亲行田猎。

(4)大役之礼：因建筑城邑征集徒役。

(5)大封之礼：整修疆界、道路、沟渠。

此外，校阅、刑赏、献俘、凯旋、马政等也都属于军礼之列。

5.嘉礼

嘉礼，是指维持和谐人际关系，沟通、联络感情的礼仪。《周礼·春官·大宗伯》云："以嘉礼亲万民。" 嘉礼的主要内容包括如下几个方面。

(1)饮食之礼：宗族内部通过聚酒饮食以加深联络和感情。

(2)婚冠之礼：古代男女成人后的加冠、加笄及婚礼。

(3)宾射之礼：射击比赛的礼仪。

(4)飨燕之礼：国君宴饮及设宴款待宾客的隆重礼仪。

(5)贺庆之礼：对有婚姻甥舅关系的异姓之国，在其有喜事之时，致送礼物，以示祝贺。

"五礼"是中国古代礼仪的总称，可谓中国礼仪之源头，后世在此基础上衍变出许多其他的礼仪。

二、中国礼仪的发展

礼仪在其传承沿袭的过程中也不断发生着变革。从历史发展的角度来看，其演变过程可以分为五个阶段。

(一)起源时期：夏朝以前(约公元前 21 世纪前)

礼仪起源于原始社会。旧石器时代出现了早期礼仪的萌芽，那时礼仪较为简单和虔诚，还不具有阶级性，也没有形成制度，有着最早的形态，主要包括以下内容：明确血缘关系的婚嫁礼仪；区别部族内部尊卑等级的礼制；为祭天敬神而设定的一些祭典仪式；人们在相互交往中表示礼节的动作。

（二）形成时期：夏、商、西周三代（约公元前 21 世纪—公元前 771 年）

人类进入奴隶社会，统治阶级为了巩固自己的统治地位，把原始的宗教礼仪发展成符合奴隶社会政治需要的礼制，这个时期的礼仪具有强制性，且尊卑分明，“礼”被打上了阶级的烙印。在这个阶段，我国第一次形成了比较完整的国家礼仪与制度，如“五礼”就是一整套涉及社会生活各方面的礼仪规范和行为标准。古代的礼制典籍亦多撰修于这一时期，如周代的《周礼》《仪礼》《礼记》就是我国最早的礼仪学著作。

（三）变革时期：春秋战国时期（公元前 770 年—公元前 221 年）

这一时期，学术界形成了百家争鸣的局面，以孔子、孟子、荀子为代表的诸子百家对礼教给予了充分的研究，对礼仪的起源、本质和功能进行了系统阐述，第一次在理论上全面而深刻地论述了社会等级秩序的划分及其意义。

孔子、孟子、荀子对礼仪十分重视。孔子把“礼”看成治国、安邦、平天下的基础。他认为“不学礼，无以立”“质胜文则野，文胜质则史。文质彬彬，然后君子”，认为“仁”是道德、政治的最高理想，而“礼”是“仁”的外在体现。他要求人们用“礼”的规范来约束自己的行为，做到“非礼勿视，非礼勿听，非礼勿言，非礼勿动”。他倡导“仁者爱人”，强调人与人之间要有同情心，要相互关心、彼此尊重。他认为“礼”既是帮助个体克己修心的一种外在的道德规范，又是协调人际关系、稳定社会秩序的礼节形式，还是使国家臻于郅治的政治制度，更是治国、安邦、平定天下的基础。

孟子把“礼”解释为对尊长和宾客严肃而有礼貌，即“恭敬之心，礼也”，并把“礼”看作人的善性的发端之一。

荀子将“礼”作为人生哲学思想的核心；把“礼”看作做人的根本目的和最高理想，即“礼者，人道之极也”。他认为“礼”既是目标、理想，又是行为过程；“人无礼则不生，事无礼则不成，国无礼则不宁”。

（四）强化时期：秦汉时期到清末（公元前 221 年—公元 1911 年）

在我国长达 2000 多年的封建社会里，尽管不同朝代的礼仪文化具有不同的社会政治、经济、文化特征，但却有一个共同点，就是礼一直为统治阶级所利用，即礼仪是维护封建社会等级秩序的工具。

这一时期的礼仪构成中华传统礼仪的主体。在先秦时期，礼仪文化主要体现在礼乐制度上，礼乐制度被认为是维护社会秩序、规范人们行为的重要手段。《尚书》《礼记》等古代经典文献中记载了丰富的礼乐制度和仪式，强调了尊重长辈、尊重祖先、尊重神灵的重要性，体现了中国古代社会的等级观念和尊卑秩序。

随着历史的演进，礼仪文化逐渐演变和发展，融合了儒家、道家、佛家等不同思想流派的影响。在宋、明、清等朝代，礼仪文化有了更为系统的发展，形成了尊师重道、尚德重义、礼贤下士等传统价值观念。

（五）近现代时期礼仪的发展

近现代时期，随着社会的变革和文化的交流，中华礼仪文化也在不断传承和演变。辛亥革命之后，受西方资产阶级"自由、平等、民主、博爱"等思想的影响，中国的传统礼仪规范、制度受到强烈冲击。1919 年，新文化运动对腐朽、落后的封建礼教进行了批判，符合时代要求的礼仪被继承、完善、流传，繁文缛节逐渐被抛弃，同时，一些国际上通用的礼仪形式被接受。1949 年新中国成立后，逐渐确立以平等相处、友好往来、相互帮助、团结友爱为主要原则的，具有中国特色的新型社会关系和人际关系。改革开放以来，随着我国与世界各国交往的日渐深入，西方一些礼节陆续传入我国，同我国的传统礼仪一道融入社会生活的各个方面。

当前，许多礼仪从内容到形式都在不断变革，现代礼仪的发展进入了全新的时期。各行各业的礼仪规范纷纷出台，许多礼仪相关的图书相继出版，礼仪讲座、礼仪培训开展得十分火热，人们学习礼仪知识的热情空前高涨。今后，随着社会的进步、科技的发展和国际交往的增多，礼仪必将得到新的完善和发展。

第二节 现代商务礼仪的重要性

礼，就是尊重别人；仪，就是通过一定的规范形式将尊重的意思表达出来。礼仪有广义和狭义之分。广义的礼仪泛指社会规范和道德规范，它既包括外在的形式，又涉及内在的修养；狭义的礼仪指礼节和仪式。

礼仪在现代商务活动中起着至关重要的作用。商务礼仪是指商务人员在从事商务活动（即以买卖方式使商品流通或提供某种服务获取报酬）的过程中应使用的礼仪规范。它不仅代表着企业的形象和文明程度，还体现了企业的管理风格和道德水准。商务礼仪能够展示一个人的教养、风度和魅力，有助于塑造良好的个人形象和企业形象，赢得他人的尊重和好感。在商务场合中，遵循商务礼仪可以使交往更加规范，避免出现误解和冲突，从而建立良好的人际关系，促成商务洽谈和合作。商务礼仪的重要性表现在如下方面。

一、规范行为

礼仪最基本的功能就是规范各种行为。在商务交往中,人们相互影响、相互作用、彼此合作,如果不遵循一定的规范,双方就缺乏协作的基础。商务礼仪可强化企业的道德要求,树立企业遵纪守法、遵守社会公德的良好形象。

道德是精神层面的,只能通过人的言行举止以及人们处理各种关系所遵循的原则与态度表现出来。商务礼仪使企业的规章制度、规范和道德具体化为一些固定的行为模式,从而对这些规范起到强化作用。企业的各项规章制度既体现了企业的道德观和管理风格,也体现了礼仪的要求,员工在企业规章制度范围内调整自己的行为,实际上也就是在固定的商务礼仪中自觉维护和塑造着企业的良好形象。

二、维系人际关系,获得发展机会,树立良好形象

礼仪传递着信息,可以表达出尊敬、友善、真诚等态度。在商务活动中,恰当的礼仪和优雅的服饰,可以更好地向对方展示自己的优势和长处。对于管理者来说,良好的礼仪可以使管理工作更有效,使自己的人际关系更加和谐,更容易得到上级的赏识和下级的理解与支持。对于员工来说,良好的礼仪可以让自己赢得更多的学习、工作机会,得到领导的赏识,与集体中的他人融洽相处。对于一个集体来说,有着良好的礼仪规范就意味着这个集体有更强的凝聚力和更多的生存发展机会,有助于树立良好的集体形象。

三、沟通协调,促进合作

商务活动是一种双向交往活动,交往的成功与否,首先取决于沟通的效果。商务交往是一个复杂的过程,随着交往的深入,双方可能都会产生一定的情绪体验,它表现为两种情感状态:一种是感情共鸣,另一种是情感排斥。交往对象的文化背景、思想感情、观点和态度不同,使交往双方的沟通有时变得不那么顺畅,甚至会产生误解。若沟通的效果不好,不仅交往的目的不能实现,而且会给交往双方所代表的组织造成负面影响。通过对商务礼仪进行一定的巧妙应用,交往双方可以友好沟通,化解矛盾,消除分歧,相互理解,达成谅解,缓和紧张关系,建立和谐关系。

商务礼仪的重要性

年轻的部门经理王鹏是小丽的上司，他经常当面斥责小丽。为了缓和这种不协调的上下级关系，有一次，借周末休闲之机，小丽邀请王鹏与自己共进晚餐。美酒佳肴下肚之后，小丽开始对王鹏说出肺腑之言："王总，您其实人还挺好的，但您平时经常当着大家的面对我加以指责，使我常常在同事面前下不了台，非常难堪。我也不能让您没有面子，但是经常忍气吞声让我的心情很不好，我们有什么话可以好好说，效果可能更好呀，这也能体现出您作为领导的涵养与风度。"这番话让王鹏很感动，他心想："哎呀，我太抱歉了，看人家修养多高。"小丽这番话可谓一箭双雕，既提醒了王鹏，又帮助自己脱离窘迫的处境，缓和了与上司王鹏的关系。从此，小丽不但再也听不到王鹏的斥责声，而且还受到了王鹏的重用。

分析：从这个案例中可以看出商务礼仪的重要作用。小丽通过运用恰当的商务礼仪，在尊重别人的前提下，既协调了人际关系，又为自己的工作发展带来了机会。巧妙运用商务礼仪，既可以尊重别人，又可以维护自己的自尊和地位，还能在恰当的时候展现自己的道德修养和才华。

四、塑造个人与企业的良好形象

遵循商务礼仪的根本目的就是树立和塑造个人及企业的良好形象。所谓个人（企业）形象就是个人（企业）在公众观念中的总体反映和评价。一般而言，人们的教养反映其素质，而素质又体现于细节，细节往往决定着成败。一个人讲究礼仪，就会在众人面前树立良好的个人形象；一个企业的成员讲究礼仪，就会为企业树立良好的形象，赢得公众的赞誉。

商务礼仪能展示企业的文明程度、管理风格和道德水准，塑造企业形象。良好的企业形象是企业的无形资产，可以为企业带来直接的经济效益。现代市场竞争除了产品竞争外，还包括形象竞争。一个有良好形象的企业，较容易获得社会各方的信任和支持，更有可能在激烈的市场竞争中立于不败之地，如娃哈哈。商务人员尤其要注意自己的个人形象。商务人员的形象，往往在一定程度上代表着企业的实力和信誉。商务人员的形象良好，无疑能为其所代表的企业传递无声的商业信息，会给企业带来有形和无形的财富。

恰当的礼仪可为我们赢得机会

王莉在某公司市场部工作，她准备去拜访顺达公司的市场部经理胡军先生，预约的时间是本周三下午三点。王莉事先准备好了有关资料、名片，并对顺达公司及胡军先生进行了了解。拜访前，王莉对自己的仪容仪表进行了精心、得体的修饰。到了周三，王莉提前五分钟到达顺达公司。在与胡军先生的交谈过程中，王莉简明扼要地表达了来意，始终紧扣主题，给胡军先生留下了很好的印象，最终促成了双方的合作。

分析：商务活动更多展示的是个人和企业的形象。每一位员工都是企业的形象代言人，一举一动关系着合作方对企业的评价。因此，恰当的商务礼仪可以为企业赢得更多的机会。

视频
商务礼仪的功能特点

第三节　商务礼仪的特点

随着知识经济和信息技术的快速发展，经济全球化、一体化趋势不断增强，现代商务环境越来越复杂，商务沟通交流的方式方法越来越多，商务礼仪也出现了一些新特点，掌握和学习这些新特点无疑会为我们的商务活动提供更加正确的理念和规范的指导。

一、规范性

礼仪可以协调组织或人与人之间的行为，因而它的适用范围是组织活动和人际交往活动。但商务礼仪不同于一般的人际交往礼仪，商务礼仪是商务活动领域共同认可、普遍遵守的规范和准则，有助于不同国家、不同地区、不同民族的人们开展商务交往活动。商务礼仪具有明确的规范性和约束性，参与者需要遵守一定的规则和程序，如着装、仪式等都需要符合相应的规定，以展现专业的商务形象。

二、信用性

从事商务活动的各方都有利益上的需要，因此，在商务活动中，诚实、守信非常重要。所谓诚实，即诚心诚意参加商务活动，力求达成协议，而不是夸夸其谈、不着边际、毫无诚意。所谓守信，就是言必信、行必果，签约之后，一定履行；如果某一方实在因出了意外而不能如期履约，那么应给对方一个满意的方案来弥补，不应该言而无信。

三、时机性

商务活动的时机性很强，有时事过境迁，便会失去良机。以礼品馈赠的礼仪为例，送礼要分时机、分场合，要投其所好。在商务活动中，说话做事恰到好处，问题可能就会迎刃而解。

四、跨文化性

随着全球化的发展，商务活动越来越具有跨文化性，商务礼仪也呈现出文化交融的特点，不同文化的礼仪元素相互融合，形成了更加开放和包容的商务交往环境。不同地域和文化背景促使不同的商务礼仪形成，体现出不同的商务文化和习惯。商务人员需要了解并尊重不同国家和地区的礼仪习惯，以避免因文化差异而产生的误解和冲突。企业必须进行良好的企业文化建设，不断提高员工个人文化素质，使员工在商务活动中文明优雅、有礼有节。

五、灵活性

随着全球化的发展，现代商务礼仪越来越注重国际化，以适应不同文化背景下的商业交往。不管是商界新手，还是老练的商务领导，都会感到商务礼仪的变化很快。因此，商务礼仪不仅具有一定的规范性，也具有一定的灵活性。在不同的商务场合和面对不同的商务伙伴时，商务人员需要根据实际情况灵活运用礼仪规范，以达到最佳的沟通效果。

六、实用性和简约化

正在开会的男士看到女士进来需不需要起身迎接呢？答案是并不需要起身，除非女士是领导或者特邀嘉宾。这在过去是不合适的，但在现代的商务会议中却是合适的。如今，商务礼仪更趋向实用性，怎样省时，怎样显得合情合理，商务礼仪就怎样发展。现代商务礼仪会舍弃某些基于性别、等级等形成的礼仪规范，更加趋向于实用性、高效率，更利于商务沟通与交际。伴随着实用性而来的是简约化，这成为现代商务礼仪的另一个重要特征。

视频
商务礼仪的重要原则

第四节　商务礼仪的重要原则

凝结在商务礼仪规范背后的共同理念和宗旨就是商务礼仪的原则，即我们在进行商务活动时应遵循的关于商务礼仪的共同准则，也是衡量在不同场合、不同文化背景下的礼仪是否正确、得体的标准。同样的礼仪在不同的场合会带来不同的结果，在同样的场合也会因人的不同而有不同的含义。因此，要想在纷繁复杂、瞬息万变的商务环境中立于不败之地，就需要掌握商务礼仪的基本原则。

一、尊重原则

尊重他人的身份、职位和观点是商务礼仪的基本原则，也是核心原则。商务人员应该尊重自己，尊重他人，尊重职业规范和道德规范。在社会交往中，敬人之心要常存，处处不可失敬于人，不可伤害他人的尊严，更不能侮辱他人的人格。在商业活动中，要尊重合作伙伴的文化、习惯和价值观，以平等的态度进行交流，避免引起冲突和误解。

在商务会谈中，商量是一门艺术。重点是学习如何尊重彼此，这对领导者而言尤其重要。当我们有求于人的时候，宜采用询问商量的语气，如多用“可不可以”“好不好”“May I”等，让对方有考虑的时间。

二、平等原则

平等是现代商务礼仪的基本原则之一，也是商务礼仪的核心，即尊重交往对象、以礼相待，不因职务、性别、种族或其他因素而歧视或排斥他人，应平等对待，既不盛气凌人，也不卑躬屈膝，避免歧视和偏见。遵循平等原则，可以营造一个公正、公平、和谐的商务环境。

三、宽容原则

宽容是一种较高的境界，要求我们在商务交往中容纳他人的差异和不足。在处理矛盾和冲突时，要保持冷静和理智，以宽容的态度化解分歧。在交际活动中运用礼仪时，既要严于律己，时刻注意自己言谈举止的细节，因为细节决定成败；又要宽以待人，不要太在意别人的失礼之处。

四、守时诚信原则

鲁迅先生说："时间就是性命。无端的空耗别人的时间，其实是无异于谋财害命的。"这句话说明，遵守时间是对别人尊重的重要体现。时间就是金钱，时间就是生命。商界最看重的莫过于是否诚信了，而守时就是诚信的重要表现，所以与人相约，一定要守时。特别是我国正朝着国际舞台大步迈进，我们每个人更要养成守时的好习惯，因为越文明的国家越强调守时的重要性。

诚信是商业交往的基础，是商务活动的基石。在商务活动中，商务人员要遵守承诺，诚实守信，建立和维系良好的商业形象。通过诚信的行为，可以赢得合作伙伴的信任和尊重，从而建立长期稳定的合作关系。

五、自律原则

这是礼仪的基础和出发点。学习、应用礼仪，最重要的就是要自我约束、自我控制、自我对照、自我反省。无论是不是出于业务的考虑，遵守礼仪都是尊重他人的重要表现，我们应努力将良好的礼仪规范内化于心，使其成为个人修养的一部分。

《礼记·表记第三十二》有云"君子不失足于人，不失色于人，不失口于人"。"不失足于人"包含两个意思：一是与人相处要尊崇礼仪，言谈举止尊重对方；二是不要背地里损害别人的利益，使自己德行有亏。一个人如果能做到这两点，自然能行事磊落，做一个坦荡的谦谦君子。"不失色于人"指的是，喜怒克制于心合乎礼仪，发乎情而止乎礼，尤其不能轻易对别人动怒，或者把自己的怒气发泄到无关人的身上。"不失口于人"讲的是说话谈吐应考虑听者的感受，懂得换位思考，先思后言。

现代商务活动中，与他人交往同样不可随心所欲，要做到自律和自重。自律就是自我约束，时时处处注意礼仪，规范自己的行为举止。有一个例子：某企业报刊订购的负责人，宴请某杂志社一位宣传推广人员。席间有一盘大虾，大虾太美味了，杂志社来访者管不住口，三下五除二就把一盘大虾给吃了个底朝天。宴席过后，负责报刊订购的负责人毫不犹豫地委婉拒绝了该杂志社后续合作的请求。该负责人认为，这样的人实在是太贪婪了。可以说，自律自重反映了一个人的思想道德水平和综合素养。

六、真诚原则

真诚是做人之本，也是商务人员的立业之道。人与人相交，贵在交心；人与人相知，贵在知己；人与人相敬，贵在敬德。真诚向来是为人所称道的道德，而虚伪作假最遭人嫌弃。真诚待人可广结善缘，拥有众多的同行朋友和社会友人，与人相处就会感情融洽，即使有点误会或隔阂，也能消除；虚假处世只能糊弄一世，终不会长久，必定相交者寡。在商务活动中，应当诚信无欺，言行一致，表里如一。但还要牢记，不真诚是危险的，但过于真诚也是致命的，见人未可全抛一片心。商务场合，哪些话该说，哪些话不该说，都要慎重考虑，一定要三思而后行，多听少说。

七、适度原则

在哲学上，“度”指的是一定事物保持自己质的数量界限，超过这个界限就会引起质的变化。在人际交往中情感的表达也应讲究适度：待人既应彬彬有礼，又不低三下四；既要殷勤接待，又不失庄重；既要热情大方，又不轻浮、谄媚、阿谀奉承，要把握好各种情况下的社会距离及彼此间的感情尺度。比如握手，若毫不用力，对方会产生一种被冷淡或不被看重的感觉；若用力过大，对方会觉得很粗俗，有挑衅的意味；只有用力适中、眼神真诚，才会使人觉得是真诚善良的。

八、入乡随俗和灵活应用原则

由于国情、民族、文化背景的不同，必须尽可能入乡随俗，与绝大多数人的习惯做法保持一致，切忌目中无人、自以为是。在现代各种商务场合中，我们不一定非得按照一些固定的礼仪规则去做事，而是要根据不同条件和场合，灵活应用各种礼仪规范。这就需要我们审时度势、入乡随俗，采取合适的行为。但是，无论何时或采取何种应对方式，一定要做到彬彬有礼。

肯德基在进入中国以前，就餐方式是西式的。刚来中国时，按西餐规矩为每一份餐品配备一套餐具。可是，慢慢地，人们开始觉得还是用手直接拿着吃更方便，也吃得更香，不太习惯用刀叉。所以，现在当你去肯德基就餐时，你会发现，所有的中国人都是直接用手拿着吃的，只不过是多了一个干净卫生的塑料手套。这就说明了入乡随俗的重要性，以及应追求实用性和灵活性，商务礼仪也应该如此。

知识链接 1-1

布吉尼原则（“3A”原则）

扫码阅读

案例分析

千里送鹅毛

此典故发生在唐朝贞观年间。当时回纥国作为大唐的藩国，为了表示友好，派遣使者缅伯高带着一批珍奇异宝去拜见唐王，其中最珍贵的贡品是一只罕见的白天鹅。在前往长安的路上，缅伯高来到沔阳河边休息时，为了让天鹅喝水，打开了笼子，结果天鹅展翅飞走了，只留下几根羽毛。在没有办法的情况下，缅伯高决定继续东行，他拿出一块洁白的绸子，小心翼翼地把鹅毛包好，又在绸子上题了“天鹅贡唐朝，山重路更遥。沔阳河失宝，回纥情难抛……”这首诗表达自己的歉意和忠诚。

缅伯高到达长安后，向唐太宗说明情况并献上鹅毛，唐太宗不仅没有怪罪他，反而觉得他不辱使命，还重重地赏赐了他。“千里送鹅毛，礼轻情意重”这句话便由此而来，用来比喻礼物虽轻但情谊深厚。

请思考：

如果缅伯高没有继续前往大唐拜见，可能会出现什么后果？

分析：

回去后会被训斥，因为没有完成使命。如果大唐明知有使者到访而最后没有见到，也会产生被戏弄、回纥国言而无信的感觉。但缅伯高最后“千里送鹅毛”，这就体现出回纥国的真诚和重情重义，给大唐留下了很好的印象。

复习题

1.商务礼仪的重要性表现在哪些方面?

2.商务礼仪的基本原则有哪些?

第二章　商务人员形象礼仪

学习目标

知识目标

1.了解仪容、仪表、仪态和言谈相关的基本礼仪知识。

2.掌握商务场合各环节礼仪的适用要求和标准。

3.熟悉商务场合中的言谈礼仪规则与技巧。

能力目标

1.能够得体地展现个人仪容、仪表，塑造专业商务形象。

2.在商务场合中，展现出优雅的仪态和自信的言谈举止。

3.运用所学礼仪知识，有效进行商务沟通与合作，提升工作效率。

素养目标

1.培养良好的自我形象管理意识，树立专业、诚信的商务形象。

2.增强职业素养和商务交际能力，提升个人价值。

3.践行商务形象礼仪规范，展示文化修养，传递文化价值，弘扬民族精神。

知识图谱

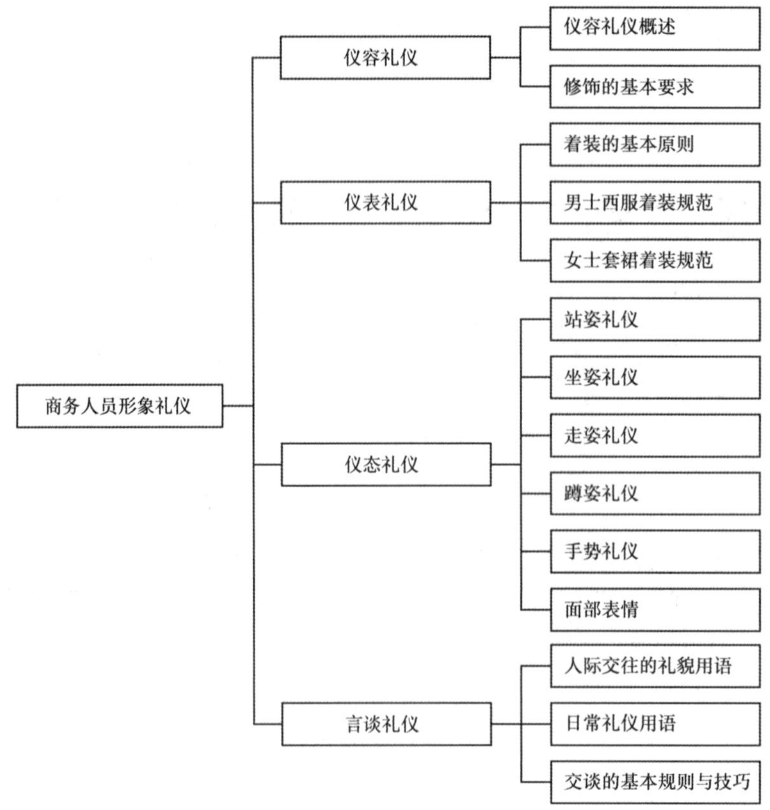

引导案例

商务形象失范:细节决定成败

李涛是一名新入职的商务代表，即将参加一场重要的商务洽谈。在准备过程中，他由于过于关注谈判策略和细节，忽略了自身形象的打造。会议当天，李涛穿着随意，头发略显油腻，甚至嘴角还留有未擦干净的饭渣。在会议中，李涛坐姿随意，频繁摆弄手机，时不时打断他人的发言，甚至在交谈时嚼口香糖，偶尔还会打哈欠、伸懒腰。虽然他准备了充分的谈判资料，但由于缺乏基本的礼仪修养，导致与会者对他的信任度大打折扣。

分析:李涛在商务洽谈中的形象给与会者留下了不专业、不细致、不尊重他人的印象，严重影响了商务洽谈的顺利进行和合作关系的建立。这一案例提醒我们，在商务场合中，仪容、仪表、仪态和言谈礼仪都是不可忽视的重要方面，只有全面和周到，才能赢得他人的信任和尊重。

第一节 仪容礼仪

视频
仪容礼仪

一、仪容礼仪概述

(一)仪容的概念

仪容指的是人的仪表容貌,由人体不需要着装的部位构成,主要指面部,广义上还包括头发、手部,以及穿着某些服装而暴露出的腿部。

仪容美是自然美、内在美、修饰美三方面的统一,是个人形象礼仪的重要组成部分。其中,修饰美是仪容礼仪需关注的一个重要方面。

(二)仪容礼仪的基本原则

1.清新自然

商务人员在仪容仪表方面应做到清新自然、朴实无华,要避免华丽、浓艳与奢侈的装束,力求展示出精干、自信、平易近人、聪明睿智的良好形象。

商务人员要牢记自己的工作性质,不要因仪容礼仪不当影响公司的形象。当参加某些重要的庆典、仪式和社交活动时,出于合乎惯例、尊重他人的需要,商务人员可以对自己略加修饰,但总体上仍须坚持清新为宜、自然为佳的原则,切忌多而杂、杂而乱。

2.扬长避短

商务人员在妆饰美化自己之前,必须对个人的先天条件有客观的认识,在此基础上通过适当的方式和方法突出自己的优点,修饰自己的一般之处,弥补自己的不足与缺陷,这就是所谓的扬长避短、显美藏拙。商务人员在装扮自己时,务必从自身的条件出发,了解个人特点,不盲从时尚,使自己的打扮与自己的个人条件相吻合,在装扮时讲究扬长避短,可适度地扬长,展示自己的风采,但重点应当是避短。

3.力戒怪异

商务人员的妆饰应力戒怪、异、奇。总的来说,为了适应商务场合的需要,在进行打扮时,应坚持端庄、稳重、高雅的风格,否则只会让人觉得不伦不类,很难赢得他人的尊敬。

4.合乎时宜

商务人员在打扮自己时，应当遵循季节、时间规律，做到因时而异，遵守通行的规则和方法。

二、修饰的基本要求

（一）仪容的基本要求

1.对面部的基本要求

对面部最基本的要求是时刻保持面部干净清爽，无汗渍和油污等不洁之物。修饰面部，首先要做到清洁，具体到不同的部位有如下不同要求。

（1）眼部

眼部分泌物要随时注意、及时清除。

眉形刻板或不雅观的话，可进行必要的修饰，但不要剃去所有眉毛，刻意标新立异。此外，还需注意，文面、文身一般也在禁忌之列。

戴墨镜出现在商务场合，会显得不伦不类，或有拒人于千里之外之嫌。

（2）耳朵

平时洗澡、洗头、洗脸时，不要忘记清洗一下耳朵，及时清除耳朵孔的分泌物。耳毛长出耳孔之外时，应进行修剪。

（3）鼻子

鼻子的清洁应注意鼻沟两侧的清洗，因鼻沟两侧有汗腺分布，尤其是油性皮肤的人，如清洗不够，容易长痘而影响美观。鼻腔要随时保持干净，不要让鼻涕或别的东西充塞鼻孔。不要随处吸鼻子、擤鼻涕。要视情况定期修剪鼻毛，鼻毛长到鼻孔外不仅形象不雅，还会引起别人反感。

（4）嘴部

①清洁口腔

牙齿洁白、口腔无异味是基本要求，基本上应坚持每天早、中、晚刷三次牙。饭后一定要刷牙，以去除残渣、异味。另外，在上班及重要应酬之前应避免食用蒜、葱、韭菜、辣椒等会让口腔发出刺鼻气味的食物，还应避免饮用白酒或酒精含量较高的啤酒、果酒等其他酒精饮料，以免开口说话时满嘴酒气引起他人反感。

②牙齿整洁

要经常用漱口液、牙线等来清洁牙齿；有烟垢、黄垢的牙齿应尽快到医院进行清洗，以免给他人留下不良的印象；若牙齿破损脱落，应尽快找牙医修补，以免与他人交流时满口漏风，形象不雅。

③剃除胡须

男士在正式场合留着乱七八糟的胡须，一般会被认为是很失礼的。青年男子蓄须会显得较为邋遢，若无特殊职业需要、宗教信仰和民族习惯，应及时剃去胡须。

④禁止异响

在社交场合，嘴、鼻子及其他部位发出的咳嗽、哈欠、打喷嚏、吐痰、吸鼻、打嗝、放屁等不雅之声统称为异响，应当禁止。禁止异响重在自律，不必强求他人做到。在大庭广众之下，若他人不慎制造了异响，最明智的做法是视而不见。若自己不慎弄出了异响，最好及时承认，并向身边的人道歉。如因感冒控制不住咳嗽和打喷嚏，最好避免或减少和他人的接触，实在忍不住时，一定要用手帕捂住口鼻以免声音过大，并在事后向他人表示歉意。

⑤注意语速

与客人交谈时，要注意控制自己的语速，千万不可因语速太快而唾沫四溅，这是极不礼貌且会让双方尴尬的行为。

(5)脖颈

脖颈处尤其是脖后、耳后，绝不能成为“藏污纳垢”的地方。脖子上的皮肤细嫩，应给予相应的呵护。

2.对手的要求

手是肢体中使用最多、动作最多的部分，可以完成各种各样的手语、手势。在社交场合，无论是热情握手还是传递物品、翻阅报纸资料，手都容易受到公众的注意，因此手的卫生尤其重要。如果手的“形象”不佳，那么个人的整体形象将大打折扣。下面从手掌、肩臂两个方面来阐述。

(1)手掌

手掌是较为核心的部位，应注意以下几点。

①保持干净

在日常生活中，手是接触他人和物体最多的地方。从清洁、卫生、健康的角度谈，手应当勤洗。餐前便后、外出回来及接触到各种东西后，都应及时洗手。要养成勤洗手的习惯，始终保持手上没有污垢，尤其是嵌在指甲内的黑垢。

②修剪指甲

指甲应定期修剪，最好每周修剪一次。不要留长指甲，尤其是男士，长指甲不卫生、不方便。手指甲的长度以不超过手指指尖为宜，要注意卫生，不要让指甲内“藏污纳垢”。指甲的形状应圆滑且规整有形，不涂有色指甲油。

③保持健康

对于手部要悉心照料，不应让其处于不健康的状态。手部接触过肮脏之物后，会在手指甲周围形成死皮。发现死皮后，应将其修剪掉，但不要当众进行，更不要用手去撕，或用牙去咬。手部皮肤粗糙、红肿、皲裂时，要及时护理、治疗。

若长癣、生疮、发炎、破损，不仅要治疗，还要避免接触他人。可以经常使用护手霜，使手部皮肤保持光润。夏季要注意防晒，用酸、碱性较大的洗液洗东西时，要戴上胶皮手套，以免酸、碱刺激损伤手部皮肤。

(2)肩臂

在正式的商务场合中，手臂尤其是肩部，不应当裸露在衣服之外。

3.对脚部和腿部的要求

脚部和腿部在近距离内易为他人注意，因此腿部的修饰必不可少。

(1)脚部

修饰脚部，要注意以下几个方面。

①不要裸露

在正式的社交场合不应光脚穿鞋，这样既不美观，也缺乏正式感。此外，使脚部过于暴露的鞋子(如拖鞋、凉鞋、镂空鞋、无跟鞋等)在正式的社交场合也不能穿。

②注意清洁

注意保持脚部的卫生，保证脚没有异味。鞋子、袜子要勤洗勤换，脚要每天洗一次，袜子则应每日一换。

在非正式场合光脚穿鞋子时，要确保脚的干净、清洁。不要在他人面前脱下鞋子、趿拉着鞋子。

③勤剪趾甲

趾甲要勤于修剪，至少每月修剪一次，不应任其“藏污纳垢”，或是长于脚趾趾尖。

(2)腿部

在正式场合，男士不应裸露腿部，不应穿短裤。女士可以穿长裤、裙子，但不应穿短裤，或是暴露大部分腿部的超短裙。在庄严、肃穆的场合，女士的裙长应在膝部以下。

(3)汗毛

男子成年后，一般腿部的汗毛都很多，所以在正式场合不应穿短裤或卷起裤管。女士的腿部汗毛如果过于浓密，应脱去或剃掉，或应穿深色丝袜加以遮掩。

(二)女士仪容

1.美容化妆的基本要求

(1)正确认识自己

大多数人的长相都不是十全十美的，化妆的目的是在遵循扬长避短原则的前提下，突出自己面部最富魅力的部位，弱化有缺陷的地方。

(2)清新、自然

美容化妆应以修整统一、清新自然为准则。恰到好处的妆容，会给人文明、整洁、雅致的印象;浓妆艳抹,矫揉造作,过分的修饰、夸张,都是不可取的。

(3)和谐、统一

主要包括三个方面:①妆容协调;②妆与人协调;③妆与场合协调。妆的浓淡要依时间、场合而定。在工作时间和工作场合只适合化自然、质朴的淡妆,要选择和自己肌肤颜色适配的口红。浓妆艳抹不但与工作气氛不相宜,还会让人感觉不够稳重。参加舞会、宴会等社交活动时,可穿着艳丽、典雅的服装,妆可稍浓一点。

(4)选择合适的化妆品

选择合适的化妆品是美容、化妆的前提条件。当前,化妆品种类繁多,根据其不同的作用可分为三大类:清洁类化妆品,用于清洁皮肤;护肤类化妆品,用于保养皮肤;修饰类化妆品,用于修饰化妆。选择化妆品时要注意:一是根据自己的肤色选择;二是根据自己的皮肤性质(干性、中性、油性)选择;三是选择质量好的化妆品;四是不要频繁更换化妆品。

(5)其他注意事项

①化妆、补妆勿示人

化彩妆的女士在某些情况下会出现妆容残缺的现象。在正式场合,以残妆示人,既有损形象,也显得对人不礼貌,因此应适时补妆。为了避免妆容残缺,化妆后要经常进行检查,尤其是在出汗、用餐、休息之后,应及时地自查妆容。但在补妆时,应回避他人,宜选择无人在场的角落或洗手间进行,切勿旁若无人地当众操作。由于补妆只是局部性修补,应该以补为主,只需在妆容残缺的地方稍作修补即可,不必抹去旧妆重新化妆。如果晚间还要应酬,那么临去前应洗去残妆,重新化一个晚妆。晚妆可以浓一些,但忌过于浓艳。

②不要议论他人的妆容

每个人有不同的审美和化妆手法,因此不应对他人的妆容评头论足。

③不要借用别人的化妆品,这样既不卫生也不礼貌。

④在化妆时应根据自己的年龄和脸型稍稍修整眉型和发型。同时,还要保持皮肤的清洁,合理使用护肤品。

2.头发

商务人员发型的选择要符合自然、大方、整洁、美观的原则,不仅要根据自己的年龄、身材、体态、脸型、头型以及发质来选择,还需要符合自己的职业身份和环境。一旦选择了理想的发型,应保持相对的稳定性,不要轻易改变。

拥有整洁的头发是社交礼仪中最基本的要求。从外观上看,健康的头发有较好的弹性、韧性和光泽,柔顺,易于梳理,不分叉,不打结,用手轻抚时有润滑的感觉,梳理时无静电,不容易折断。因此,要定期洗发和护发。

如有必要,还可对头发加以适当的修饰,但必须以庄重、简约、大方为基本原则。不管选定了何种发型，在正式的商务场合都不应在头发上滥加装饰之物。一般来说，不宜使用彩色发胶、发膏。发卡、发绳、发带或发箍应简单大方，不要在工作场合佩戴彩色或卡通图案的发饰。若非与制服配套，在工作场合也不要戴帽子，如贝雷帽、棒球帽、发卡帽等。

（三）男士仪容

1.从“头”做起

头部是他人容易第一眼关注的地方。男士的美发与女士有相同之处，即包括护发和美发两大部分。护发的基本要求是使头发保持健康、清洁、整齐、有光泽的状态。美发所涉及的主要是头发的修剪、造型等方面的内容。在商务活动中，男士的头发也需要精心地修剪，以显示阳刚、干练的风采，从而增强客户的信任感。

男士发型的修剪要以庄重、简约、大方为原则，切忌哗众取宠，同时还要注意定期理发，慎选发型，保持头发长度适宜。对于经常参加商务活动的男士来说，既不宜理成光头，也不宜将头发留得过长；为了展示商务人士精明干练的工作作风，通常提倡男士将头发剪短。一般来说，男士的头发前面不能遮眼，左右不能遮耳，后面不能遮衣领。

男士们还要注意在交谈的时候，不要在客户面前整理头发，使残发、头屑乱飞，要随时注意清理落在肩背上的头皮屑。

2.面部的美容

（1）不蓄胡须

胡须是男性的性征，不同的留须方法会有不同的性格特征反映。如果没有特殊的职业需要、宗教信仰或民族习惯，应该将胡须刮干净，然后用须后水舒缓皮肤的紧张感，用中性润肤品护理并拍打片刻，使皮肤保持弹性。男士如果胡子拉碴，一般会被认为是失礼的，而且会给人萎靡邋遢的感觉。

（2）鼻毛不外现

商务人员要随时注意鼻腔的清洁，不要让鼻涕或脏东西堵塞鼻孔。如果发现鼻中有异物，不能用手直接去清理。在商务场合擤鼻涕、挖鼻孔等，会被看作是非常失礼和没教养的。还要注意的一点就是不能在商务场合用力地去吸鼻涕，应该到没有人的地方用手帕或纸巾及时将鼻子清理干净，并将用完的纸巾自觉地放入垃圾箱内。平时还要经常修剪一下长到鼻孔外的鼻毛，不应让鼻毛露出鼻孔外。

（3）眉清唇润

一般认为只有女士才应修眉和润唇，实则不然，男士的眉毛和双唇也需要进行修饰。男士应该学会修理眉毛，将杂眉修成规则自然的形状。眉中不均匀的部分应拔出少许，使眉头至眉尾较为均匀。常用细毛刷或眉刷梳理眉毛，少数向下的眉可以再刷上少许透明眉胶，向上梳理成整齐的流向。

对于唇部的保养，应该注意养成多喝水的习惯，并随时擦涂护唇油或润唇膏。男士护唇选择肉色的或透明保湿的唇膏涂抹双唇即可，使双唇产生滋润亮泽的效果，更能增添个人魅力。

(4)干净整洁

在商务活动中，商务人员自身的形象会影响公司的品牌宣传。因此，商务礼仪中对面容的基本要求是时刻保持面部、耳部、眼部和口腔的干净整洁。如果面部过于油腻，可用干爽的面纸擦去多余油脂。

(四)香水的使用

适当使用香水，不仅能提神醒脑、驱浊除味，还会使自己魅力倍增、风采迷人。根据香水中香精的含量与香气持续时间来划分，香水可以分为浓香型、清香型、淡香型、微香型等四种类型，要根据不同的场合和需要正确使用香水，同时应注意以下禁忌。

1.忌用量过多

一般情况下，香水的用量以 1 米范围内能闻到淡淡的幽香为宜，若在 3 米左右的距离仍可闻到香味，则表示用量就过多了。

2.忌使用部位不当

涂香水的部位最好是稍微避光的地方，如腋下、耳后、手臂内侧等。不要涂在手背、额头等暴露在外的部位，比较妥当的办法是在衣领、衣角、手帕上涂一点，任其自然挥发。

3.忌身体不洁净时使用

要使香水发挥应有的作用，应先洗澡，使身体保持洁净。假如身体不洁净，香水气味不但不能掩盖异味，还会与异味混合成更难闻的气味。

4.忌不同香水混合使用

不同品牌、不同系列、不同香型的香水不能混合使用，以免难以体现不同香水的香气特点，或产生副作用。

5.忌吃辛辣刺激的食物

比如葱、蒜、辣椒等。因为食用这类食物后容易产生口臭，从而影响香水的使用效果。

第二节　仪表礼仪

仪表礼仪又称为着装礼仪，是指人们在穿着打扮方面应当了解与遵守的惯例与规范。服装既能反映出一个民族的物质文明、精神面貌、文化素质发展的程度，又能反映出一个人的社会地位①、文化修养、审美素养。同时，服装也能表现出一个人对自己、他人和生活的态度。

一、着装的基本原则

（一）个体协调性原则

服饰能体现出一个人的个性。同一件衣服穿在不同人的身上，会呈现出完全不同的效果，这是因为穿着者的个体风貌会影响服饰的效果。

1.年龄

应根据年龄选择服装的风格和款式。年轻人可选择活泼风格的服装，体现青春和朝气；中年人可选择较正式的西服、套装，质地上乘的休闲装，裙摆线在膝盖上下的套装；老年人的服装款式应力求整体美观、简洁随意，以 H 型为宜，即肩、腰、下摆、三围松紧适当，不过分束腰紧身。

2.体形

人的体形各有不同，着装也应考虑体形的特点，扬长避短。对于身形不够匀称者，只要讲究搭配，就可以在一定程度上淡化缺点。体形肥胖者，宜穿 V 字领或纵向开领、能营造出细长感（如竖条纹）的服装；服装线条要简洁，不宜穿款式复杂、装饰繁多的服装；在色彩上宜选择能在视觉上形成修长感的深色、暗色；衣服太宽松或太紧身都不合适，以合体为佳。体形瘦高者，宜穿横条纹或浅色的服装；在面料的选择上以色泽亮、能产生扩张感的为佳。

3.肤色

肤色可大致分为白色、黑色、淡褐色三种色调。肤色白皙者，无论男性或女性，只需根据自身气质、环境特点及工作性质，适当选择衣服款式即可。肤色黑者，可选择色彩明朗、图案较小、面料悬垂感较好的服装，不适合穿暗色系的服

---

① 社会学家认为，社会地位是指社会或某一群体中成员的特定位置，一定的地位是人的一定权力、责任的象征。参见：昝宝毅.社会地位与角色[J].社会，1987(1)：3。

装，否则整体感觉会比较沉闷。淡褐色肌肤的人适合穿鲜亮色的衣服，如橙色。皮肤发黄、发青者，可选择素雅的碎花、格纹上衣，要避免穿柠檬黄、绿、蓝色服装，以免使皮肤显得更黄、更青。

4.脸型

脸型可大致分为长脸、圆脸、方脸三种。不论属于哪种脸型，穿衣时都应学会运用视错原理来平衡脸型，避免穿领口和脸型相近形状的衣服，而应选择领口形状和脸型对比明显的服装，以淡化缺点、突出优点。具体来说，长脸的人适宜穿圆领口的衣服，也可穿高领口或带有帽子的上衣；圆脸的人适宜穿 V 形领或者翻领的衣服；方脸型的人则适合穿 V 形或勺形领的衣服。

5.个性

个性的表现有赖于人的参与、表达和服饰的介入。服饰有助于彰显穿着者的个性，它与个人的艺术修养、兴趣爱好、自身条件以及所处的社会环境密切相关。由于人的性格各不相同，有潇洒型、忧郁型、浪漫型、恬静型等，有外放的也有内敛的，因而在选择服装时，可根据自身的个性选择适合的衣服。

（二）“TPO”原则

人们在交际中，有时由于时间、地点和场合的变化，需要更换不同的服装，以使服装具有一种“现场感”，容易被周围的人所接受。关于这一点，我们可以采用世界服装界所公认的着装“TPO”原则。

所谓“TPO”原则，就是要求着装时考虑时间（time）、地点（place）、场合（occasion）三个因素。当然，同时还要兼顾其他因素，如和谁见面、谈什么事、要达到什么目的等。

1.时间原则

穿衣服要考虑时间因素，是指要考虑不同时代、季节及具体时间的变化，如一年中春、夏、秋、冬四季的变化，以及每天早、午、晚三段时间的变化，要因时制宜，穿着得体。

2.地点原则

着装的地点原则实际上是指着装要与环境协调，如果不看环境、不分地点胡乱穿戴，必会招人侧目，自己也会感到尴尬。比如，郊游登山时穿着超短裙，在严肃的会议场合穿吊带装、T 恤，都是极不合适的。

3.场合原则

着装的场合原则是指服饰要与活动场合的气氛相协调。一般应在事先有针对性地了解活动的内容和参加人员的情况，然后根据经验设计、挑选合乎场合气氛的服饰。例如，参加庆典要穿得正式、隆重，参加晚会要穿得华丽、漂亮，参加葬礼要穿得庄重、沉稳，参加婚礼要穿得喜庆、鲜艳，等等。

(三)服装色彩搭配原则

穿着得体的一个关键是学会色彩搭配,以显示个人较高的美学素养。服装配色多采用以下两种方法。

1.同类色配合

同类色是指由一种色调变化出来的明暗、深浅不同的颜色,其特点是清淡柔美、文雅协调,如上穿浅紫色衬衣,下着深紫色裙子,给人以温和的印象。

2.对比色配合

是指两种对比较为强烈的颜色的配合(如红与白、红与黑等),给人的感觉是鲜丽明快、简洁大方。例如,上穿白衬衣,下着黑裤或深色的裙子,色彩反差较大,引人注目。

不管采用对比色还是同类色配合,服装的颜色一般应控制在三种以内,因为美在简洁、美在比例、美在适度。

二、男士西服着装规范

很多白领都会收到这样的请柬,上面写着“请着正装出席”。这说明,在职场上一套正装是必不可少的。

男士们在正式场合着装的最佳选择就是西服。西服,又称西装、洋服,作为礼服时,它的选择和穿着有相当统一、严格的原则和要求,只有符合这些原则和要求的穿着才被认为是合乎礼仪的。

(一)西服的“三个三”原则

1.三色原则

男士在出席正式的商务活动时,西服套装的颜色不能超过三种或三个色系。这样的穿着能使人觉得庄重、正式。

2.“三一”定律

男士穿西服套装时,身上的三个重要配件(腰带、皮鞋与公文包)应该是同一种颜色或者色系的。

3.三大禁忌

一忌穿西装时不拆袖子上的商标。二忌在非常重要的场合穿夹克或短袖打领带。如果是公司内部活动还可以,在正式场合此种穿法不够正式(制服除外)。三忌穿西装时穿不协调的袜子。在重要的商务场合,有两种袜子不能穿:一是尼龙袜,二是浅(白)色袜子(穿白皮鞋时除外)。

(二)西服的选择

要想挑选一套面料上乘、做工精细、款式大方、适合于多种场合的西服,需要关注面料、颜色、图案、款式、造型、尺寸、做工等七个方面的细节。

1.面料

鉴于西服适用于多种场合,且往往在正式场合被当作正装或礼服之用,因此,其面料的选择应力求高档。多数情况下,毛料为西装首选的面料。

2.颜色

西服的颜色必须庄重,不应太过于亮丽和花哨。据此,适合男士在正式场合穿着的西服的颜色,应当首推藏蓝(青)色。除此之外,还可以选择灰色、黑色或棕色。按照惯例,职业人士在正式场合不宜穿颜色过于鲜艳或朦胧色、过渡色的西服,越是正式的场合,越要求穿纯色的西服。

3.图案

职业人士要求看上去成熟稳重,过多的图案不但不会增强这种效果,反而会适得其反,所以,在选择上一般以纯色无图案的为好,也可选择带条纹的。

4.款式

(1)按照西服的件数来划分,西服有单件与套装之分。所谓西服套装,指的是上衣与裤子成套,包括两件套与三件套两种。两件套西服套装包括一件上衣和一条裤子。三件套西服套装则包括一件上衣、一条裤子和一件背心。在参加高级别的商务活动时,以穿三件套的西服套装为佳,因为它看起来更加正规一些。穿三件套西服,脱上装时应连同马甲一起脱下,不能单穿马甲在外面,让别人看到马甲的背面。

(2)按照西服上衣的纽扣排列样式来划分,西服有单排扣式与双排扣式之分。其中:单排扣最常见的是两粒扣,还有一粒扣和三粒扣;双排扣包括四粒扣、六粒扣和八粒扣。一般认为单排扣的西服比较时髦,而双排扣的西服较为传统。

(3)按照穿着场合来分,西服有正装西服与休闲西服之分。一般来说,正装西服适合在正式场合穿着,其面料多为毛料,色彩多为深色,款式较为庄重、保守,并且基本上都是套装。休闲西服则恰好相反,大都适合在非正式场合穿着,有时也用于舞台表演,其面料可以是棉、麻、丝、皮,也可以是化纤的,其颜色多半鲜艳、亮丽,并且多为浅色,其款式则强调宽松、舒适、自然,有时甚至以标新立异见长。另外,休闲西服基本上都是单件的。

5.造型

西服的造型,又称西服的版型,指的是西服的外观形状。目前,全世界的西服主要有欧式、英式、美式、日式四大类版型。欧式西服洒脱大气,英式西服剪裁得体,美式西服宽大飘逸,日式西服贴身凝重。男士应根据自己的身材和气质来选择相应的版型。一般来说，欧式西服要求穿着者高大魁梧，美式西服穿起来稍显散漫，英式西服与日式西服较适合中国人的身材和气质。

6.尺寸

穿着西服，要大小合身、宽松适度。在任何场合，所穿的西服过大或过小，过松或过紧，过肥或过瘦，都会影响整体效果和个人形象。

7.做工

做工是判断西服质量的一个重要因素。在挑选西服时，检查做工的优劣要注意以下几点：一要看其衬里是否外露，二要看其衣袋是否对称，三要看其纽扣是否缝牢，四要看其表面是否起皱，五要看其针脚是否均匀，六要看其外观是否平整。

（三）西服的穿法

俗话说："西服七分在做，三分在穿。"西服的穿着必须符合礼仪的规范要求。一件西服是否合体，首先要看领子，西服的领子应紧贴衬衣领并低于衬衫 1～2 cm。西服的衣长应与手的虎口平，袖长和手腕平。

根据西服穿着礼仪的基本要求，男士在穿西服时要注意以下几个方面。

1.拆除衣袖上的商标

西服上衣左边袖子的袖口处通常会缝有一块商标，有时那里还同时缝有一块纯羊毛标志，在正式穿西服之前，一定要先将它们拆除。将商标露在外面显示西服的品牌和档次，这是不妥当的，西服的档次不是看牌子，而是看面料和版型。

2.熨烫平整

平整挺括、线条笔直的西服不仅会看上去质地精良、美观大方，也会给穿着者带来很好的穿着效果。西服的保养除了要定期干洗外，还要在每次正式穿着前进行熨烫，穿着后及时挂起，这样才能保证下次穿着时平整挺括。

3.系好纽扣

穿西服时，上衣、背心与裤子的纽扣都有一定的系法。通常，单排两粒扣式的西服上衣，讲究"扣上不扣下"，即只系上边那粒纽扣或全部不系。单排三粒扣式的西服上衣，可以系上面两粒纽扣或只系中间那粒纽扣。双排扣的西服上衣必须系上所有纽扣，以示庄重。

穿西服背心，无论是单独穿着，还是与西服上衣配套穿着，都要认真地系好纽扣。在一般情况下，背心只能与单排扣西服上衣配套。背心也分为单排扣式和双排扣式两种。根据着装惯例，单排扣西服背心最下面的那粒纽扣应当不系，而双排扣西服背心的纽扣则必须全部系上。

目前，西裤的裤门上有的是纽扣，有的是拉链，前者较为正统，后者使用起来更加方便。不管穿着何种西裤，都要时刻提醒自己将纽扣全部系上，或是将拉链认真拉好。

关于男士西装扣子的扣法还有“站时系扣，坐时解扣”的说法。男士在站立的时候，把西装扣子扣好，这样在讲话、比手势的时候，西装才能更加贴合身体，整体线条看起来更加干净利落。坐的时候，解开西装扣，西装才能随着身体的弧度而自然服帖，线条看起来比较流畅，不会有束缚的感觉，使人更加舒适自在。

4.不卷不挽

穿西服时，一定要保持其原状。在公众场合，任何情况下都不可以将西服上衣的衣袖挽上去，也不能随意卷起西裤的裤管，否则会给人以粗俗之感。

5.慎穿毛衫

男士要将一套西服穿得有“型”有“款”，除了要注重衬衫与背心的搭配之外，还要注意在西服衬衫内最好不要再穿其他任何衣物。在气候寒冷的地区，可以加一件薄型 V 字领羊毛衫或羊绒衫，这样既不会显得过于花哨，也不会妨碍打领带。不要穿色彩、图案十分复杂的羊毛衫或羊绒衫，也不要穿扣式的开领羊毛衫或羊绒衫，否则会使西服鼓鼓囊囊、变形走样，有臃肿感。

6.巧妙搭配

西服必须与衬衫搭配，且标准穿法是衬衫之内不再穿其他衣物。至于不穿衬衫而以 T 恤直接与西服搭配的穿法，在正式场合是不允许的。

7.少装东西

为使西服在穿着时外观上保持挺括，西服的口袋里应少装东西或不装东西。具体而言，西服上衣不同的口袋发挥着不同的作用：上衣左侧的外胸袋除了可以插入一块用以装饰的真丝手帕外，不应再放其他任何东西，尤其不应当放钢笔、挂眼镜。内侧的胸袋，可以用来放钢笔、钱夹或名片夹，但不要放过大、过厚的东西或会发出声响的钥匙等物。外侧下方的两个口袋原则上不宜放任何东西。除此以外，西服背心的口袋大多只起到装饰作用，除可以放置怀表外，不宜再放别的东西。西服裤子的口袋只能放纸巾、钥匙包或者钱包，且其后侧的口袋一般不放任何东西。

(四)西服的搭配

男士穿着西服时，必须掌握衬衫、领带、鞋袜和公文包与西服搭配的基本常识和技巧。

1.衬衫

与西服搭配的衬衫，应当是正装衬衫。

(1)正装衬衫的特征

①正装衬衫应选用精纺的纯棉、纯毛面料，以棉、毛为主要成分的混纺衬衫亦可酌情选择。

②正装衬衫颜色应与西装颜色协调。在正式场合，一般选择棉质的白色或海蓝色衬衫。除此之外，灰色、棕黑色的衬衫有时也可考虑。

③正装衬衫一般没有复杂的花纹和图案。

④正装衬衫的衣领要求是硬领式的，必须挺括、整洁、无皱褶，尤其是领口。

⑤正装衬衫的衣袖长度必须盖过手掌的虎口。

⑥正装衬衫一般不设计胸袋。

(2)穿着衬衫的注意事项

①衣扣要系上。穿西装的时候，衬衫的所有纽扣都要系好。在穿西装而不打领带的时候，衬衣领口扣子应解开。

②袖长要适度。穿西服时，衬衫的袖子最好露出西服袖口 2 cm 左右。

③下摆要放好。在正式场合，不管是否与西装合穿，长袖衬衫的下摆必须塞在西裤里，袖口必须扣上，不可翻起。

④大小要合身。除休闲衬衫外，衬衫既不宜过于短小也不应过分宽松肥大。西装穿好后，衬衫领应高出西装领口 2 cm 左右。

⑤男士在办公室里可以暂时脱下西服上装，直接穿长袖衬衫、打领带，但不能以这种装束参加正式活动。

2.领带

领带是男士穿西服时最重要的配件。在欧美各国，领带、手表与装饰性袖扣并称为成年男子的三大饰品。男士在挑选领带时要注意以下几点。

①面料。最好的领带，应当是用真丝或羊毛制作而成的。涤丝制成的领带售价较低，易于打理，有时也可以使用。除此之外，由棉、麻、绒、皮革等制成的领带，在正式场合不宜佩戴。

②颜色。在正式场合，蓝色、灰色、棕色、黑色等单色领带是十分理想的选择，领带的颜色不可多于三种。同时，也应该尽量少佩戴浅色和颜色鲜艳的领带。

③图案。在正式场合，主要是以单色无图案的领带为主，有时也可选择以条纹、圆点、方格等规则图案为主的领带。

④款式。就领带的款式而言，应注意以下四点：一是领带有箭头与平头之分。下端为箭头的领带，显得比较传统、正规；下端为平头的领带，则显得时髦、随意一些。二是领带有宽窄之分。领带的宽窄最好与佩戴者西服上衣的衣领形状相适配。三是简易式的领带，如“一拉得”领带、“一挂得”领带等，均不适合在正式场合中使用。四是领结宜与礼服、翼领衬衫搭配，并且主要适用于宴会等重要社交场合。

⑤配套。部分装饰性手帕会与领带组合在一起成套销售。与领带配套使用的装饰性手帕，其面料、色彩、图案最好与领带完全相同。

⑥质量。一条好的领带，其质量必须符合以下要求：外形美观、平整，无跳丝，无疵点，无线头，衬里不变形，悬挂挺括，质地厚重。

⑦长度。领带绕过脖子后，左右两侧悬垂下来的部分，比例应该是 1∶3，即左侧的长度是右侧的 1/3，这样打出来的领带底部一般能接近最佳位置，可以在最后整理领带结时再微调一下。领带打完后合适的长度是领带底端落在腰带扣上。

3.鞋袜

俗话说“好马配好鞍”，西装应与皮鞋搭配。正式场合的皮鞋应当选用真皮面料的，常见的有牛皮鞋和羊皮鞋；磨砂皮鞋、翻毛皮鞋等大都属于休闲皮鞋，一般不适合在正式场合穿着。和西装搭配的皮鞋最好是薄底素面的西装皮鞋，颜色最好选择深色的，且以单色为宜。

(1)男士穿皮鞋时的注意事项

①鞋内无味。为了避免因经常穿着同一双皮鞋而产生异味，至少要购买两双正式场合穿着的皮鞋，以便经常换洗、晾晒，消除异味。

②鞋面无尘。皮鞋必须定期上油上光，经常擦拭。

③鞋底无泥。每次擦皮鞋时，切勿忘记同时清理一下鞋跟和鞋底。雨天、雪天拜访他人时，在进门前应注意采取适当的措施及时将鞋子上的脏污清理干净。

④鞋垫相宜。鞋垫必须合脚，过大或过小都会影响穿鞋时的舒适感，还会引发足部疾病。

(2)搭配袜子时的注意事项

袜子的颜色要深于鞋的颜色，一般选择黑色。同时，还要注意以下几点。

①袜子要干净。袜子要做到一天一换，洗涤干净，以防止有异味。

②袜子要完整。穿袜之前，一定要检查其有无破损、跳丝，若有，应及时更换。

③袜子要成双。穿袜子一定要穿成双的袜子，不要因为粗心大意或赶时间，将两只不相同的袜子随意穿在一起。

④袜子要合脚。在正式场合穿的袜子，其大小一定要合脚。应当特别注意，袜筒的长度要高及小腿并有一定弹性。别穿太小、太短的袜子，袜子太小，不但易破，而且容易从脚跟上滑下去；袜子太短，则会使脚踝时常外露。一般而言，袜口不宜低于自己的踝骨，且不要露在裤脚之外。

4.皮带

皮带在着装中起着举足轻重的作用，是男士穿搭中经常使用的配饰。选用合适的皮带搭配，可使商务人士显得更加优雅大方。穿西装搭配皮带，要注意以下几个方面。

(1)颜色与鞋子颜色相配

一般情况下,皮带的颜色应该能够与鞋子颜色相配,使得整体色调相协调。正式商务场合使用皮带,通常要求颜色以黑色或近似于黑色的深棕色为主,配合深色商务正装,以低调为主。

(2)宽度适宜

皮带的宽度也非常重要,一般应该与领带以及扣子的宽度相匹配,不宜过宽或过窄,一般是 2.5~3.5 cm。

(3)长度合适

男士皮带的长度一般为 110~130 cm。一般情况下,皮带长度要根据腰围大小选择。合适的长度是皮带穿紧之后,多余的部分不应该太长或太短。一般皮带总长度应该为腰围加 15~20 cm。

(4)质量讲究

好的皮带应该由优质的皮革打造而成,皮革材质能够使皮带具有良好的质感和延展性。皮带的纹路、黏合和工艺等方面也要有可靠的质量保证。

(5)协调得当

皮带要与整体着装协调,还要考虑领带、衬衫、鞋子、公文包等单品之间的协调。只有相互搭配得当,才能提升整体的穿着品位。

5.公文包

公文包被称为职业人士的"移动办公桌",是外出办公不可离身之物。男士选择的公文包,以黑色、棕色的牛皮或羊皮制品为最佳。在款式上,手提式的长方形公文包是最适宜的选择。箱式、夹式、挎式、背式等其他类型的皮包,均不适宜在正式场合使用。公文包的使用,还有以下四点基本要求。

(1)用包不宜多

外出办事,带包应以一只为限。

(2)用包不张扬

使用公文包前,必须先拆去其所附的真皮标志。在外人面前,切勿显摆自己所用的公文包品牌和价格。

(3)用包不乱装

外出之前,一方面,要检查随身携带之物是否已装在公文包的既定之处;另一方面,包里的物品不要装得太满,一定要有条不紊地整齐摆放,这样在需要时可以方便寻找,不至于耽误时间,在别人面前显得尴尬。

(4)用包不乱放

应将公文包自觉地放在自己座位附近的地板上或指定之处,切勿将其放在桌、椅之上。在公共场所中还必须注意放包的位置不应有碍他人。

6.其他配件

(1)手表

如果可能,男士尽量要拥有一块证明自己身份的腕表。选择腕表时应选择大方、雅致的,不能过分夸张。

(2)袖扣

在着正装时,如果衬衫的袖口是法式袖口,则需要搭配合适的袖扣。通常,商务男士使用的袖扣是金或银材质的。需要根据衬衫和礼服的颜色搭配袖扣,尽量挑选和皮带扣、领带夹同色的袖扣。

(3)眼镜

如需戴眼镜,要选择适合自己脸型的镜框。一般情况下,选择金属镜框,不用彩色镜框及塑胶镜框。另外,要时刻保持镜面清洁。

(4)戒指

职场男士忌多戴戒指,一般不宜戴镂空花的或镶嵌他物的戒指。订婚戒指或结婚戒指可戴。

(5)口袋巾

口袋巾是正式西装或礼服的必要配件,其花色不一定要和领带一模一样,可以选择同色系或有协调感的方巾,如丝质领带配亚麻方巾,毛料领带配丝质方巾。方巾露出口袋 2.5～4 cm 就够了。

三、女士套裙着装规范

在所有适合职业女性在正式场合穿着的裙式服装中,套裙是首选。套裙是西装套裙的简称,上身是女式西装,下身是半截式裙子。另外,也有三件套的套裙,即女式西装上衣、半截裙、背心。

套裙可以分为两种基本类型:一种是女式西装上衣和普通裙子自由搭配组合成的“随意型”,另一种是女式西装上衣和裙子成套设计、制作而成的“成套型”或“标准型”。

(一)套裙的选择

一套在正式场合穿着的套裙,应该由高档面料缝制而成,上衣和裙子要采用同一质地、同一色彩的素色面料。在造型上要考虑到为着装者扬长避短,因而提倡量体裁衣,且讲究做工。上衣注重平整、挺括、贴身,应少用饰物和花边进行点缀。裙子要以窄裙为主,并且裙长要到膝或者过膝。

色彩方面以冷色调为主,应当雅致、凝重,以体现着装者的典雅、端庄和稳重,藏青、炭黑、茶褐、土黄、紫红或稍冷一些的色彩都可以,最好不选鲜亮抢眼的颜色。有时两件套套裙的上衣和裙子可以是一色的，也可以是上浅下深或上深下浅的色调，这样可以形成鲜明的对比，强化留给别人的印象。

有时，穿着同色的套裙，可以用不同色的衬衫、领花、丝巾、胸针、围巾等饰物来点缀，这样可显得生动、活泼。另外，还可以采用不同色彩的面料来制作套裙的衣领、兜盖、前襟、下摆，这样可以使套裙的色彩看起来比较丰富。为避免显得杂乱无章，一套套裙的全部色彩不应超过两种。

正式场合穿的套裙，要讲究朴素而简洁，可以不带任何图案。一些以圆点、条纹图案为主的套裙也可以穿着，但不能以花卉、宠物、人物等图案为主体图案。套裙上不要添加过多的点缀，否则会显得杂乱而小气，如果喜欢，可以选择制作精美、简单的饰品进行少量点缀。

套裙的上衣和裙子在长短方面没有明确的规定。一般认为，裙短不雅，裙长无神，最理想的裙长，是裙子的下摆恰好到小腿肚最丰满的地方。套裙中的超短裙，裙长应以不短于膝盖以上 15 cm 为限。

（二）套裙穿着和搭配注意事项

1.大小适度

上衣最短必须齐腰，裙长最长不要超过小腿中部，上衣的袖长要盖住手腕。

2.穿戴仔细

上衣的领子要完全翻好，衣袋如果有盖子，盖子要拉出来盖住衣袋，衣扣一律全部系上，不能部分或全部解开。

3.注意场合

女士在出席各种正式活动，尤其是涉外活动时，一般应穿着套裙，其他情况就没必要一定穿套裙。出席宴会、舞会、音乐会时，可以选择和这类场合相协调的礼服。如果在气氛很放松的场合里还穿套裙，会显得格格不入，还有可能影响别人的情绪。外出观光旅游、逛街购物、健身锻炼时，休闲装、运动装等便装最合适。

4.套裙应当和妆饰协调

穿着打扮通常讲究的是着装、化妆和配饰风格统一、相辅相成。穿套裙时，出于维护个人形象的需要，不能不化妆，但也不能化浓妆。所选配饰要少，要合乎身份。在工作岗位上，不佩戴任何首饰也是可以的。

5.兼顾举止

套裙最能体现女性的柔美曲线，这在无形中要求穿着者做到举止优雅，随时注意个人的仪态。穿上套裙后，站要站得又稳又正，不可以双腿叉开，站得东倒西歪。就座以后，务必注意姿态，不要双腿分开过大，或是跷起一条腿来，抖动脚尖，更不可用脚尖挑鞋晃动，甚至当众脱鞋。走路时不能大步地奔跑，应小步走，步子要轻而稳。拿自己够不着的东西，可以请他人帮忙，不要踮起脚尖、伸直胳膊费力去够，或是俯身、探头去拿。

6.要穿衬裙

穿套裙时一定要穿衬裙，特别是在穿丝、棉、麻等薄型面料或浅色面料的套裙时。衬裙要选择透气、吸湿、单薄、柔软的面料，而且应为单色，如白色、肉色等，必须和外面套裙的色彩相互协调，且不要出现任何图案，还应大小合适，不要过于肥大。衬裙的裙腰不能高于套裙的裙腰。要把衬衫下摆掖到衬裙和套裙之间，不可以掖到衬裙裙腰内。

（三）套裙配件及着装要领

1.衬衫的穿着要领

（1）选择合适的衬衫：衬衫的颜色和图案应与西装套裙相协调，通常选择单一色调或简单图案的衬衫更为得体，颜色最好是白色、米色、粉红色等单色。

（2）衬衣的最佳面料是棉、丝绸面料。

（3）衬衫要裁剪简洁，不带花边和皱褶。

（4）领口应保持整洁，扣子应全部扣上，以显示正式和专业。

（5）袖长与袖口的处理：衬衫的袖长应刚好遮住手腕，袖口不宜过紧或过松。若衬衫有袖扣，应正确使用袖扣，使袖口保持平整。

（6）下摆的处理：衬衫下摆应塞进裙腰之内，一般不单穿，除最上端一粒纽扣按惯例不系外，其他纽扣不能随意解开。

2.皮鞋

（1）选择合适的款式：与套裙配套的鞋子应该是高跟、半高跟的船式皮鞋或盖式皮鞋，系带式皮鞋、丁字式皮鞋、皮靴、皮凉鞋等都不适宜。鞋头可以根据个人喜好和场合选择圆头或尖头的。应注意不穿凉鞋，不光脚（或不穿丝袜）穿皮鞋。

（2）皮鞋的颜色应与西装套裙的颜色相协调，以黑色的牛皮鞋为最佳选择，和套裙色彩一致的皮鞋也可以选择。在正式场合，建议选择黑色或棕色的高跟鞋，以提升整体造型的优雅度。

（3）保持干净整洁：皮鞋应时刻保持干净整洁，避免有划痕或污渍。应定期擦拭和保养皮鞋，使其保持光泽。

3.袜子

（1）选择合适的颜色和材质：正式场合穿职业套裙时，要选择肉色、黑色、浅灰色、浅棕等几种常规色的连裤丝袜。避免选择过于鲜艳或有图案的袜子，以免破坏整体造型的协调性。

（2）长度和松紧度：高筒袜和连裤袜，是套裙的标准搭配；中筒袜、低筒袜不要和套裙同时穿着。松紧度应适中，既不过紧也不过松，以保持舒适度和美观度。如果袜子松了滑下来，不可以当众整理袜子。另外要注意，不要暴露袜口，暴露袜口是公认的既缺乏服饰品位又失礼的表现，不仅穿套裙时应自觉避免该情形的发生，穿开衩裙的时候也要注意。

(3)搭配要点：袜子的颜色应与西装套裙和皮鞋的颜色相协调，一般原则为鞋、裙的色彩必须略深于或同于袜子的色彩。无论是鞋子还是袜子，图案和装饰都不要过多。一些有网眼、镂空、珠饰、吊带、链扣的鞋子，或印有时尚图案的袜子，不适合在商务活动场合穿。

另外，鞋袜应当大小相匹配，且完好无损。穿的时候不要随意乱穿，更不能当众脱下，不要同时穿两双袜子，也不可将九分裤、健美裤等当成袜子穿。

4.配饰

好的配饰可以对个人形象起到画龙点睛的作用。有些配饰的实用价值不是很强，但能给服装起到辅助、美化的作用。常见的配饰有丝巾、围巾、帽子、手套、腰带、包、首饰等。

手提包是女性日常出席正式场合活动的重要饰物，要求小巧、新颖、别致、协调，且颜色要与季节、服装、场合、气氛相协调。在严肃的正式场合，可使用简约而实用的手提包，如黑色或棕色的皮包；注意手提包的大小和形状应与西装套裙相协调，避免过大或过于夸张；参加舞会或宴会，可使用颜色鲜艳的羊皮小包或缎面小包。

简言之，配饰要遵循“符合身份，以少为宜”原则，最好同质同色，数量不超过两件。

(四)职场女士着装禁忌

职场女士着装有几大禁忌，主要包括“五不准”和“六忌”。这些禁忌涉及的是正式场合中不恰当或不得体的着装风格，需要避免。

1.“五不准”

(1)不准穿黑色皮裙：黑色皮裙可能给人过于随意或不够专业的印象，因此在正式职场环境中应避免穿着。

(2)不准光腿穿套裙：在正式场合，穿套裙时应搭配丝袜或合适的裤袜，以显得庄重得体。

(3)不准穿有洞的长筒袜：长筒袜有破洞，不仅影响美观，还可能给人留下不拘小节的印象。

(4)不准鞋袜不配套：职场着装应注重协调性和整体感，鞋袜的搭配也要相得益彰，避免显得过于随意。

(5)不准鞋裙之间有空：袜子的上沿要高于裙子下摆，以免露出腿部肌肤。

2."六忌"

(1)忌过分杂乱:职场着装应简洁大方,避免过于花哨或混乱的搭配,以展现专业形象。

(2)忌过分鲜艳:过于鲜艳的颜色可能过于抢眼,不利于营造严肃认真的工作氛围,应选择相对低调的色彩。

(3)忌过分暴露:职场着装应避免暴露过多身体部位,以维护个人形象和尊重他人。

(4)忌过分透视:透视装在职场中可能被认为是不专业或不得体的,应避免穿着。

(5)忌过分短小:职场女性的服装长度应适中,避免因过于短小而影响整体形象。

(6)忌过分紧身:紧身服装可能显得过于张扬或不适宜,应选择合身、不过于紧身的款式。

第三节 仪态礼仪

视频
仪态礼仪

仪态礼仪又称为举止礼仪。举止在心理学上被称为形体语言,是指凭借自身的动作或表情来进行人际交往、维系人际关系的无声语言,它能在很大程度上反映一个人的素质、受教育的程度及被信任的程度。形体语言在人际交往中占有较大比重,一般涉及人体的动作以及表情,大致可分为三类:一是身姿,如站姿、坐姿、走姿、蹲姿等;二是手势;三是面部表情。在正式的商务活动中,站、坐、走、蹲姿以及手势、微笑、眼神都有严格的规定。

一、站姿礼仪

站立是人们日常交往中一种最基本的动作。古人云"站如松",站的姿态应该是自然、轻松、优美的,不论站立时处于何种姿势,要注意只有脚的姿势及角度在变,而身体一定要保持挺直。

(一)站立的基本要领

1.头正,双目平视,嘴唇微闭,下颌微收,面部自然平和。

2.双肩放松,稍向下沉,身体有向上的感觉,呼吸自然。

3.躯干挺直,收腹,挺胸,立腰。

4.双臂放松，自然下垂于身体两侧，手指自然弯曲。

5.双腿并拢直立，膝、脚跟靠紧，脚尖分开、成 60 度，身体重心放在两脚中间。

以上为标准站姿，在此基础上还可有所调整，以下是适用于不同场合的几种站姿。

（二）几种不同的站姿

1.正式场合

（1）肃立。身体直立，双手置于身体两侧，双腿自然并拢，脚跟靠紧，脚掌分开呈 V 字形。

（2）直立。身体直立，双臂下垂置于腹部。女性将右手搭握在左手四指之上，四指前后不要露出，两脚可平行靠近，也可前后略微错开；男性右手握住左手腕，贴住腹部，两脚平行站立，略窄于肩宽。

正式场合的站姿如图 2-1、图 2-2 所示。

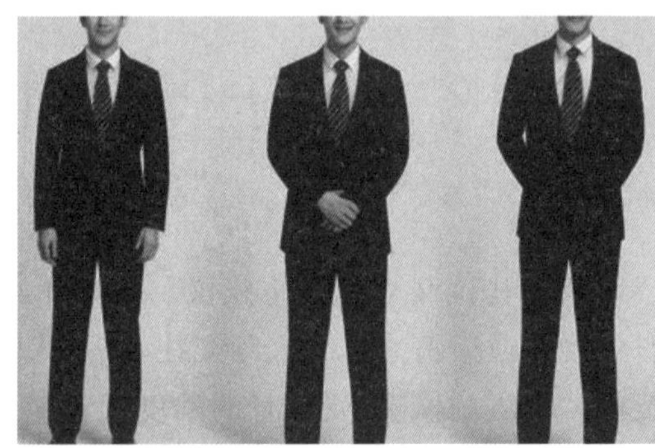

图 2-1　站姿（手位）

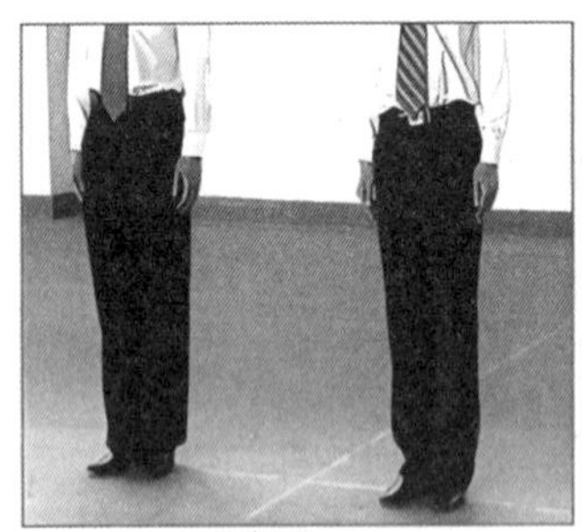
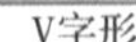

V字形

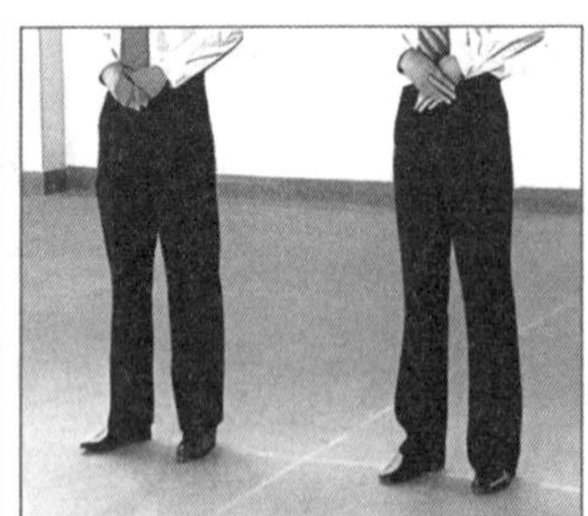

双脚平行分开不超过肩宽

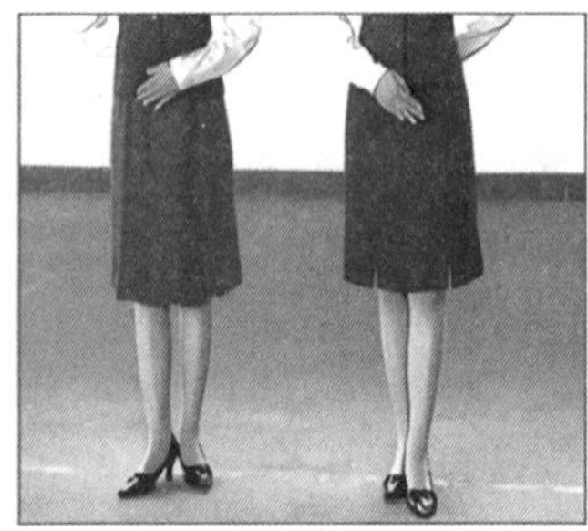

丁字形

图 2-2　站姿（脚位）

2.非正式场合

（1）车上的站姿

在晃动的车（或其他交通工具）上，可将双脚略分开，以求保持平衡，但开合度不要超过肩宽，重心放在前脚掌，膝部不要弯曲，稍向后挺。

(2)等人或与人交谈时的站姿

可采取一种比较轻松的姿势，脚或前后交叉或左右开立，肩、臂不要用力，尽量放松，可自由摆放，头部自然面向前方，使脊背能够挺直。采用此姿势时，重心不要频繁转移，否则易给人不安稳的感觉。

(3)接待员式站姿

O形腿的人，即使脚后跟靠在一起，膝部也无法合拢，因此，这类人可采用接待员式站姿，即将右脚跟靠在左脚中部，这样可以使腿看起来较为修长，手臂可采用前搭或后搭的摆法。拍照或短时间站立谈话时，也可采用此种站姿。

(三)训练站姿的方法

1.提踵练习。脚跟提起，头向上顶，身体有被拉长的感觉，注意保持姿态稳定，练习平衡感。

2.两人一组，背靠背站立练习，脚跟、腿部、臀部、双肩和后脑勺贴紧。此练习可训练站立时的挺拔感，为加强效果，可在五个触点夹上纸板。

3.背靠墙练习。

4.头顶教科书练习。

5.音乐情境练习。

(四)站姿注意事项

1.站立时，竖看要有直立感，即以鼻子为中线，人体应大致成直线；横看要有开阔感，即肢体及身段应给人舒展的感觉；侧看要有垂直感，即从耳至脚踝骨应大体成直线。男女的站姿应有不同的风格：男子的站姿应刚毅洒脱、挺拔向上；女子应保持庄重大方、秀雅优美。

2.站着与人交谈时，双手或下垂或叠放于下腹部，右手放在左手上。不可双臂交叉，更不能双手叉腰，或将手下插在裤袋里，也不能下意识地做小动作，如摆弄打火机、香烟盒，玩弄衣带、发辫，咬手指甲，等等，但可随谈话内容适当做些手势。

3.穿礼服或旗袍时，绝对不要双脚并列，而应让两脚前后保持5 cm距离，以一只脚为重心。

4.向长辈、朋友、同事问候或介绍时，不论握手或鞠躬，双足都应当并立，相距10 cm左右，膝盖要挺直。

5.等车或等人时，两足的位置可一前一后，成45度。

6.与外宾谈话时，要面向对方站立，保持一定距离，太远或太近都是不礼貌的。

7.站立时切忌东倒西歪，耸肩驼背，左摇右晃，两脚间距过大。良好的站姿应该有挺、直、高的感觉，像松树一样舒展、挺拔。

二、坐姿礼仪

坐姿总的要求是舒适自然、大方端庄。正确的坐姿应上身自然挺直，两臂弯曲放在双膝上或两手半握放在膝上，手心都要向下。谈话时，可以侧坐，侧坐时上身与腿要同时偏向一侧，要把双膝靠拢，脚跟靠紧。

（一）女士常见坐姿

女士落座时要从容大方，应颈直目平，两手重叠静放腿上。通常，女士坐姿的最大特点主要在于坐定之后的腿位与脚位有所不同。女士常见坐姿主要有以下几种。

1.正坐

又称为双腿垂直式。这种坐姿的具体要求是双腿垂直于地面，双脚的脚跟、膝盖直至大腿并拢在一起，双手自然放在双腿上。这是正式场合最基本的坐姿，会给人以诚恳、认真的印象。必须注意，保持这种坐姿时，脊背一定要直，头部摆正，目视前方，如果两膝张开，会给人散漫的印象。

2.正坐架腿式、侧位架腿式

又称为双腿叠放式。这种坐姿要求上下交叠的膝盖不可分开，两腿交叠成一条直线。双脚放置的方法可视座椅的高矮而定，既可以垂直也可以与地面成45度斜放。脚尖不应跷起，更不应正对他人。采用这种坐姿时，切勿双手抱膝，更不能将两膝分开。穿超短裙时慎用此坐姿。

3.侧位坐

又称为侧位式、侧点式。坐在较低的椅子上时，如果双脚垂直放置，膝盖可能会高过腰，较不雅观，这时最好采用侧位坐的方式，即双腿并拢之后，双脚同时向右侧或左侧斜放，并且与地面形成45度左右的夹角，这样就座者的身体就会呈现优美的S形。坐沙发时，这种姿势最适用，注意两膝不宜分开，小腿间也不要有距离。

4.双脚交叉式

主要包括正坐交叉式、侧位交叉式。具体做法是双腿并拢，双脚在踝部交叉之后略向左侧或右侧斜放。坐在主席台上、办公桌后面或公共汽车上时，比较适合采用这种坐姿，感觉比较自然。应当注意的是，采用这种坐姿时，膝部不宜分开，也不宜将交叉的双脚大幅度地分开，或是向前方直伸出去，否则可能会影响到从前面通过的人。不造成对别人的困扰是最基本的一项礼仪原则。

5.双脚内收式

其做法是两条小腿向后侧屈回,双脚脚掌着地,膝盖以上并拢,两脚稍微张开。这也是变化的坐姿之一,尤其在自己并不受注目的场合,这种坐姿显得轻松自然。

6.前伸后屈式

又称为正坐前点式或正坐后点式,具体做法是双膝并拢,左脚前伸右脚后屈或右脚前伸左脚后屈,双手虎口相交轻握放在左腿上,更换脚位时手可不必更换,挺胸直腰,面带微笑。

7.脚踝盘住收起式

椅子较低时,除了可斜坐之外,还可以将脚踝盘起,往椅子下面靠。像沙发一类下面没有空间的椅子,当然不适合采取这种姿势,但柜台或酒吧内的高脚椅,是可以采取这种坐姿的。

(二)男性的常规坐姿

男性坐姿讲究躯干正直,肩部平正,腰背贴椅,两腿自然弯曲,双脚并列地面,四肢摆放不宜开太大,以形成一种端正规矩、平稳舒适的坐姿,即所谓“坐如钟”。男士常见坐姿有以下几种。

1.正襟危坐式

要求身体的背、臀、腿分别与椅背、椅面和椅腿相平行,上身和小腿都与地面垂直,身体侧姿呈 H 形,双膝、双脚并排摆放,完全并拢。

2.垂腿开膝式

在正襟危坐式的基本姿势下,双膝可不合并而是略有分开,但分开的距离不能超过肩宽,两脚脚尖朝向正前方,并排摆放,切忌摆成“外八字”或“内八字”。

3.双脚内收式

在正襟危坐式的基本姿势下,大腿并拢,双膝可略分开,小腿并拢向内侧屈回,双脚用脚掌着地。

4.双腿交叉式

在正襟危坐式的基本姿势下,双膝并拢,小腿在脚踝处交叉。小腿和脚既可斜放,也可以向内侧收回,但不能直伸向身体前方。

5.双腿叠放式

在正襟危坐式的基本姿势下,将大腿一上一下相互交叠在一起,两腿之间不留缝隙。交叠角度应尽量小,交叠后两腿几乎要重叠在一条直线上,小腿自然下垂,斜放在一侧,离地一侧的脚尖垂向地面,不要上跷。

具体的坐姿要依据不同场合调整,与环境相适应。例如,一般沙发椅较宽大,因而不要坐得太靠里,可以将左腿跷在右腿上,显得大方一些,但不宜跷得过高。女士尤其要注意不要露出衬裙，以免有损形象。在公共场所忌趴在桌子上，躺在沙发上，半坐在桌子或椅背上。

（三）入座、离座礼仪

在国际交往中，对入座、落座和离座都有一定要求。入座时，动作要轻盈和缓，自然从容；落座时要轻，不能猛地坐下，发出响声；离座时要端庄稳重。

1.入座的礼仪

当很多人一起入座时，辈分低、社会地位低者应请辈分高、社会地位高者先入座，然后随其坐下，不要抢先。在和社会地位与自己相当的人一起入座时，可以不分先后。入座时应从左侧接近座椅，身体正面朝向其他人，脊背朝向座椅，当身体完全移到座椅正前方后，右腿后退一点，用小腿肚确认一下座椅的位置，调整好远近后顺势坐下。

2.落座的礼仪

落座动作要轻缓，不可猛地砸进沙发，也不要让桌椅发出声响。落座后要注意上身挺直，不可半躺半卧地埋在沙发里，应把两手自然放在沙发扶手上，或放在腿上。正式的会谈不能跷起二郎腿，特别是不能将脚跷得过高，以手相抱，用脚尖指向他人，这样极不礼貌。晚到者在就座时还应向附近已落座人员致意，如果是熟人，应主动打招呼寒暄；若是不认识的人，可以微笑点头致意。在公共场合需要坐在陌生人身边时，必须先征得对方的同意才可落座。

3.离座的礼仪

离座时应先在座椅和桌子前留出充足的空间，然后缓慢起身，动作要尽量轻，不要使桌椅发出响声。与入座时相同，要从左侧后退离座，不要起立后立即转身，应将身体正面面向其他人，后退着离开。如果是多人一起离座，与入座时相同，社会地位低、辈分低者应该后离座，社会地位、辈分相当的可一起起身。很多时候椅前会摆放桌子，此时尤其要注意在离座前调整好桌椅之间的距离，使桌椅间留出充足的空间以便起身，切忌起立时拖动椅子或撞到桌子而发出较大响声。

三、走姿礼仪

（一）正确走姿

行走的姿势极为重要，因为人行走的机会比站立的机会多，而且行走一般又都是在公共场所。行走时，步态应该轻松自然，目视前方，身体挺直，双肩自然下垂，两臂摆动协调，膝关节与脚尖正对前进方向。行走的步子要大小适中、自然稳健、节奏适当。男性步伐应矫健、稳重、刚毅、洒脱，具有阳刚之美，步伐频率应该在每分钟 100 步左右，步幅(前后脚之间的距离)约 25 cm。女性步伐要轻盈、柔软，显出秀丽端庄，步伐频率应保持每分钟 90 步左右，步幅约 25 cm。男士与女士同行时，男士步伐应与女士保持一致。走姿是千姿百态的，没有固定模式，或矫健或轻盈，或精神抖擞或庄重优雅，只要与交际场合协调并表现出自己的个性，便没有太大问题。

(二)注意事项

1.应自然地摆动双臂，幅度不可太大，前摆约 35 度，后摆约 15 度，切忌左右摆动。

2.应保持身体的挺直，切忌左右摇摆或摇头晃肩。

3.膝盖和脚踝都应放松，以免显得浑身僵硬，同时切忌走“外八字”或“内八字”。

4.多人一起行走时，不并排行走，不勾肩搭背。

5.遇急事可加快步伐，但不可慌张奔跑。

四、蹲姿礼仪

(一)基本要领

1.站立基础与重心转移

(1)站立时保持身体平衡，双脚分开与肩同宽，为下蹲做好准备。

(2)重心稳定地转移到一腿，另一腿自然弯曲，降低身体高度。

(3)保持背部挺直，避免前倾或后仰，确保重心在两腿之间平稳转移。

2.腿部动作与力量分配

下蹲时，弯曲的腿部承担主要力量，同时保持另一条腿的稳定支撑。力量分配要均匀，避免过度用力或力量不足导致身体失去平衡。腿部动作要协调，保持流畅的下蹲和起身过程。

3.上身姿态与手臂摆放

上身保持挺直，不要佝偻或过度前倾，应展现优雅的气质。手臂自然下垂或轻放于身体两侧，避免过于紧张或僵硬的姿态。如有需要，可用手轻轻扶住物体以保持平衡，但不要过分依赖。

4.面部表情与目光方向

面部表情要自然、轻松，展现自信与从容。目光保持水平或略微向下，显得专注而有礼貌，避免瞪视或东张西望。在与他人交流时，适时调整目光方向，以示尊重和关注。

(二)优雅蹲姿类型

1.交叉式

(1)下蹲时右脚在前,左脚在后,右小腿垂直于地面,全脚着地。

(2)左膝由后面伸向右侧,左脚跟抬起,脚掌着地。

(3)两腿靠紧,合力支撑身体。

(4)臀部向下,上身稍前倾,形成优美姿态。

2.高低式

(1)下蹲时左脚在前,右脚稍后,两腿靠紧向下蹲。

(2)左脚全脚着地,小腿基本垂直于地面,右脚脚跟提起,脚掌着地。

(3)右膝低于左膝,右膝内侧靠于左小腿内侧,形成左膝高右膝低的姿态。

(4)臀部向下,基本上以右腿支撑身体,保持身体平衡。

3.半蹲式

(1)左脚平放在地上,左腿稍微弯曲并向左打开大约30度。

(2)右膝轻轻向下并向右展开约60度,两手自然地放在大腿上,指尖与膝盖对齐。注意保持两肘紧贴两肋,这样能够让我们的上身更加挺拔。

(3)右脚尖轻轻点地,右脚跟微微跷起,把臀部的重心放在右脚跟上,昂首挺胸,目视前方,整个过程要尽量保持身体平衡,以展现出优美的姿态。

(三)蹲姿禁忌

1.避免弯腰驼背、“八字”脚、翘臀型等不雅蹲姿。

2.下蹲时注意内衣不可以露和透,穿短裙的女士尤其应注意。

五、手势礼仪

在职场中与人交往时,尤其是在正式场合,一定要遵守举止有度的原则——举止合乎约定俗成的行为规范,即行为举止文明、优雅、敬人。文明即举止自然、大方,并且高雅脱俗,以体现出良好的文化教养;优雅即举止规范、得体、美观,以体现自己的不卑不亢;敬人即举止要礼敬他人,以体现出对对方的尊重、友好与善意。

(一)基本手势

要做到手势优雅,关键是正确掌握和运用下述基本手势。

1.垂放

最基本的手势。做法包括:一是双手自然下垂,掌心向内,叠放或相握于腹前；二是双手伸直自然下垂，掌心向内，分别贴放于大腿外侧。

2.背手

背手多见于站立、行走时。做法是双臂伸到身后，双手相握，同时昂首挺胸。

3.持物

即用手拿东西。可用一只手，也可用双手；拿东西时动作要自然，五指并拢，用力均匀，不要跷起无名指与小指。

4.鼓掌

表示欢迎、祝贺、支持的一种手势。做法是右手掌心向下，有节奏地拍击掌心向上的左掌。必要时，应起身站立。

5.夸奖

是主要用来表扬他人的手势。做法是伸出右手，跷起拇指，指尖向上，指腹面向被夸奖人；若将右手拇指竖起来反向指向别人，则意味着自大或藐视；若将拇指指向自己的鼻尖，则代表了自高自大、不可一世的意思。

6.指示

是用来引导来宾、指示方向的手势。做法是将右手或左手抬至一定高度，掌心向上，五指并拢，以肘部为轴，朝一定方向伸出手臂。

(二)递物与接物的原则

主要包括双手为佳、主动上前、递到手中、方便接拿、尖刃向内。

(三)一些禁忌的手势

1.不卫生的手势

在他人面前搔头皮、掏耳朵、抠鼻孔等，都是极不卫生的手势。

2.不稳重的手势

在公共场合，双手不合时宜地乱动、乱摸或咬指尖、抬胳膊等，均为不稳重的手势。

3.失敬于人的手势

掌心向下挥动手臂或用手指点他人，都是失敬于人的手势。在任何情况下都不要用手指点他人，这是极为不礼貌的举动。与外国人士交往时更要慎用手势，因为各国风俗习惯不同，同一手势的含义也不尽相同。

六、面部表情

面部表情是指头部(主要是脸部)对于情感体验的反应动作，它与说话内容最易相配，因而使用频率比手势高得多。表情是人们内在情绪的外在表现，最能体现出人的真情实感。心理学家总结得出一个公式:感情的表达=言语(7%)+声音(38%)+表情(55%)。由此可以看出,表情在人与人之间的沟通中占有相当重要的位置。健康的表情是自然诚恳、和蔼可亲的,是商务人员优雅风度的重要组成部分。

(一)微笑的礼仪

在笑容中,微笑最自然大方,最真诚友善,是一种令人愉快的面部表情。在国际交往中,如果因为语言障碍无法交流,微笑则是迅速达到预期交流目的的"润滑剂"。微笑是在脸上露出愉快的表情,是善良、友好、赞美的表示。在国际交往的大多数场合中,微笑都是礼仪的基础,亲切、温馨的微笑不仅能表现出商务人员充满自信、真诚友善、乐业敬业的品质,还能使不同文化背景的人迅速拉近彼此间的心理距离,创造出交流与沟通的良好氛围。

真正的微笑应发自内心,表露出自己的情感,要自然亲切,切莫把一副呆板、僵硬的笑容面具挂在脸上,使笑容脸谱化、程序化。展露美好的笑容要掌握如下两大要领。

要领一:五官协调配合,表情到位。微笑的时候,五官都要有动作,即口、鼻、眉、目密切配合。微笑时面部肌肉要放松,嘴角微微上翘,眼睛眯起,眉毛上扬,鼻翼张开,五官配合到位后,轻轻收紧两颊外侧肌肉,一个自然亲切的笑容在脸上就诞生了。

要领二:神采奕奕,笑容饱满。微笑除了脸部肌肉和五官的配合外,还要兼顾笑容的神采,不要强作欢颜;表情过渡要自然,不要像戴面具一样,需要时微笑突然挂在脸上,不需要时又突然消失;不要对微笑的对象有选择性,只对客户、同事等少数人笑,而对陌生人吝啬笑容。

在服务工作中,禁止大笑。要学会因时、因地、因事而异地笑。另外,头要随眼睛转动。平时不善于微笑的人,可以在闲暇时对着镜子练习,使五官整体配合协调统一,最好是通过想象美好的事物调动情感,发出源自内心的微笑。

(二)目光的礼仪

目光是人们在交往过程中表达的一种深情而含蓄的无声语言,它往往可以表达出有声语言难以表现的意义和情感。"眼睛是心灵的窗口",目光在很大程度上能如实反映一个人的内心世界,应该是坦然、亲切、和蔼、有神的。

1.注视时间

在整个交谈过程中,与对方目光接触的时间应累计达到全部交谈时间的50%~70%,其余30%~50%的时间,可注视对方脸部以外5~10米的地方,这样比较自然、礼貌。

2.注视区域

场合不同,注视的区域也不同。下面从公务凝视、社交凝视、亲密凝视三种类别出发对注视区域进行阐述。

(1)公务凝视。在洽谈、磋商、谈判等严肃场合,目光要给人以一种严肃、认真的感觉。注视的位置在对方双眼或双眼与额头之间的区域。洽谈业务时,如果看着对方的这个部位,会显得很严肃认真,别人会感到诚意。在交谈过程中,目光如果始终落在这个三角部位,就很容易把握谈话的主动权和控制权。

(2)社交凝视。这是指在各种社交场合都可以使用的注视方式。注视的位置在对方唇心到双眼之间的三角区域。当看着对方脸部这个区域时,会营造出一种社交气氛。这种凝视主要用于茶话会、舞会及各种类型的友谊聚会。

(3)亲密凝视。这是亲人、恋人等之间使用的凝视方式。凝视的位置在对方双眼到胸之间。

3.眼神接触的技巧

(1)视线水平,表现客观和理智。

(2)忌上下打量。

第四节 言谈礼仪

语言是人们表达思想感情和进行交流的重要手段和工具,是人类交际的重要载体。人际交往中运用规范的语言,能减少摩擦。如果语言不得当,则易产生人际误会,造成尴尬。因此,掌握必备的谈话技巧,对建立融洽、和谐的人际关系是非常有帮助的。

交际语言的形式主要有三种:有声语言、无声语言(眼神、表情、身姿等)、类语言(掌声、语气、语调)。

一、人际交往的礼貌用语

(一)称呼

称呼指的是人们在日常交往中所采用的彼此之间的称谓语。在人际交往中,如何称呼他人是一门极为重要的学问。选择正确、适当的称呼,不仅反映了自身的教养、对对方尊敬的程度,还体现着双方关系发展所达到的程度和社会风尚,因此,称呼不能随便乱用。选择称呼要合乎常规,照顾到被称呼者的个人习惯，做到入乡随俗。在工作岗位上，人们彼此之间的称呼是有其特殊性的，若称呼不当很容易让他人产生反感。商务人员在工作岗位上与同事、客户彼此之间的称呼要庄重、正式、规范。

1.称呼的种类

(1)职务性称呼

在工作中，以交往对象的职务相称，以示身份有别、敬意有加，这是一种最常见的称呼方法。以职务相称，具体来说又分为三种情况。

①仅称职务，如“部长”“经理”“主任”“校长”“班长”等。

②在职务之前加上姓氏，如“李董事长”“赵总经理”等。

③在职务之前加上姓名，这仅适用于极其正式的场合。

(2)职称性称呼

对于具有职称者，尤其是具有高级、中级职称者，可以在工作中直接以其职称相称。以职称相称，下列三种情况较为常见。

①仅称职称，如“教授”等。

②在职称前加上姓氏，如“孙教授”等。有时，这种称呼也可以约定俗成地简化，如可将“王工程师”简称为“王工”，但使用简称时应注意不要产生误会、歧义。

③在职称前加上姓名，适用于十分正式的场合，如“冯锡教授”“魏明律师”等。

(3)学衔性称呼

在工作中，以学衔作为称呼，可增强被称呼者的威信。称呼学衔主要有以下四种方式。

①仅称学衔，如“博士”。

②在学衔前加上姓氏，如“杨博士”。

③在学衔前加上姓名，如“杨璇博士”。

④将学衔具体化，说明其所属学科，并在其后加上姓名，如“管理学博士杨璇”，这种称呼最为正式。

(4)行业性称呼

在工作中，有时可按行业进行称呼，具体分为以下两种情况。

①称呼职业，即直接以被称呼者的职业作为称呼。例如，将教员称为“老师”，将教练员称为“教练”，将专业辩护人员称为“律师”，将警察称为“警官”，将会计师称为“会计”，将医生称为“医生”或“大夫”等。一般情况下，在此类称呼前可加上姓氏或姓名。

②称呼“小姐”“女士”“先生”。对商界、服务业工作人员，一般按性别不同分别称呼“小姐”、“女士”或“先生”。其中，“小姐”“女士”二者的区别在于：对未婚者称“小姐”，对已婚者或不明确婚否的则称“女士”。在外企以及餐饮行业，此种

称呼极其通行。在此种称呼前，可加姓氏或姓名。

(5)姓名性称呼

在工作岗位上称呼姓名，一般限于同事、熟人之间。具体称法有以下三种。

①直呼姓名。

②只呼其姓，不称其名，但要在姓前面加上“老”“大”“小”。

③只称其名，不呼其姓，通常限于同性之间，尤其是上司称呼下级或长辈称呼晚辈。亲友、同学、邻里之间，也可使用这种称呼。

2.称呼的方法

称呼是否恰当，既反映了说话人的思想水平和文化修养，也会影响人际交往活动的效果。对于商务人员来说，具体的称呼方法如下。

(1)使用称呼就高不就低。在商务工作交往中，使用称呼应遵循就高不就低的原则。

(2)入乡随俗。一般情况下，在福建省内，我们会习惯性地问“您是福建人还是广东人”，但是当身处广东时，就应该问“您是广东人还是福建人”，这体现了对当地人的尊重。

(3)忌对领导、长辈和客人直呼其名。可以在姓氏后面加上合适的尊称或职务，如对长辈可称“李叔叔”“赵伯伯”等。

(4)对相交不深或初次见面的客户，为表示敬意，应用“您”，而不用“你”。

(5)在日常工作中，对一般交往对象，可分别称“同志”“老师”“先生”“小姐”等。在非正式场合，对同事可根据年龄来称呼，如“老陈”“小张”等。对于较熟悉的朋友和同学可直呼其名。

(6)多人交谈的场合，应遵循先上后下、先长后幼、先女后男、先疏后亲的顺序。

(7)对一些特殊人群，如有生理残疾的人，要绝对避免使用带有刺激性或蔑视性的字眼。

(8)在涉外场合，应避免使用容易引起误会的一些称谓，如“爱人”这个称谓，在英文语境里“爱人”是“情人”的意思。

(9)最为稳妥和普遍的称呼方法是称对方为某某先生、某某女士。

3.国际称呼习惯

由于各国、各民族语言和文字的不同，风俗习惯相差甚远，不同国家和地区对于名字的叫法、称呼的方式也有很大差别，商务人员在与国外客户交往时，要充分注意这一点，如果出现差错，往往会使客商不满、反感，甚至会闹笑话或发生误会。

(1)在国际交往中，按照国际称呼习惯，多以 Mr.、Ms(Mrs.)等加在姓氏之前称呼。对男士一般可称先生或名字加先生，如 Mr. Chang；对女士，可称夫人(已婚)、小姐(未婚)或女士(不知婚否者)，如 Ms. Liu、Mrs. Huang 等。知道名字者最好冠以名字，这样能给客户以亲切感，但千万不可用名代姓。例如，对于美国国父乔治·华盛顿，人们会称他为华盛顿总统、华盛顿先生，因为“华盛顿”是他的姓，而不会称他为乔治先生。

(2)对地位高的政府官员可称阁下（一般为国家部长级以上官员），一般用官职加阁下二字即可，如总统阁下。对于重要人物，最好在姓氏前加上头衔，如校长、大使、参议员、教授等，以示尊重。在美国、德国、墨西哥等国家，习惯上对男士一律称先生。

(3)在君主制国家，对国王、皇后称陛下，对亲王、王子、公主等称殿下，对有爵位的人士可称爵位，也可称阁下或先生。

(4)一些职业、职称可以作为从事这种职业的人的称呼，如医生、教授、法官、律师等。博士学位也可作称呼，如史密斯博士。

(5)对军职人员一般称军衔，如约翰逊将军。

(6)对教会中的神职人员，一般可称教会的职称、名字加职称、职称加先生，如神父、伽马神父、神父先生。对主教以上的神职人员也可称阁下，对教徒一般直接称先生。

(7)在有些国家，对职务高或令人敬重的妇女也称先生，如宋庆龄先生。

(8)美国和西欧有些国家有直呼其名的习惯，这被认为是一种亲切友好的表示，但商务人员不可这样称呼，直呼客户的名字是失礼和冒昧的。

(9)对于工作场合以外的相遇，一般按交际场合的惯例来称呼，可称先生、小姐等。

(二)问候

问候又称问好、问安或打招呼，是以语言或动作向他人询问安好、致意，表示关切或友好的一种常规方式。问候是交流的基础。在社会交往中，问候是必不可少的内容，是交流中的重中之重，是展示一个人形象的第一步。如果不会问候，则会让自己的整体形象大打折扣，而且会影响进一步交流的效果。

问候的主要作用是在人际交往中打破僵局，拉近距离，向交谈对象表示自己的敬意，或是借以向对方表示乐于与之结交之意。所以，在与他人见面时，选用适当的问候语，往往会为双方进一步的交谈做好铺垫。

在商务交往中，问候是最基本的语言交流形式，它往往是对客户服务的起点。因此，商务人员要想增强服务语言的表达效果，为客户提供高效、亲切的服务，首先得掌握问候的技巧。

1.问候的态度

问候是敬意的一种表达方式，问候他人时，在具体态度上需要注意以下四点。

(1)主动。问候他人应该积极、主动。在他人首先问候自己后，应予以回应。

(2)热情。在问候他人时,通常应表现得热情而友好,毫无表情或者表情冷漠都是应当避免的。

(3)自然。问候他人时应主动、热情,要表现得大方自然。矫揉造作、神态夸张或者扭扭捏捏,不会给他人留下好印象。

(4)专注。商务工作人员在问候他人时,应当面带微笑,与对方四目相交,以示口到、眼到、意到。

2.问候的方式

(1)问候要因时、因人、因地而变。10 时以前,可以问声“早安”;10 时到 12 时问声“上午好”;12 时到 14 时问声“中午好”;14 时到 18 时问声“下午好”;18 时到 21 时问声“晚上好”;21 时以后,如果没有急事,就不要再跟他人联系了,以免影响他人休息。

(2)问候要遵从职业特色。随着社会服务意识的增强,许多单位对如何问候有严格的规定。例如,对于宾馆、饭店、展览服务机构而言,“您好”“欢迎您光临”等问候会让客户感到信赖。

(3)问候可以因对象不同而不同。如果是跟家人、同事或熟悉的朋友问候,不用拘泥于一板一眼的“您好”,可以用多种方式来问候,要自然温馨。

(4)问候要注意语气、声调。问候时要语气适当、声调适度、咬字清晰,不要说方言。过快、过慢、声音过大或有气无力的问候,都会让对方产生不好的感觉,从而影响交流的效果。

3.问候的次序

在正式会面时,问候在具体的次序上有一定的讲究。

(1)一个人问候另一个人时,通常应遵循“位低者先行”的原则,即双方之间身份(社会地位)较低者应首先问候身份较高者,如晚辈问候长辈、下级问候上级、主人问候客人。

(2)一个人问候多人时,既可以笼统地问候所有人,也可以逐个问候。当一个人逐一问候许多人时,既可以由社会地位高到社会地位低、由长到幼地依次进行,也可以由近到远依次进行。

4.问候的形式

问候他人大致有两种形式,各有不同的适用范围。

(1)直接式

即直截了当地以问好作为问候的主要内容。它适用于正式的人际交往场合,尤其是宾主双方初次相见。问候内容因场合、职业、关系等的不同而有差异。

①行政职务称呼与问候,如“尊敬的部长阁下,您好!”。

②技术性职称称呼与问候,如“张工程师,见到您很高兴!”。

③行业称呼与问候,如“刘医生,您辛苦了!”。

④和外商打交道时，更习惯称呼其头衔或先生、女士，如“董事长，与您合作很荣幸！”。

(2)间接式

即以某些约定俗成的问候语，或者在当时的情况下可以延伸的话题来替代直接式问候，如“我们又见面了！”。这种问候方式主要适用于非正式交往的情况，尤其是熟人之间见面时。

5.问候的注意事项

(1)在形式上应简洁，在内容上应体现友好与尊重的特征。

(2)应当删繁就简，不要过于程式化。

(3)应不涉及个人私生活、个人禁忌方面。

(4)问候语具有非常鲜明的民俗性、地域性的特征。例如，老北京人爱问别人“吃了吗”，这句话实际上就是“您好”的意思，但若以此形式问候外国人，就容易使对方感到莫名其妙，甚至引起误会。

(三)寒暄

交谈起于寒暄。在正式交谈开始之前，应寒暄几句，不寒暄就开始进入交谈，往往显得唐突且不礼貌，会让对方觉得莫名其妙和尴尬，很难进入实质性的交谈。因为寒暄是双向的感情沟通，其基本功能是联络感情，所以它可以为交谈作情绪、情感的铺垫，能使不相识的人相互认识，使不熟悉的人相互熟悉，使沉闷的气氛变得活跃。尤其是初次见面，几句得体的寒暄会使气氛变得融洽，有利于顺利地进入正式交谈。因此，有人把它称作人际关系发生、发展的起点。

1.有效寒暄的注意事项

寒暄本身并不正面表达特定的意义，但它在沟通中是必不可少的。寒暄没有固定的格式，进行有效的寒暄应注意以下几点。

(1)采取积极姿态

一般来说，外出办事的人应主动问候；售货员对顾客应主动打招呼：晚辈遇上长辈应主动问候；上级对下级最好采取积极态度，主动打招呼，这样能表现出上级对下级的热情关怀，也是领导者优良作风的表现。

(2)照顾周到

有时我们会面临需要跟多个人寒暄的情况。此时，不能只顾及其中一两个人，而把其他人撇在一边。如果一走而过，可把“你好”改为“你们好”；如果停下来攀谈几句，也要热情问候，说些“认识你们很高兴”之类的话；见有人带着小孩，也要问问年龄或夸上几句。

(3)善于选择话题

寒暄的话题应该是既表现对于他人及其亲人的关心，使对方感到温暖，又能使对方乐于谈及且较易回答的问题，如“你的工作忙吧”“老人家身体可好”“最近还忙些什么”等。避免涉及三言两语无法谈完的话题，绝对不能触及对方较为敏感的话题。

(4)注意灵活变通

要区分对象，根据对象的亲疏，变化寒暄的言语；要根据时间的早晚，变换寒暄的言语，如“早上好”“晚安”等；应视自己的闲忙决定寒暄语往返次数的多少；应根据场合不同，选用不同寒暄语，如在菜市上相遇可以说“你在买菜啊”，在阅览室相遇可小声说“你来了”。

(5)讲究方式

与陌生人初次见面，一般应有两三个问答往复的过程。熟人间的寒暄，如果经常见面，往往只需一句话、一个招呼，甚至一个眼神、一个微笑、一个手势；如果久不见面，则宜有两三个问答往复的过程。

2.寒暄的方式和内容

我国传统的寒暄用语，常见的有以下几种。

第一，与吃、喝、睡等日常活动有关的，如“你吃了吗?”“还没歇着啊?”等。

第二，与寒暄对象正在进行的活动有关的，如“您出去呀?”“您正在吃饭?”等。

第三，与了解对方的行动目的有关的，如“您干什么去?”这样的问候寒暄，答话者既可以如实相告，也可随便答上一句“我出去一下”之类的话。

第四，与夸奖对方有关的，如“小李，你今天真漂亮”。

由于寒暄是非正式的交谈，在理解对方问候言语的时候，不必仔细回味其真正含义，寒暄的内容也无特定的限制。但在交往沟通中使用寒暄语，要注意特定的环境和特定的对象，不应将寒暄用语到处套用，对不同的人应使用不同的寒暄语。例如，到个头矮小的人家里做客，就不能用“你们家的椅子真矮”作为寒暄语。

另外，寒暄中难免要恭维对方一番，这样会使对方感到愉悦，对即将进行的交谈更感兴趣。但是要注意，恭维一定要得体，要了解对方的需要。恭维不能过分，否则将会适得其反。

总之，只有寒暄激起交际双方的交谈兴趣与欲望，才能活跃交谈气氛，使交谈友好、亲切地进行下去。

二、日常礼仪用语

(一)交际语言的基本要求

一是文明，即不说粗话、脏话、黑话、怪话。二是礼貌，即相见道好，托事道请,偏劳道谢,失礼道歉。三是通俗明确,即发音准确,语速适中,口气要谦和,内容要简明,土语要少用,外语要慎用。

(二)礼貌语

说话有礼貌,是社交中最基本的常识,出言粗鲁是不可能取得良好的社交效果的。一个人彬彬有礼的形象得以树立,很大程度上依赖于礼貌用语。恰当使用礼貌用语,对调和及融洽人际关系会起到意想不到的作用。礼貌语包括致谢语、请托语、道歉语等。

1.致谢语

在人际交往中,使用致谢语,意在表达自己的感激之意。适当地运用致谢语,可以使自己的心意为他人所领受,而且也可以展示自己的修养,正所谓“礼多人不怪”。若是在应当道谢之时却不说一句致谢语,则会使人极为不快,甚至反感。

“谢谢”“多谢”“非常感谢”“谢了”“十分感谢”是常用的致谢语。具有我国语言习惯特色的致谢语还有“有劳你了”“难为你了”“劳你费心了”等。每当获得理解、得到帮助、接受服务、受到关照、受到礼遇之时,都应当立即向对方道一声“谢谢”。这样做,既是对他人的真诚感激,又是对他人的一种积极肯定。

道谢时要及时注意对方的反应,对方对感谢感到茫然时,要用简洁的语言向对方说明致谢的原因。对他人的道谢要给予回应,可以用“没什么,别客气”“我很乐意帮忙”“应该的”来回答。

2.请托语

请托语,通常主要指的是在请求他人帮忙或是托付他人代劳时,照例应当使用的专项用语。一般来说,在任何需要麻烦他人的时候,“请”都是必须挂在嘴边的礼貌语,如“请问”“请原谅”“请留步”“请用餐”“请指教”“请稍候”“请关照”等。使用“请”字,会使话语变得委婉而礼貌,是比较自然地把自己的位置降低、将对方位置抬高的最好的办法。在使用时应语气诚恳,不要低声下气,更不要居高临下,因为这是你在提出请求,对方并没有义务非得按你说的去做。即使是请人一起吃饭,也应说“请您和我共进晚餐好吗?”。

向别人提出比较重大的请求时,要注意把握恰当的时机。比如,当他人正遭遇一场重大变故而心情忧郁时,就不应前去打扰,请他人帮忙。

当别人拒绝你的请求时,应予以理解,并且为对方所作出的努力表示感谢。

3.道歉语

在日常生活和交际中,有时我们会打扰别人、影响别人,或是给别人带来某种不便,甚至给别人造成某种损失或伤害,此时我们应及时地表示歉意。在社交场合学会向人道歉,是缓和双方可能产生的紧张关系的一帖“灵药”。例如,在公共汽车上踩了别人的脚、无意中碰撞别人时,一声“对不起”即可化解对方的不快。

通常，表达不安、歉意、遗憾的道歉语有“对不起”“请原谅”“很抱歉”“打扰了”等。同时，也还有其他各种各样的形式，如丘吉尔起初对杜鲁门的印象不好，但后来他告诉杜鲁门自己以前低估了他，这是以赞誉的方式表示歉意。

道歉是一个人坦诚、深明事理、真挚诚恳和具有勇气的表现。道歉时最重要的是有诚意，切忌道歉时先辩解，这样好似推脱责任。同时，要注意及时道歉，犹豫不决会失去道歉的良机。及时道歉，可大事化小、小事化了，甚至化干戈为玉帛。

(三)雅语

问候中的礼貌用语

雅语是指一些比较文雅的词语。雅语常常在一些正规的场合，以及一些有长辈和女性在场的情况下使用。多使用雅语，能体现出一个人的文化素养以及尊重他人的个人素质。

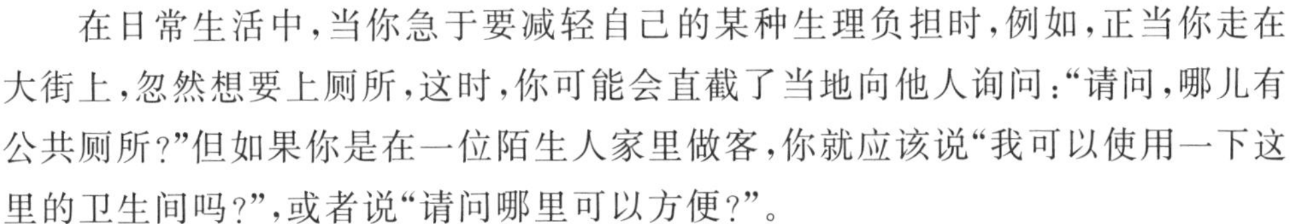

在日常生活中，当你急于要减轻自己的某种生理负担时，例如，正当你走在大街上，忽然想要上厕所，这时，你可能会直截了当地向他人询问：“请问，哪儿有公共厕所？”但如果你是在一位陌生人家里做客，你就应该说“我可以使用一下这里的卫生间吗？”，或者说“请问哪里可以方便？”。

另外，在待人接物中，如果你招待客人，在端茶时，你应当说：“请用茶。”如果还有点心招待，可以说：“请用些茶点。”假如你先于别人结束用餐，你应该向其他人打个招呼说：“请大家慢用。”当然，雅语的使用并不是机械、固定的，只要你的言谈举止彬彬有礼，他人就会认为你的个人修养较好。

(四)赞美语

心理学上，有一个说法叫“偏好正性刺激”，指的是人际交往过程中，人们都有一个共性，那就是都喜欢得到表扬，喜欢被他人欣赏。

赞美语是对对方的行为表示赞赏和肯定的礼貌用语，如“你干得很好”“太棒了”“你手真巧”等。及时、恰当地赞美他人，既可以激发、鼓励和帮助他人建立自信和自尊，也可以促进或改善双方之间的人际关系，从而给双方带来愉快的体验。对他人的赞美表示对他人成绩和能力的肯定，漠视是对他人的不礼貌，积极地做出反应、说出诚心诚意的赞美语是基本的社交礼仪。

在实际运用中，常用的赞美语大致可分为下列三种形式，它们常常是被混合使用的。

1.评价式的赞美语

主要适用于对对方的所作所为的赞美，如“太好了”“真是太棒了”“非常出色”等。

2.认可式的赞美语

交往中，当某人发表某些见解后，往往需要直接作出评价。在对方的见解的确正确时，一般应对其表示认可，如“您的观点非常正确”“您的主意真是太妙了”“还是您懂行”等。

3.回应式的赞美语

主要适用于受夸奖后对对方的回应，如“哪里哪里，我做得还不够”“您过奖了，真是不敢当，不过能得到您的肯定，的确让我很开心”等。

真诚的赞美往往能使人终生难忘，但赞美也需讲究艺术，才能达到预期的效果。有的赞美之词让人听起来不舒服，甚至令人厌恶，就是因为没有掌握好技巧。赞美他人时要注意以下几点：其一，称赞别人要发自内心和真诚。口不对心的溢美之词，小题大做的阿谀之语，非但不会令人愉快，还会引起别人的反感。其二，夸奖别人一定要夸到点上，也就是要夸奖对方最在意的方面。比如，夸一位老年人头发保养得好，白头发少，看起来特年轻，他会很开心。其三，使用赞美语时，讲究的是少而精和恰到好处，切不可视之为讨好对方的一剂灵丹妙药，以为多多益善。

有些人不爱赞美别人，认为赞美别人就贬低了自己。其实不然，赞美他人时自己也能获得快乐。

三、交谈的基本规则与技巧

人际交往从交谈开始。所谓交谈，是指两个或两个以上的人所进行的对话，它是人们彼此之间交流思想情感、传递信息、进行交际、开展工作、建立友谊、增进了解的最为重要的一种形式。

（一）交谈的基本规则

交谈是由口头语言、肢体语言和聆听艺术构成的沟通方式。要使交谈能充分地表情达意，增强言语传递的有效性，并给对方留下美好的印象，应遵循以下原则。

1.诚恳

欧洲有句格言：“出自肺腑的语言，才能触动别人的心弦。”人与人之间的思想交流和信息沟通，贵在一个“诚”字。与人交往，交的是心，态度诚恳，开诚布公，能使人感到亲切自然，意见也易被对方接受。如果虚情假意，言不由衷，夸夸其谈，容易出现“话不投机半句多”的尴尬局面，使对方产生反感。

2.大方

与他人的交谈都应该是落落大方的，即使在陌生人面前，也要表现得从容，不要扭捏和拘束。即便做不到谈笑风生，也应该不慌不忙，有问必答，切不可躲闪、慌张。

3.平等

交谈是双向交流，而不是一方发表演说。交谈的双方可能身份地位不同，但应秉持坦诚平等的交谈态度。因此，交谈时应多用商量的口气说话，以增强对方的参与意识，拉近双方的距离，切忌给人趾高气扬、盛气凌人的印象。

4.谨慎

古人说“敏于事而慎于言”，意思是做事要敏捷，说话要谨慎。讲话之前，应对自己要讲的话稍加思索，想好了可以说，还没有想清楚的就不要说，切不可胡乱议论，甚至不知所云。讲话之前不思考清楚，讲话必然言不及义、文不对题，会给人以浅薄之感。

5.神情专注

交谈时神态要专注，应正视对方，并适当使用一些表示认同的语气和体态语如“啊”“是吗”等，以渲染交谈气氛，激发对方交谈的兴致。交谈中切忌东张西望，似听非听，或翻阅书报，甚至自顾自地处理一些与交谈无关的事情，这些都是极不礼貌和轻慢对方的表现。

（二）交谈的技巧

交谈是交流思想、传播和获取信息的一种良好的途径，但交谈不只是把自己心中想的表达出来就行了，还要考虑怎样谈才能使对方感兴趣，并根据对方的反应及时调整自己谈话的内容和方式，这就要讲究技巧了。

1.善选话题

在社交场合，我们常常会看到有些人颇有人缘，备受关注，往往很快能成为谈话的核心，而有些人则很难融入周围的谈话群体当中，他们要么所说的话枯燥无味，要么无话可说，只能在一旁听着。反差如此之大，主要在于一个人是否擅长挑选合适的谈话主题。

何为适宜的话题？

一为既定话题。在进行较为正式的谈话时，谈话者常常是有备而来的，事先已经定好了谈话的主题。此时，只要以既定主题为谈话重点，尽最大努力以这一重点为谈话核心，必然一击即中。

二为高雅话题。无论身在何种场合，都要自觉地选择高尚、文明的话题，可谈哲学、历史、文学、艺术、风土人情、社会发展等。

三为擅长的话题。如果没有特殊原因，谈话时不宜主动涉及那些自己一无所知或知之甚少的内容。通常的做法是，或者选择自己擅长的话题，可令自己谈吐不凡，令他人对自己刮目相看；或者选择他人擅长的话题，给他人提供发挥专长的机会，尊重他人的表现欲，调动对方谈话的积极性，在表达自己的谦逊、尊重的同时，也会令人感觉到你的大气与风度。

四为轻松的话题。在参与非正式的谈话时，可有意识地找些轻松愉快的话题，如文艺、体育、娱乐、时尚、烹饪等这些人们容易接受和延伸的话题，这类话题在活跃气氛的同时，也有利于建立和谐的人际关系。

此外，要特别注意避免提及一些禁忌话题。比如，收入、年龄、婚姻、家庭、宗教信仰等涉及个人隐私的话题，不可轻易谈及；死亡、疾病等令人反感的话题，会招人反感，令他人疏远你；非议旁人、搬弄是非的话题更应避免。

2.善用表情

同样一句话，即使是从同一个人嘴里说出来，也可能因表情不同而带有不同的含义，给人不同的感觉。所以，要达到友好的交谈效果，除了要选择令对方感到愉快的话题以外，还要运用声调、表情、手势等有声有色地表现出谈话的情感色彩。

3.善于倾听

在交谈的过程中，每个人既是言者，又是听者。在人际交往中，善听往往比善言更重要，善于倾听是谈话成功的一个要诀。在倾听对方谈话时，应注意以下几点。

一是神情专注，与说话人进行眼神交流。倾听他人讲话时表情要认真，动作要配合，适当地点头或做一些手势动作，表示自己在注意倾听，且听后要有反馈。

二是不打断他人谈话。打断他人的谈话是非常不礼貌的行为。

三是不与谈话者抬杠。对他人的谈话内容不轻易做否定。

四是善于从别人的话里找出没能明白表达出来的意思，避免产生误解。也可用一两个字暗示对方你不但完全理解他的话，甚至和他趣味相投。

五是不急于下结论。过早表态会使谈话夭折。当然，如果对对方的话不感兴趣，且十分厌烦，那你就应设法转变话题，但不要粗鲁地说："哎，这太没意思了，换个话题吧。"

4.讲究诙谐幽默

诙谐幽默是指说话风趣，能够活跃气氛，或者是适时地缓和紧张的气氛。在交往中，人们难免会碰到各种难题，如果采用针锋相对、硬碰硬的方法，往往会适得其反，不但解决不了问题，甚至会让事态升级。学会并正确使用机智幽默的语言，可以恰到好处地活跃气氛，化解因各种矛盾引起的紧张情绪和尴尬气氛。

5.注重求同存异

社会心理学家罗伯特·韦斯说："友谊的窍门就是共同点与不同点的高度结合。你们获得了足够的共同之处，就可以互相理解。如果获得的是足够的相反之处，那么矛盾就会互相转化。"在交谈过程中，当双方观点不一致时，避免争论、求同存异是最好的办法，切忌以势压人。陈述反对意见前，应充分尊重对方意见，肯定对方的意见是颇有见地的，明确表示自己所反对的只是对方意见的某一点，而绝不是全盘否定，随后再陈述自己的不同意见，并询问对方有何见解。

案例分析

一家中日合资公司的合资双方约定在某年某月某日进行谈判。中方选择了一位刚入职的、专业为翻译的女大学生做翻译工作。在谈判中，日方向中方提出要求："你们必须换翻译，否则我们无法进行后续的谈判。"中方人员感到很纳闷，便问道："是她翻译得不好吗？"日方人员说："她翻译得很好！但在谈判会议中，她经常摆弄头发，整个人的状态也显得心不在焉的，看上去并未专心投入工作。"

请问：

1.这名女大学生有哪些失仪之处？

2.这名女大学生应该怎么做？

复习题

1.商务人员仪容礼仪的原则有哪些？

2.商务人员的着装原则有哪些？

3.交谈的基本规则与技巧有哪些？

第三章　通联礼仪

学习目标

知识目标

1.了解接打电话的礼仪规范。

2.理解收发邮件礼仪的基本要求。

3.掌握新媒体礼仪的应用场景。

4.理解并掌握交通礼仪的重要性和礼仪规范。

能力目标

1.学会正确使用接打电话礼仪。

2.能正确使用收发邮件的礼仪规范。

3.能在不同场景灵活应用新媒体礼仪。

4.能正确使用交通礼仪。

素养目标

1.深化对日常生活中通联礼仪的认知，增强交通安全意识，规范相关行为。

2.关注互联网发展的时代背景，注意新媒体礼仪的应用范围和礼仪规范。

知识图谱

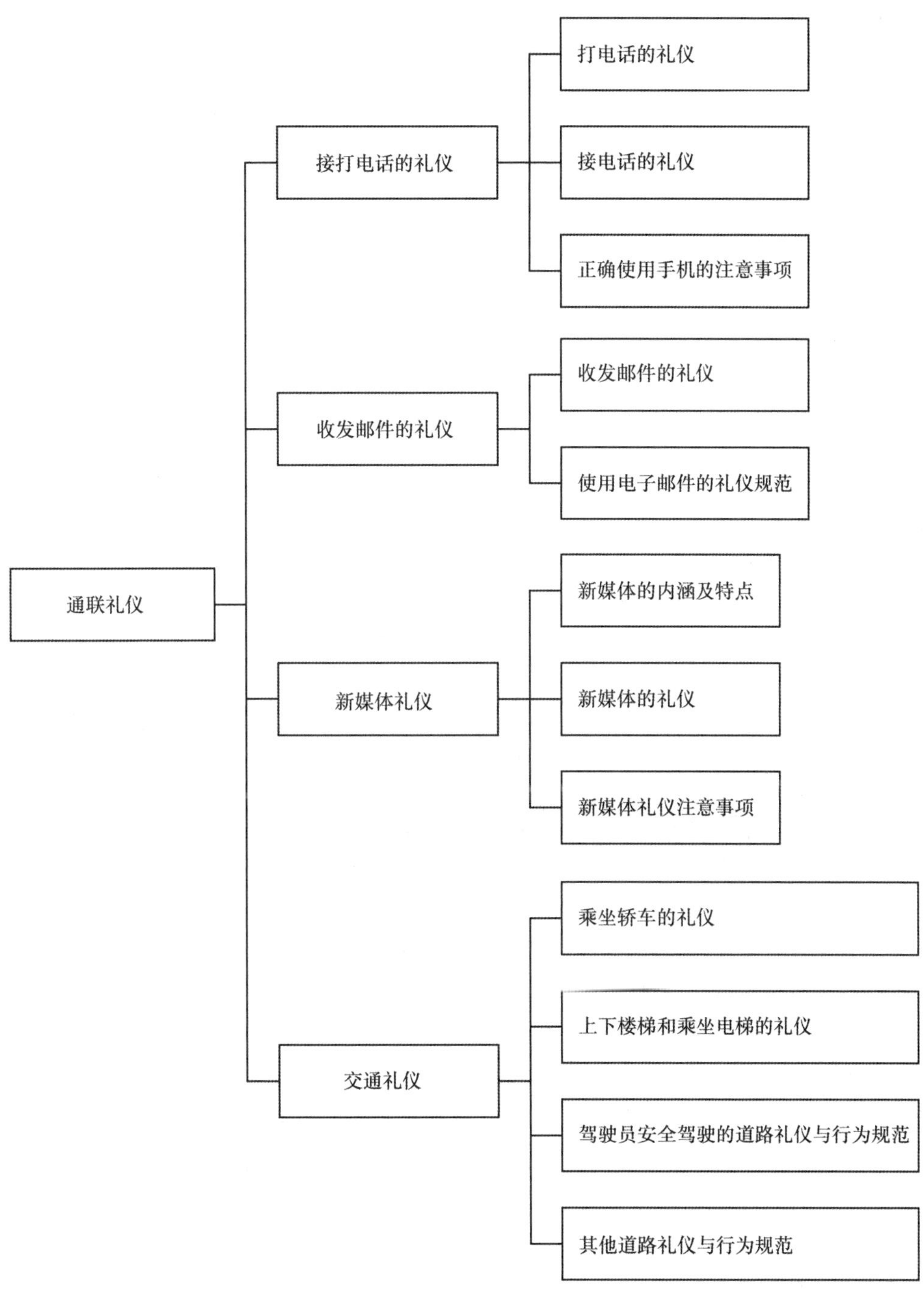
通联礼仪
接打电话的礼仪
打电话的礼仪
接电话的礼仪
正确使用手机的注意事项
收发邮件的礼仪
收发邮件的礼仪
使用电子邮件的礼仪规范
新媒体礼仪
新媒体的内涵及特点
新媒体的礼仪
新媒体礼仪注意事项
交通礼仪
乘坐轿车的礼仪
上下楼梯和乘坐电梯的礼仪
驾驶员安全驾驶的道路礼仪与行为规范
其他道路礼仪与行为规范

引导案例

林总为什么生气了

在新视野培训公司总经理办公室，秘书小王正在电脑前忙碌，这时桌上的电话响了，小王顺手接起来，说道："您好！"

电话另一端的人说："找你们林总接电话。"

小王回头对办公室另一侧的林总说："林总，您的电话。"

林总接起电话，刚问候了一句，对方开始破口大骂："今天你们公司歇业整顿，为什么不提前通知，为什么不跟我们说一下……"

原来是顾客投诉，林总很无语，瞪了小吴一眼，忙着安抚客户去了。

接完电话，林总很生气，对小吴说："下次接电话，能不能先问一下对方是干什么的？不要什么电话都给我接，行吗？"

通联礼仪，是指人们进行通讯、联络时应遵守的基本行为规范，一般包括接打电话礼仪、收发邮件礼仪、新媒体礼仪以及交通礼仪。遵守通联礼仪，是维持良好人际关系、塑造个人形象或者企业形象的基础。通联礼仪的基本原则是保持联络、注意礼节。

视频
通联礼仪 1

第一节　接打电话的礼仪

视频
通联礼仪 2

一个人日常生活中的行为举止体现出其道德修养和文化水平。接打电话对于我们来说是一件再平常不过的事，接打电话时的沟通和面对面的谈话相差无几，但也正因为能听见声音却看不到人的特性，大家在接打电话时一不留神就会给对方留下不良印象。而一次成功的电话沟通又往往具有神奇的力量，很多时候，一笔生意的成败、一场谈判的成败，可能就取决于电话中的沟通效果。从接打电话的礼仪和细节中，可以判断出一个人的人品和性格，在工作中这可能会直接影响到公司的声誉和形象。

一、打电话的礼仪

(1)打电话应考虑对方什么时候方便接听电话。一般来说，给单位打电话应避开快下班的时间或者刚上班的时间；给个人打电话应避开清晨、午睡及深夜的时间,或者在打电话之前先发个信息,最好约定一个合适的时间再打。突然给对方打电话,是不符合通联礼仪的行为。尤其是在对方很忙时,不预约就打电话更显得没有礼貌。

(2)在电话旁,一般要备有常用电话号码簿和随时可以拿来记录的纸和笔。重要电话及谈论内容较多的电话,可以事先拟好通话要点,考虑好通话内容,理顺说话的顺序。接打电话时应注意形象,端正坐姿,面带微笑。在电话交谈时常有听不太清的时候,所以应特别注意集中注意力。在重要的商务场合,一定要边听边记录,以防遗漏重要信息。切不可边打电话边和身边的人聊天,这是非常不礼貌的行为。

(3)给单位打电话时,电话拨通后,应先说一声“您好!”,然后问一声“这里是某某单位吗?”,得到明确答复后,再自报家门“我是××”,然后报出自己要找的人的姓名。如被告知某某不在时,不要一下就挂断电话,一定要表示谢意,或者说“请他回来后给我回个电话,我的电话号码是×××××××××××”,并请对方转达,同时也可以告诉对方回电的合适时间。

(4)如果电话号码拨错了,应向对方表示歉意:“对不起,我拨错号了。”放下话筒前最好再问一下对方的号码,以免再次拨错,切不可无礼地挂断电话。

(5)打电话时,声音不要太大也不要太小,说话要有适当的节奏,表达要清晰、简明扼要,声音自然,切忌矫揉造作。对方没有听清的地方要耐心地重复一遍或两遍,打电话结束时,应以“再见”结束通话。

(6)通话时如有人打扰,可用眼神示意,请此人坐下等候,或者可向正在通话的对方说声“对不起,请稍等一下”,尽量简单和来人说两句后继续通话。当然,如果办公室有来客时电话铃响了,可以向来客说明情况,请他稍等一下,自己以最快的速度接完电话,然后继续和来客交谈。也可以暂时不接,除非你一直在等这个电话。

(7)打电话时东张西望、摆弄桌上的东西、心不在焉等习惯非常不好,容易影响通话的效果,同时也是不尊重对方的表现。

(8)通话时间过长可能会让对方感到疲惫和不满,因此应注意把控通话的时间。准备结束通话时,可以把刚才谈过的问题适当重复和总结一下,最后说“那我们今天就先聊到这里,后续有机会再聊”“合作愉快”等作为结束语,然后挂断电话。一般来说,要等对方挂完电话我们再挂电话,并且放听筒的动作要轻,因为这些声音对方也能听到,避免给对方留下不好的印象。话筒没放稳前,千万不可对刚才交谈的内容进行评论,以免被对方听到后产生负面影响。

如何与法国客户打交道

小李是某进出口贸易公司一位刚刚上任的经理，最近该公司正在和一位法国客户进行货物交易，由小李负责该交易项目。但是，小李忘记了产品的规格，由于担心会出现错误，他决定亲自打电话去询问。周日，小李在早晨8点的时候给该客户打电话，听见客户朦朦胧胧的声音，李华有点不解，但依然继续询问这位法国客户产品规格的相关信息。当客户回答了他的问题之后，小李又询问他做外贸经理的经历和他的收入。这位法国客户似乎有点生气，不过还是稳定了情绪，没有直接在电话里发脾气，但在和小李做完这一单生意之后，就断绝了商务联系。

分析：法国人严格区分工作时间与休息时间，他们喜欢享受假期，不喜欢被打扰，更何况小李是在周日早上8点给法国客户打电话的，这是非常不礼貌的。另外，在法国的文化中，往往会把职业生活与家庭生活分开，法国人尤其不喜欢商务伙伴询问私生活、收入这些敏感的话题。

接打电话的礼仪要点

扫码阅读

二、接电话的礼仪

对于打电话的人来说，一切都是带有主动性的。但对于接电话的人，有时会比较被动：比如你正在开会，或者想安静地看书学习，电话突然来了；或者你上午刚来上班就连续接了好几个电话，自己的计划都被打乱；或者你正忙着为五分钟后即将开始的会议做准备，但拨打电话的一方并不知道你正在做什么。出于礼貌，应尽量不要让打电话的人意识到这一切。

(1)出于“铃响不过三”的原则，一般电话铃声一响，就应及时接起电话。但也不要在铃响第一声时就拿起听筒，这样会令对方觉得很突兀，并且容易掉线，最好在第二声铃响时拿起听筒接听。如时间久才接起电话，一定要向对方解释一下原因并致歉。

(2)一般拿起听筒后要先问好，然后问对方的身份，再报出单位和姓名或直接报出姓名。在电话交谈过程中，应做到应答得体，就像见面时热情握手、打招呼一样，给对方留下良好的印象。

(3)接听电话时，应不时说些“对”“好的”之类的话语与对方相呼应，让对方知道你在认真倾听，一般不要轻易打断对方说话。

(4)接电话时，如果中途有事必须中断通话走开一下，一般时间不应超过30秒，而且应把实际情况告诉对方，并请对方原谅。应避免通电话时和旁边的人交谈，哪怕拿起话筒还没问候时，也不要与旁边的人说话。通话中如果信号不好或线路故障，可提醒对方，并建议对方待会儿再打，也可跟对方约好你可以接电话的合适时间。

(5)用清晰愉快的语调接听电话能显示出专业的职业风度和可亲的性格。使用电话交谈时，由于缺乏直观形象，对方无法看到你的衣着、眼神、表情和手势，只能靠听觉做出判断，你是热情还是心不在焉，全都会透过说话的语气语调表露出来。因此，商务电话切忌语速过快，或将一些专业术语、常用的省略语原封不动地说给对方听，这会让对方难以理解，给双方的商务交往带来不必要的障碍。

(6)电话交谈语速应缓慢，声音应清晰，语调要平稳，要注意措辞，说话时要面带微笑，使声音听起来更为热情。在通话中如果想打喷嚏或咳嗽，应把头偏到一边，掩住话筒，并说声“对不起”。千万不要边打电话边嚼口香糖或吃东西，这样会让人觉得很不礼貌。

(7)通话完毕，应等对方挂机后再挂。千万不要对方语音未落，你就“啪”地一声挂断电话。挂电话声音不要太响，以免给人粗鲁无礼之感。一般私人电话在家里打，办公电话在办公室打，但要注意接打电话的声音不可过大，尤其不要影响别人工作或休息。

接听投诉电话的礼仪要点

扫码阅读

客人为何离开了

一天上午，惠利公司前台接待秘书小张匆匆走进办公室，像往常一样进行上班前的准备工作。这时，一位事先没有预约的客人走进来，想要会见销售部李经理。小张立刻给销售部李经理打电话，李经理说正在接待一位重要的客人，请对方稍等。小张就如实转告客人："李经理正在接待一位重要的客人，请您稍等一会儿。"话音未落，电话铃响了，小张用手指了指一旁的沙发，没顾上对客人说什么，又赶快接电话去了。客人尴尬地坐下……待小张接完电话后，发现客人已经离开了办公室。

分析：有些时候，说话应当委婉一些。在此案例中，李经理说他正在接待一位重要的客人，请对方稍等。作为秘书的小张不能如实跟客人说李经理正在接待重要的客人，这会让客人觉得自己不重要，被忽视了。接下来小张又忙着接其他电话而再次冷落了客人，以致客人觉得自己受到怠慢，最后选择离开。

三、使用手机的注意事项

(1)在飞机起飞后和飞机降落停稳前的这段时间内，一定要关闭手机电源。因为手机信号会干扰飞机导航系统，影响飞行安全。另外，最好不要在飞机上一直拍照等。

(2)在参加一些需要高度保密的重要会议时，不要携带手机进场；如果携带手机进场，要关闭手机电源。

(3)在大会会场、课堂、音乐会、电影院等公众场合，应将手机设置为静音，或暂时关机，否则手机突然响起会非常尴尬。若有重要来电必须接听，应迅速离开现场，再开始与对方通话。如果实在不能离开，又必须接听，则要压低声音，一切以不影响在场其他人为原则。

(4)在驾驶汽车时，不要拨打或接听移动电话，如果必须这样做，最好将车停靠在路边，或请同行其他人代为接听。

(5)对方身在国外或异地，一般不要直接拨打手机，有重要事情需要沟通，可先在微信上发信息，再约时间拨打手机。与国外客户通话，要注意时差。出于礼节考虑，不要轻易进行视频通话，有时可以进行语音通话，但要尽量长话短说。

(6)如有急事找对方，打电话给对方而对方又未开机时，可以先用手机给对方发短信，请他开机后第一时间回复你。自己的手机也要经常翻查短信，看看是否漏看了一些信息。

(7)因为手机涉及很多隐私信息，所以一般不轻易借电话给别人，不过可视具体情况而定。有些商务场合，如果对方手机没电或者确实出现故障，可暂时借一下手机给对方，但要留意一下。

(8)不要在手机中谈论商业秘密，因为可能发生信息泄露的情况，产生不良后果。

(9)网络时代，电话诈骗相对较多。要特别记住，一般响铃 1 秒的电话不要接，也不要轻易回复陌生号码。收到涉及中奖信息的短信，一定不要理会，不轻易点开链接，更不要转账付款。明知他人实施电信诈骗，还提供手机帮助诈骗分子拨打电话，将被依法追究刑事责任。

(10)网络时代，足不出户随时随地网购得以实现，快递员非常辛苦，如果不是特别紧急的快递，不要一直打电话催促。如果对于物流有不满意的地方，尽可能文明礼貌地沟通。

第二节 收发邮件的礼仪

电子邮件是一种重要的通信方式，因其方便快捷、信息量大、准确高效而深受人们的喜爱，使用者越来越多。随着互联网的发展，电子邮件迅速普及，并且在商务交往中得到了越来越广泛的运用。在商务来往中，一定要注意电子邮件的撰写规范与礼仪，为个人或企业展示良好的形象。

一、收发邮件的礼仪

(一)发送邮件的礼仪

1.邮件主题

邮件主题一定不能空白,没有主题的邮件经常会被当成垃圾邮件。主题既能帮助收件人迅速了解邮件核心内容,节省阅读时间,还可以方便收件人搜索。主题字数最好不要超过 15 个,太长的主题,很多邮件系统无法完全显示。

2.正文

邮件正文要言简意赅地表明自己的需求或目的,内容多的时候可以分点列出,要有逻辑顺序,切忌出现错别字。

3.附件

不要忘记添加需要的附件。邮件的附件一定要命名,命名格式可以为“时间+主题+姓名”。当有多个附件时,需要列明“附件一 ×××”“附件二×××”等,千万不要出现“新建文本文档”“新建 Word”“新建表格”等附件名称。如果附件是修改反馈文档的话,需要加上“修改版”之类的字样,并且加上修改时间和修改内容,以便收件人查找和管理。

4.称呼

称呼一定要有礼貌,可以用“尊敬的×××,您好!”“Dear ×××, 您好!”。在收件人有多个的情况下,可以用“尊敬的全体×××”等。

5.格式

字体尽量统一,这样整体上会比较美观。一般正文字体均用宋体或者微软雅黑,字号用小四。字体颜色尽量统一,除非是需要强调的,可用不同颜色标记,但颜色尽量控制在三种以内。整体排版要统一,首行缩进 2 个字符。

6.结尾

结尾最好要有祝福语,比如“祝您工作顺利”“祝您身体健康,万事如意”“祝您生活愉快”等,这样会更有礼貌。

7.收件人

收件人只写一位名字即可。不要将收件人的姓名拼错。当发给级别不同的人时,应按照级别从高到低的顺序排列。

8.抄送

抄送是指将邮件同时发送给收信人以外的人,抄送的目的是让其知悉邮件内容。

9.签名

签名主要是为了让别人知道你的基本信息,后续如果需要进一步沟通,可以根据签名留下的联系方式直接与你取得联系。签名基本上需要写上公司名称、姓名和联系方式。

10.检查

写完邮件一定要检查清楚之后再发送。需要检查的内容包括：收件人、抄送人邮件地址是否有误；附件、标题、正文内容是否准确；语句是否通顺；是否有错别字；格式是否美观；等等。

重要邮件发完后一般可以再发个短信告知一下收件人，以免收件人遗漏信息，这也是礼仪修养的一种重要表现。

（二）接收邮件的礼仪

1.接收电子邮件时安全问题很重要，来历不明的信件必须谨慎处理。对于没有正文、仅有附件的不明邮件，除非与发件人熟悉或事先约定好了，否则原则上不应打开邮件。对正文中提示的邮件地址不熟悉时，一般也不要轻易打开，因为这有时会是陷阱入口。

2.许多邮箱容量有限，要定期、及时清理邮件收件箱、发件箱、回收箱，腾出邮箱空间。可以及时将一些有用的电子邮件地址记下来并存入通讯簿中，或者标注为置顶邮件，方便我们查找并回复。

3.收到他人邮件后，一般应立即回复，尤其是紧急并且重要的邮件更需立即回复。比较理想的回复时间是 2 小时内。回复示例如下。

尊敬的（敬爱的）吴教授：

您好！

您今天的来信我已收到，内言尽知。能够收到您的来信，我非常高兴。

多谢您对我的理解和鼓励。知道您日理万机，我就不多写了。祝您工作顺利，幸福安康！

学生李琳　敬上

2024 年 3 月 19 日

4.最好不要用邮件表达建议。因为对方看不到你的语气和肢体语言，这样容易产生误会。

5.最好不要向上司频繁发送没有确定结果的邮件。发送邮件要慎重，一定要明确主题。

总之，无论是正式的商业信件还是电子邮件，均是自己与其他人沟通的工具，所以要尽量保持尊敬对方的态度。如果能够在写信件和回邮件的过程中，始终保持这种态度，就能避免很多问题。

二、使用电子邮件的礼仪规范

(一)注意要点

使用电子邮件,必须注意以下要点:其一,主题明确。与重要的普通信函一样,电子信函也应该每封只有一个主题,并且最后标有让人一目了然的名称。其二,篇幅短小。由于电子邮件需要利用互联网传送和接收,为防止收发出现问题,电子邮件的内容应短小精悍。其三,语言直白。商用的电子邮件并非网友们的网上聊天,因此所用语言应通俗易懂,少用生词、怪词或自造的网络用语。引用数据、资料等,均应注明出处。

(二)切勿滥用

互联网是一个虚拟世界。在网上发送电子邮件时,应保持清醒的头脑,注意以下两个问题:其一,电子邮件并非万能的。必须意识到,在绝大多数情况下,使用电子邮件进行沟通,并不一定比直接会面或使用电话进行沟通的效果更好。其二,不宜滥发电子邮件。滥发电子邮件会令人十分反感。

(三)注意安全

在商务交往中使用电子邮件时,既要确保信息传送渠道畅通无阻,又要自觉维护网络安全。需要谨记以下五点:其一,不要滥交网友。互联网上鱼龙混杂,滥交网友往往于己不利。其二,不要弄虚作假。使用电子邮件,一定要讲究社会公德。切勿借此传播虚假信息,或者散布流言蜚语。其三,不要胡乱删除。对邮箱内的电子邮件应及时进行处理,该回复的回复,该删除的删除,但对重要单位或个人的电子邮箱地址一定要妥善保存。其四,不要涉及机密信息。利用电子邮件传递秘密资讯,往往难以保证安全性,因此发送邮件尽量不要涉及机密信息。

第三节　新媒体礼仪

中文的“新媒体”一词是英文“new media”的直接翻译,所以,要了解新媒体的起源,还得从“new media”一词的来源说起。一般认为,“新媒体”作为传播媒介的一个专有术语,最早是由美国一个叫 P.戈尔德马克的人提出来的。P.戈尔德马克是留声机唱片和电子录像的发明者,还是参与制定彩色电视广播标准的重要成员，曾担任过美国哥伦比亚广播公司技术研究所所长。他在1967年发表了一份关于开发电子录像商品的计划，在这个计划里他第一次提出了“新媒体”一词。此后，“新媒体”一词开始在美国社会流行，并逐步流传到全世界，也逐渐成为全世界的热门话题。

一、新媒体的内涵及特点

新媒体是利用数字技术，通过计算机网络、无线通信网、卫星等渠道，以及电脑、手机、数字电视机等终端，向用户提供信息和服务的传播形态。从空间上来看，新媒体特指当下与传统媒体相对应的，以数字压缩和无线网络技术为支撑，利用其大容量、实时性和交互性，可以跨越地理界线，最终实现全球化的媒体。

以数字技术为代表的新媒体，其最大特点是打破了媒介之间的壁垒，消融了媒介之间、地域之间，甚至传播者与接受者之间的边界。新媒体的特征具体包括以下几个方面。

1.媒体个性化突出

由于技术限制，以往所有的媒体几乎都是大众化的。而新媒体却可以面向更加细分的受众，甚至面向个人，个人可以通过新媒体定制自己需要的新闻。也就是说，每个新媒体受众最终接收到的信息内容组合可以是一样的，也可以是完全不同的，这与传统媒体受众们只能被动地阅读或者观看毫无差别的内容有很大不同。比如今日头条，就是基于个性化推荐引擎技术，根据每个用户的兴趣、位置等多个维度进行个性化推荐，推荐内容不仅包括狭义上的新闻，还包括音乐、电影、游戏、购物等资讯。

2.受众选择增多

从技术层面来讲，新媒体时代，人人都可以接受信息，也都可以成为信息发布者。用户可以一边看电视节目，一边播放音乐，同时参与对节目的投票，还可以对信息进行检索。这就打破了只有新闻机构才能发布新闻的局限，充分满足了信息消费者的细分需求。与传统媒体的“主导受众型”不同，新媒体是“受众主导型”，受众有更大的选择，可以自由阅读，可以选择想要接收的信息。

3.表现形式多样

新媒体形式丰富，文字、音频、视频等形式可融为一体，做到即时、无限地扩展内容，从而使内容变成“活物”。

4.易检索性

由于可以随时存储内容，检索和查找信息非常方便。

5.实时性和交互性

与广播、电视相比，新媒体无时间限制，实时性较强。新媒体的交互性也极强,信息传播者与接受者的关系更加平等,可以通过新媒体实现更多互动,传播更多信息。

二、新媒体的礼仪

本书主要阐述常见的新媒体,如网络电视、博客、视频、电子杂志、小红书等的礼仪。

1.网络电视

网络电视是以宽带网络为载体,通过电视服务器将传统的卫星电视节目重新编码成流媒体的形式,并通过网络传输给用户收看的一种视讯服务。网络电视具有互动个性化、节目丰富多样、收视方便快捷等特点。

无论是在电视节目还是在直播中,主持人和嘉宾都应该保持亲切友善的态度,以便让观众感受到温暖和舒适。

2.博客

博客通常指个人录制广播节目并通过网络发布的形式,也指在虚拟空间中发布文章等各种形式信息的过程。

博客是互联网自媒体的典型代表,其重要特征是自由性与互动性。博客有三大主要作用:个人自由表达,知识过滤与积累,深度交流沟通。博客是一个表达个人想法的地方,是一个人表达言论自由的重要途径。博客里面的文章不要涉及他人隐私或者故意揭露他人隐私。博文转载要事先征得博主同意,转载要注明出处。

3.视频

视频泛指将一系列的静态影像以电信号方式加以捕捉、记录、处理、储存、传送与重现的各种技术。同时,也指基于互联网的一种新兴的交流、沟通工具,用户可通过视频看到对方的仪容,听到对方的声音。视频技术最早是因电视系统而发展的,当前已经发展为各种不同的格式以利于消费者将视频记录下来。随着网络技术的发展,视频记录的片段以各种新媒体形式呈现,并可被电脑接收与播放。开视频会议时的礼仪包括如下几个方面。

(1)仪容和着装。在视频通话中保持整洁的仪容和得体的着装。确保头发梳理整齐,长发最好束起,避免头发凌乱。着装应体现出专业性和严谨性,避免穿着过于随意。

(2)排除干扰。在视频会议中,应确保环境安静,关闭不必要的电子设备,以避免噪声干扰。如果暂时需要离开或处理私事,应关闭摄像头。

(3)发言礼仪。在视频会议中,应避免同时发言或抢话。要等对方发言完毕后,适当等待时机再发言。

(4)视频环境。选择一个整洁干净、物品摆放有序的环境作为视频背景,避免杂乱无章的背景,这会分散参会者的注意力。

(5)预先准备。会议组织者应至少提前一天发送详细的议程,包括时间、主题、流程等,以便参会者做好准备。

(6)介绍参会人员。视频会议开始时,主持人应先介绍主要参会人员,确保交流顺利进行。

(7)专注和尊重。在视频会议中保持专注,避免分散注意力的行为,如查看手机或回复信息。同时,尊重他人时间,避免会议超时。

(8)使用适当的设备。使用手机参加视频会议时,建议使用手机支架并调整到合适的角度,避免视频画面晃动。

(9)公共场所观看视频会议的礼仪。在公共场所观看视频时,应主动佩戴耳机,避免外放声音影响他人。

遵守这些礼仪,有助于提升视频交流的质量和效率,同时也能够体现出个人的职业素养和礼貌。

4.电子杂志

一般是指将音频、视频、图片、文字及动画等集成展示的一种新媒体,因展示形式犹如传统杂志,具有翻页效果,故称为电子杂志。一般电子杂志的体积都较大,因此,电子杂志网站会提供客户端订阅器,供下载与订阅杂志,而订阅器多采用流行的 P2P(peer to peer,点对点)技术,以提高下载速度。电子杂志具有发行方便、发行量大、分众等特点。电子杂志礼仪主要包括以下几方面。

(1)遵守社会公德。在使用电子杂志时,应避免任何违反社会公德的行为。

(2)礼貌用语。在交流时应使用礼貌的语言,避免诽谤、侮辱或谩骂他人。

(3)尊重隐私。不应盗用他人的账号和密码,要尊重他人的隐私权。

(4)诚实守信。传播信息时应确保其真实性,避免传播谣言。

(5)遵纪守法。不浏览或转发淫秽、低俗、暴力、迷信的信息。

(6)尊重著作权。应避免抄袭、剽窃等侵权行为。

(7)维护网络安全和秩序。不应做出攻击网站网页或制造、传播网络病毒等破坏网络安全的行为。

以上礼仪旨在确保浏览电子杂志时既尊重个人权利,也维护网络环境的健康和秩序。

5.小红书

“小红书”是一个集生活方式与消费决策于一体的平台,目前小红书的用户已经超过 3 亿。在小红书这个平台里有着各种各样的活跃用户,他们通过文字、图片、视频等分享美好生活。在注册小红书之后,系统会提供一些标签给用户选择,在挑选标签之后,平台就会自动推荐和这些标签相关的内容。使用小红书的礼仪规范如下。

(1)内容必须原创

小红书是一个典型的生活分享和种草社区,社区的核心是内容和氛围。如果抄袭的内容也能够被大量曝光,那对原创者是极为不公平的。

(2)在内容中不得诱导用户

比如不得诱导用户关注领奖、点赞抽奖等。

(3)不要违反平台规则

要认真遵守小红书平台的规则,否则可能会被“限流”,严重者会被封号。发布推广笔记时,要站在用户的角度去策划,因为发推广笔记最终不仅是为了被点赞和收录,还为了后期通过优化成为热门笔记,最终提高转化率。

(4)推广笔记不要太多

小红书每月的推广笔记占比不宜过高,以不超过20%为宜(即每5篇中最多1篇为推广笔记)。避免在创作中,使用与其他推荐同一产品笔记有高度重合性的、模板化的图片、文字、视频情节,如固定的产品拍摄手法、反复强调特定功效等。禁止对笔记的互动数据进行人工干扰或造假,不要进行“刷赞”等作弊行为。

三、新媒体礼仪注意事项

1.微信加好友时备注来意

添加好友的方式有很多,比如通过朋友推送的微信名片添加或者是通过群聊添加,因此也有不同的礼仪要求。如果请别人推荐名片,帮你推荐的朋友应该事先告知被加好友的人,你在添加的时候也一定要自我介绍,并且在别人通过好友验证后,第一时间把公司、姓名、电话等发给人家。

2.一定要主动介绍自己

自我介绍能够帮助别人快速了解你,甚至可以帮助别人快速找到和你聊天的共同话题,同时也能更好地展示自己。加上好友互致问候后,可以简单寒暄几句,找到共同话题,并适当邀约,从而为后续交往打下基础。

3.尽量避免发语音

使用微信时非必要不发语音,尤其是不要一句话一句话地发,或者一下子发十多条,又或者是发太长的语音。可以编辑好一段文字,像写邮件一样,检查无误后再发送。

4.学会点赞

加了对方的微信后,可以时不时给对方朋友圈点个赞,必要的关心和支持不能少,这样会显得更有诚意。点赞的时候为了不使自己淹没在众人之中,可以在下面评论,比如发个大拇指或者夸赞对方一下,这样别人就可以很明显地感知到你的赞许之意。此外,别人在我们的朋友圈里发表评论夸赞我们时,要记得及时回复表示感谢。

5.说话慎重

在交流时应尊重他人,多去夸赞别人的优点,少贬低别人,避免行为粗鲁和无礼。虽然网络是虚拟空间,但要时刻谨记尊重他人,同现实生活一样,不要说粗鲁和无理的话。

6.维持良好的网络形象

保持网上网下行为一致。在现实生活中遵纪守法,在网上也应遵守同样的道德和法律标准。因为网络的匿名性质,言语成为判断一个人的主要依据,应注意用词准确、有礼貌,避免挑衅和使用脏话。争论是正常的现象,在网络交流中遇到不同意见时,要心平气和地讨论,辩论要以理服人而不是进行人身攻击。

7.关于微信群的礼仪

微信群很方便沟通交流,一般会面对面建群,或者邀请入群。入群后应根据群主要求修改备注,在群里不发不合时宜的文字、语音或者不文明的图片。有时谈合作需要对接相关工作人员,一般也会以"拉群"的方式解决。"拉群"之前,一定要知会入群的人,不要一声不吭就"拉群",这样显得不太礼貌。

8.入乡随俗

不同的网站和论坛有不同的规则和文化,应先了解并遵守相关规则和习惯。尊重别人的时间,在网上向他人求教时,要询问对方是否有时间,看时机是否合适。在提问题以前,自己也要先花时间去搜索和研究。不要以自我为中心,让别人一直为你寻找答案,消耗时间和资源。当对方未及时应答时,要能够体谅。同时,也要注意自己的信息发送量不要过大。要尊重他人的隐私,不盗用他人的账号与密码,不泄露或传播他人的个人信息等。

第四节 交通礼仪

一、乘坐轿车的礼仪

轿车是商务活动中最为常见的交通工具。有关乘坐轿车的礼仪,主要包括乘坐轿车的位置原则与乘轿车礼仪的注意事项两方面的内容。

(一)乘坐轿车的位置原则

一般情况下,上下轿车时,应该让客人先上车后下车。当然,如果很多人坐在一辆车中，谁最方便下车谁就先下车。乘坐轿车时，最需要关注的问题是轿车里的座次。轿车里的座次大体上有三种情况，不同情况有不同的讲究。

1.由前而后，自右向左

乘坐轿车时，无论是主人驾驶还是司机驾驶，副驾驶座都为上座，后排右侧座位次之，后排左侧座位为末席，如图 3-1 所示。上车时，后排乘坐者先上车，前排乘坐者后上车。下车时前排乘坐者先下，后排乘坐者再下车。

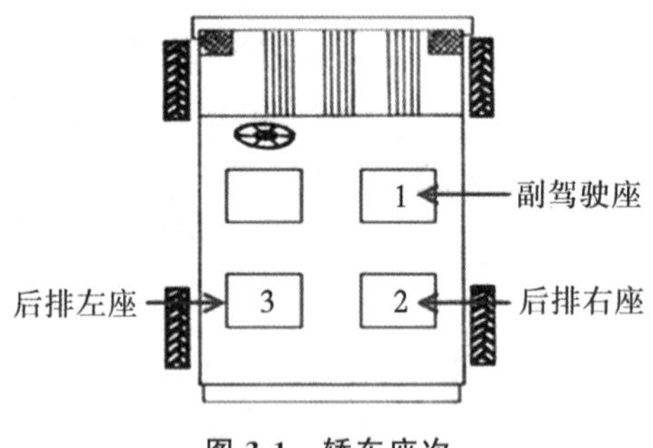

图 3-1　轿车座次

图片来源：www.sohu.com。

2.由车主亲自驾驶轿车

如果车主亲自开车，那其身边的副驾驶位置为上座。如车主夫人同行，由车主亲自驾驶轿车时，则车主夫人一般应坐在副驾驶位置上。由男主人驾车送其友人夫妇回家时，友人中的男士一定要坐在副驾驶座上，与主人相伴，而不宜形影不离地与其夫人坐在后排，那将是失礼之至的。对于其他座位的座次而言，后排右座次之，后排左座再次之，后排中间座位为末席。如图 3-2 所示。

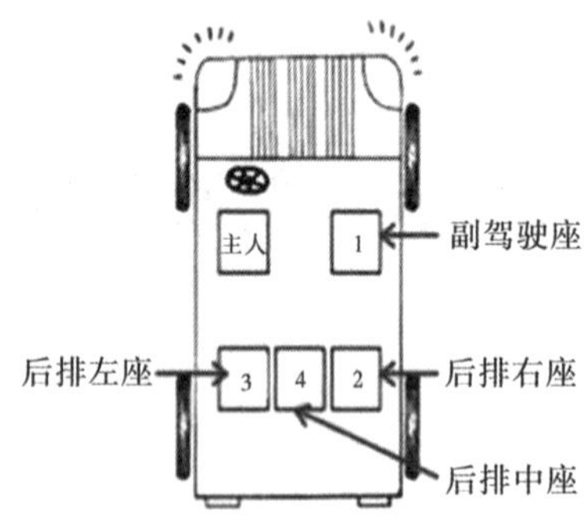

图 3-2　主人驾驶时的轿车座次

图片来源：www.sohu.com。

3.由专职司机驾驶轿车

如果专职司机开车，那么副驾驶位置为末席。根据常识，轿车的前排，特别是副驾驶座，是车上最不安全的座位。司机身后的座位最安全，隐蔽性较好，因而为上座。对于其他座位而言,前排优于后排座位,右侧座位优于左侧座位,因为右侧座位方便上下车。不过还有一种说法,认为如有司机驾驶时,以后排右侧座位为上座,左侧次之,中间座位再次之。另有一种说法认为,前排副驾驶座位视野开阔,上下车也方便,很多人愿意坐这个位置,因此为上座,后排右侧座位为次座,左后座再次之。在接待外地新来的客人时,普遍遵循这种座次安排座位。如图 3-3 所示。

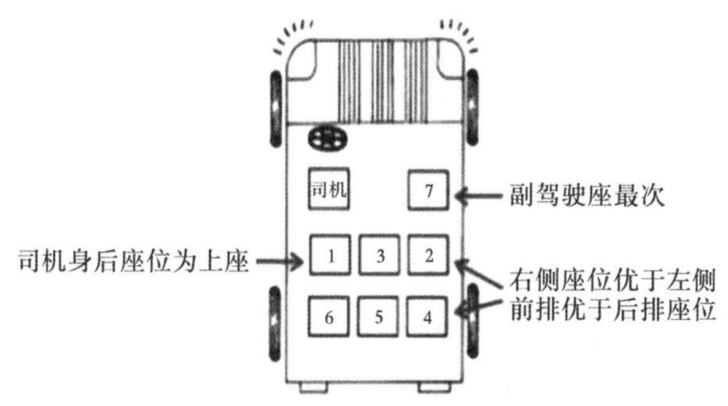

图 3-3 专职司机驾车时的轿车座次

图片来源:www.sohu.com。

(二)乘轿车礼仪的注意事项

1.上下车的顺序

如果你和你的上司或客户同坐一辆车,座位由上司或客户决定,待其坐定后,你再任意选空位坐下,但注意不要坐后排右座。抵达目的地后,你应先下车,下车后,绕到上司或客户所在一侧为其打开车门。并以手挡住车门上框,协助上司或客户下车。送上司、客人坐轿车外出办事时,应首先为上司或客人打开右侧后门,并以手挡住车门上框,同时提醒上司或客人小心,待其坐好后再关门。

2.就座时互相谦让

在相互谦让座位时,除对社会地位高者要给予特殊礼遇之外,对待同行人中的社会地位相同者,也要以礼相让。倘若座位的座次有讲究,座位所处的具体位置有好有坏,或者座位不够时,应当请妇女、儿童、老年人、残疾人或身体欠佳者优先就座。即便不认识对方,在必要的时候也应当自觉地让座于人。让座时应当表现得大大方方,不要虚情假意。倘若对方让座于自己,不论是否认识,均须立即向对方致谢。我们在接待团体客人时,多采用旅行车接送客人。旅行车以司机座后第一排即前排为上座,后排次之,每排右侧优于左侧。

3.乘车时要律己敬人

乘车时必须自觉讲究社会公德,遵守公共秩序,对于自己处处严格要求,对于他人要友好相待。乘车时不要多占座位，或在不属于自己的座位上就座。在放置私人物品时，注意不要影响到他人。在车上切勿当众更衣、拖鞋或是吸烟、吐痰，不要乱扔废弃物，不要在车上吃有刺激气味的食品。在放置私人物品时，如有必要挪动他人的物品，务必要首先征得对方的同意。在自己的座位上就座后，应主动向周围不认识的人问好。当别人问好时，应当予以回应。对于车上的专职服务人员要尊重，不宜要求过高。

二、上下楼梯和乘电梯的礼仪

（一）上下楼礼仪

上楼梯的时候，若客人熟悉目的地，则由客人走在前面，但引领者需要配合客人的步伐进行引领，这时一般引导者走在后面中间位置，客人走在楼梯里侧。下楼梯的时候，引导者要走在客人的前面中间位置，客人走在里侧，引领者边注意客人情况边下楼。也就是说，在行进途中，要把安全舒适的一侧让给客人。

（二）乘电梯礼仪

乘坐电梯时，一般要按顺序右侧排队等候。电梯到达时，不要急着进去，要等里面的人先出来，乘电梯的人再按顺序进去，即要遵循先出后进原则。

进电梯后一般不要背对别人站立，尤其尽量不要挡着电梯按钮，不然乘电梯的人不知道是否已经到达自己要去的楼层。当有人出电梯时，尽量给出电梯的人腾出空间以方便其出去。如有人进电梯，紧邻电梯按钮的人可按住开关按钮，并询问需要到哪一层，可帮忙按一下相应楼层的按钮。

引领来宾出入电梯时，陪同人员应先按电梯按钮，后进后出；或者先进入电梯，控制好开关按钮，让电梯门保持较长的开启时间，等来宾进入后关闭电梯门。在电梯间内，陪同引领人员应侧身朝向来宾，可与来宾做适度交流。中间如遇有人进电梯，一般都要点头微笑一下，表示问候。如送别客人，可送到电梯口，等电梯到来为其按住电梯门，待客人进去道别后电梯门将要关上时离开。有些时候，如果是重要领导，必要时可送到楼下，送至汽车旁。所谓“迎人迎三步，送人送七步”，这也是送客礼节。

三、驾驶员安全驾驶的道路礼仪与行为规范

如今，汽车已成为人们出行的重要方式，然而，随着网约车数量的增加，加上公交车、电动车、摩托车、自行车等各色车辆，交通安全问题日益突出。作为驾驶

员时，我们需要时刻牢记道路礼仪和规范行为，确保自己和他人的安全。

(一)遵守交通规则

遵守交通规则是确保道路安全有序的基础。驾驶员要熟悉并严格遵守交通法规，红灯停，绿灯行，服从交警指挥，车辆按道行驶，没有证件不要驾驶机动车。遇车队、非机动车或行人时，主动礼让，行驶时注意不超载、超速、超长(宽)。遵守规则不仅仅是为了避免交通事故的发生，更是对其他道路使用者负责的体现。

(二)保持适当车距

车辆要按指定地点停放，不乱停乱放，不堵塞道路。驾驶员应根据车速、天气和路况等因素合理调整车距，确保行车安全。合理的车距可以帮助驾驶员在紧急情况下有足够的时间和空间做出反应，避免追尾等事故的发生。驾驶员停车后打开车门一定要小心，开车门时务必观察前后左右是否安全，出租车驾驶员还要提醒乘客下车带齐行李物品。

(三)注意信号灯变化

信号灯是交通中的重要指示标志，驾驶员应密切注意信号灯的变化，按照信号灯指示行车。在黄灯亮起时，应减速停车，避免强行通过。

(四)礼让行人

驾驶员在行驶过程中应主动礼让行人，在行人过马路时应停车等待，确保行人安全通过斑马线。雨天驾驶或驶过有积水的路面时，应缓慢行驶，防止把水溅到行人身上。不向车窗外吐痰或抛掷杂物，在没有明确禁鸣喇叭的区域，也应尽量少按、轻按喇叭，更不应长时间按喇叭。

(五)文明交流

驾驶员在行车过程中应与其他道路使用者保持良好的沟通，在遇到交通纠纷或误解时，应以文明用语交流，避免情绪化或攻击性的言行。

(六)不随意变道超车

驾驶员在行驶过程中，一般不要随意变道抢行，不做猛拐、来回穿插等危险动作。实在遇到紧急情况需要变道超车时，也应提前观察路况，确保安全后再进行操作。同时在超车过程中，应合理使用转向灯，轻按喇叭，以提醒其他车辆注意避让。

(七)合理使用车灯

车灯是车辆在夜间或恶劣天气下安全行驶的重要保障。驾驶员应根据天气和路况合理使用车灯，以确保自己的视线清晰。但遇到对面有人或者摩托车、电动车驶来时，应主动转换成近光灯，以保证自身和他人的安全。

（八）避免疲劳驾驶

疲劳驾驶是交通事故的常见原因之一，驾驶员在行车前应确保充足的休息，避免长时间驾驶。在行车过程中如出现疲劳症状，应及时停车休息，确保自己状态良好后再上路。

四、其他道路礼仪与行为规范

（一）乘坐出租车的礼仪

路边招停时，以不影响公共交通为宜。上车时，年长者或女士先上；下车时，年轻者或男士先下，可帮忙开关车门或拿东西。应保持车内卫生，不随便把垃圾扔在车内，不往车外吐痰、扔杂物，应将痰吐在纸巾里，下车时随其他杂物一并带走。在没有禁止吸烟的车上，如要吸烟，应征得司机同意，不可将烟灰弹落在车内，不将烟蒂扔到窗外。原则上，乘坐出租车一般不抽烟。

待命的出租车

一次，某酒店的机场代表小汤从交易会接客人回酒店。途中，一位外国客人主动跟小汤闲聊，从闲聊中小汤得知客人想回酒店拿点东西，然后再乘出租车到另一个酒店找一位朋友。下车后，小汤马上为客人叫好出租车等待客人下来。当客人见到待命的出租车时，既感激又惊讶，因为他根本没有料到小汤会帮他叫好车并等他下来，因此，他很高兴地连声向小汤道谢。两天后，客人要离开酒店了，他特意去跟小汤道别："小姐，我今天要离开你们酒店了，非常感谢你，希望下次来的时候能再次见到你。"瞬时，小汤也惊讶了：自己只不过主动为客人做了些力所能及的小事，客人却记在心里。一阵喜悦和满足感使小汤露出了甜甜的笑容。从客人的反应来看，自己用心服务，为客人着想，得到了客人的认同和肯定。

分析：可见，我们不要忽视客人的每一句话、每一个问题和每一个小小的要求，应努力给客人提供周到的服务。帮助别人，其实更快乐的是自己。

(二)乘坐火车或动车的礼仪要求

1.遵守秩序。上下火车或动车均要排队,并按顺序上下车。上车时,事先拿好行李、火车票以便乘务人员检票,尽快对号入座;放置行李要相互礼让,主动帮助老、幼、病、残、孕等特殊旅客;讲究公共卫生,不要随地吐痰、乱扔废弃物。

2.不要在车厢内抽烟。不要随便脱鞋子,更不可把脚跷放到对面座位上。不可长时间占用卫生间。当乘务员打扫卫生时,要主动配合。注重个人形象,夏天酷热难忍时,男士也不要打赤膊、穿背心或短裤。在火车或动车卧铺车厢脱衣就寝时,要背对其他乘客。

3.上、下铺位要尽量避免弄出响声,不宜大声说笑,不要视频外放或者长时间大声打电话,以免影响他人。不要随便打听别人的隐私,特别是女士的年龄、婚姻状况等个人隐私。不要谈论不健康、不愉快的话题。不要过分热情,如果对方无交谈欲望,则不可勉强。

(三)行人的礼仪规范

行人走路时,思想要集中,不要东张西望,不能一边走一边玩耍,或一边骑车一边看手机或者打电话,不能三五成群并排行走,影响过往车辆或者其他行人。不要乱穿马路,不要在马路上玩耍,更不能追赶车辆嬉戏打闹,因为一旦被来往车辆撞倒,后果将不堪设想。行人过马路要走斑马线,不得翻越交通护栏。不要抢红绿灯,遇事冷静不急躁。

只有我们每个人都自觉遵守交通规则,保持良好的习惯,才能共同营造一个安全、有序、文明的道路交通环境。

案例分析

错过一次晋升的机会

某公司的何先生年轻肯干,思维活跃,很快引起了总经理的注意,总经理拟将何先生提拔为营销部经理。为了慎重起见,总经理决定再进行一次考查。恰巧总经理要去省城参加一个商品交易会,需要带两名助手,于是便选择了公关部杜经理和何先生。何先生也很珍惜这次机会,想好好表现一下。出发前,由于司机小王乘火车先行到省城安排一些事务,尚未回来,所以,他们临时改为搭乘董事长驾驶的轿车一同前往。上车时,何先生很麻利地打开了前车门,坐在驾车的董事长旁边的位置上,董事长看了他一眼,但何先生并没在意。

上路后，董事长很少说话，总经理好像也没有兴致，似乎在闭目养神。为活跃气氛，何先生找了一个话题："董事长驾车的技术不错，有机会也教教我们，如果都自己会开车，办事效率肯定会更高。"董事长专注开车，不置可否，其他人均无反应。何先生感到没趣，便也不再说话。一路上，除董事长向总经理询问几件事，总经理简单作答后，车内再也无人说话。到达省城后，何先生悄悄问公关部杜经理："董事长和总经理好像都有点不太高兴，是怎么回事呀？"杜经理告诉他原委，他才恍然大悟。

会后从省城返回，车子改由司机小王驾驶，杜经理由于有些事要处理，需在省城多住一天，同车返回的还是四人。这次不能再犯类似的错误了，何先生想。于是，他打开前车门，请总经理上车，但总经理坚持要与董事长一起坐在后排，何先生诚恳地说："总经理您如果不坐前面，就是不肯原谅来的时候我的失礼之处。"随后，何先生坚持让总经理坐在前排后自己才肯上车。

回到公司后，同事们知道何先生这次是同董事长、总经理一道出差，猜测着肯定要提拔他，都纷纷向他祝贺。然而，提拔之事却一直没有人再提起。

请问：

为何领导对何先生提拔之事再未提起？何先生有哪些失礼之处？

分析：

去的时候，何先生不应该坐在董事长旁边的副驾驶座上，因为车主或重要人物开车，旁边的副驾驶座是上座，应该留给总经理。这样坐的另一个理由是总经理和董事长交谈方便。

返回时由专职司机开车，那么副驾驶座一般来说应该是社会地位较低的人来坐，即应该是何先生来坐。后排为上座，应由董事长和总经理选择，同时也便于他们交谈，但返回时何先生又坐错了。细节决定成败，商务礼仪更是如此。

复习题

1.接打电话应注意哪些事项？请简要概括一下。

2.引导客人行进过程中，如何注意上下楼的礼仪和乘电梯的礼仪？

第四章　日常见面礼仪

学习目标

知识目标

1.了解日常见面礼仪的种类及基本用法。

2.掌握握手礼和鞠躬示意礼的使用规范。

3.掌握介绍和递送名片礼仪的细节。

4.理解日常见面礼仪的重要性。

能力目标

1.能够在日常工作与生活中正确、灵活应用握手礼和鞠躬礼。

2.掌握商务场合见面礼的恰当用法。

3.能够在商务场合正确使用介绍和递送名片礼仪。

素养目标

1.努力培养道德修养、文化素养，成为新时代高素质人才。

2.重视礼仪之用，乐于以礼待人，形成正确的为人处世态度。

知识图谱

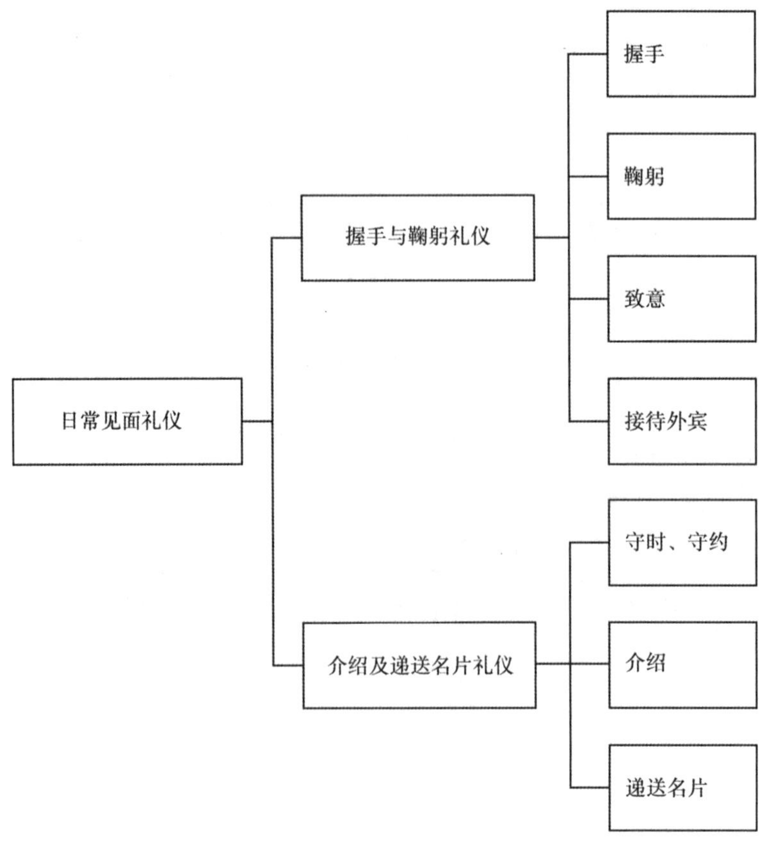

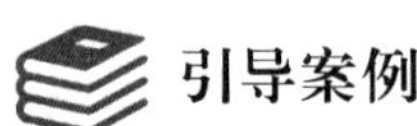

引导案例

握手礼

握手可以说是目前最为常用的一种见面礼。无论双方是第一次见面，还是已经熟识，一个得体的握手，致意、祝贺、慰问、鼓励、感谢等深意尽在不言中。

尼克松回忆自己首次访华在机场与周恩来见面时说："当我从飞机舷梯上走下来时，决心伸出我的手，向他走去。当我们的手握在一起时，一个时代结束了，另一个时代开始了。"

在现代商业社会，见面握手是最基本的礼仪，它看似简单，其实承载着丰富的交际信息，你是否明白其中的礼仪细则，能否正确地行握手礼呢？

日常见面礼仪是社交礼仪中最常用与最基础的礼仪。人们平常都需要用到见面礼仪，特别是从事服务行业的人。掌握日常见面礼仪，能给客户留下良好的第一印象，为以后顺利开展工作打下基础。常见的日常见面礼仪有握手礼、鞠躬礼、致意礼、接待外宾礼等，还包括介绍及递送名片礼仪。不同国家、地区有着不同的日常见面礼仪。

第一节 握手与鞠躬礼仪

一、握手

握手是交际场合中运用最多的一种礼节，是祝贺、感谢、慰问或相互鼓励的表示，也是在与久别重逢或多日未见的友人相见或辞别时会做出的动作。

握手也是和平的象征。据说，握手礼来源于中世纪，当时打仗的骑兵都戴盔披甲，全身除两只眼睛外全包裹在铁甲中，随时准备冲向敌人。骑兵们如果表示友好，在互相接近时就会脱去右手的甲胄，伸出右手，表示没有武器，并互相握一下，象征着和平。后来，交战双方如果有诚意坐到谈判桌前，见面时握手就表示双方（两国）愿意（或希望）和平共处。签订停战协议互换文本时，双方代表握手，就表示和好，并有化干戈为玉帛的意思。

现代的握手礼已没有最初的用意，只是一种交往礼节，如老同学、老朋友见面握手表示亲热，初次见面握手表示欢迎，等等。

（一）握手的次序

两人见面时哪一方先伸手握手，涉及礼仪问题。一般握手的次序如下。

1.年龄较大、社会地位较高的人先伸手。年龄较小、身份较低的人不宜先伸手，要等对方伸出手后，立即上前回握。

2.女方首先伸手。男女之间，应当女方伸出手后，男方再伸手轻轻相握。如果女方不伸手或无握手之意，男方可点头示意或鞠躬，不要贸然伸手，让女方有非握不可之感。

3.主人首先伸手。主人与客人之间，主人应先伸手。当客人到来时，不管客人的身份如何、性别如何，主人应先伸出手表示欢迎，若是等到客人伸手则显得主人怠慢。

上面谈及的是一般情况下的握手次序，无论是谁先伸出手，对方都应毫不迟疑地回握，以避免一方一直伸出手而导致的尴尬情况。

(二)握手的方式

握手时,应伸出右手,四指并拢,拇指伸开掌心向内,手心高度大致与双方腰部上方齐平。同时,上身略微前倾,注视着对方,面带微笑,不可一边握手,一边左顾右盼。

(三)握手时的要求

1.不可用力过猛,尤其是男性与女性握手时,用力要适度,并只能握女性的手指部分。

2.多人握手时,不可交叉握手。

3.握手时间长短因人、因地而异。初次见面时,握手时间一般不要超过3秒钟。

4.无论男女,握时均不可戴手套。

5.握手时,应目视对方。

6.握手应是上下抖动,而非左右晃动。

7.当自己的手不干净时,应亮出手掌向对方示意,并表示歉意。

8.不同国家有不同的握手礼仪。

9.在正常情况下,不应坐着与人握手。

10.与外国人在交际场合握手时,要注意次序,不要戴手套握手,不要戴着墨镜握手,不要用左手握手,尽量不要用双手与初次相识的异性握手,不要交叉握手,等等。

不同国家的握手礼

扫码阅读

二、鞠躬

鞠躬,意思是弯腰行礼,是表示对他人敬重的一种礼节。在我国,鞠躬常用于下级向上级、学生向老师、晚辈向长辈表达由衷的敬意，有时还用于向他人表达深深的感激之情。

(一)鞠躬的基本方法

1.应立正站好，保持身体的端正，同时双手在体前搭好，右手搭在左手上，面带微笑。

2.鞠躬时，以腰部为轴，整个腰及肩部向前倾斜15～30度，目光应该向下，同时问候“您好”“早上好”等。

3.在与日本、韩国等东方国家的外国友人见面时，行鞠躬礼致意是常见的礼节。

4.鞠躬礼一般分为鞠躬15度、30度和45度等不同形式，度数越大表示向对方表达的敬意越深。基本原则是应向社会地位最高者行45度角鞠躬礼；向社会地位比自己低者，行30度角鞠躬礼；向同自己社会地位相当的人，行15度角鞠躬礼。

(二)鞠躬时的要求

1.必须脱下帽子。

2.目光应该向下看。

3.礼毕起身，双眼应礼貌地注视着对方。

行鞠躬礼的国家

扫码阅读

三、致意

致意是一种常用礼节，用来向他人表达问候和敬意。致意一般有以下几种方式。

（一）起立致意

学生在教师授课前起立致意。坐着的下级、晚辈看到刚刚进屋的上级、长辈，也应起立致意。

（二）举手致意（挥手致意）

一般不必出声，只将右臂伸直，掌心向着对方轻摆一下手即可。

（三）点头致意

一般适用于不适于交谈的场合。一般来说，在各种场合，男士先向女士、年轻者先向年长者、学生先向老师、下级先向上级致意。

四、接待外宾

接待外宾时的常用礼仪包括吻手礼和合十礼。

（一）吻手礼

吻礼是西方的一种礼节，我们在涉外商务活动中会用到。吻礼一般是上级对下级、长辈对晚辈、朋友之间或夫妇之间表示亲昵、爱抚的一种见面礼仪，多采用拥抱、亲脸或额头、贴面颊、吻手等形式进行。通常情况下，可女子之间互相亲脸，男女之间互贴脸颊，长辈亲晚辈的额头，男子对女宾行吻手礼。

就吻手礼而言，其是流行于欧美上层社会的一种礼节，行礼时需等女方先伸手并做出下垂的姿势时，男方才能轻轻提起女方的手指尖在手背上轻吻一下，不可鲁莽行礼。

吻手礼的由来

扫码阅读

（二）合十礼

合十礼是东南亚信奉佛教的国家常用的见面礼。行合十礼时，应双目注视对方，并面带微笑。然后，双手五指并拢，在胸前约 20 cm 处沓合，上体前倾约 30 度～45 度，沓合的双手也微微上举，使手指尖部与额头同高。

合十礼的由来

扫码阅读

第二节　介绍及递送名片礼仪

一、守时、守约

守时、尊重他人的时间是公共交往活动中极为重要的礼仪。在快节奏、高速发展的社会里，大家的时间表总是安排得满满的，一个公司的负责人一个上午安排两场会议、会见五个客户是常见的事，各种活动都得严格按时间表顺序进行，倘若你不准时赴约，就可能扰乱别人的整个计划，耽误别人的工作。即使在休息时间去别人家里拜访，也应守时。去得早了，主人可能还未收拾好房间，让人觉得尴尬。去得太晚，可能影响别人休息或从事其他娱乐休闲活动。因此，无论是参加公务活动或私人拜访，都应养成守时守约的好习惯，主要应做到以下几个方面。

1.应明确活动的具体时间和地点，以便准时到达。何谓准时？不同国家、地区有不同要求：在我国，提前 2～3 分钟到达最好；在外国，特别是欧美国家，晚到 2～3 分钟最好。

2.若到达时间太早，可以先外出做些其他事打发一下时间，到点再去。若因故迟到，应向主人说明理由，表示道歉，必要时还应向客人致歉。

3.在面对他人的邀约时，如确因同一时间安排了其他活动而不便答应邀请，应向对方说明，表示歉意。

4.如答应赴约，中途因故不得不改变计划，应尽早通知对方。无故失约，是非常失礼的行为。

5.如果是外国人约请赴宴、参加酒会等，一定要给予肯定或否定的答复。

二、介绍

在人际交往日益广泛的今天，大家常结识新朋友，因此离不开自我介绍和为他人做介绍。

(一)自我介绍

自我介绍，一般指的是主动向他人介绍自己，或是应他人的请求而对自己的情况进行一定程度的介绍。它的特点是单向性和不对称性；内容是报清自己的姓名、身份以及与正在进行的活动是什么关系。

进行自我介绍，通常需要注意以下几个方面。

1.自我介绍的时间

进行自我介绍时，首先要在具体时间上有所把控，不宜太长也不宜太短，使对方乐于倾听。如无特殊原因，最好宁短勿长，将一次自我介绍的时间控制在一分钟甚至半分钟之内。

2.自我介绍的主要内容

在不同的场合，所做的自我介绍在内容上应当有一定的差别。

(1)应酬型

内容仅包括本人姓名这一项，它多用于应付泛泛之交，或在不愿与他人深交的情况下使用。

(2)公务型

内容包括本人姓名、工作单位、所在部门、具体职务等。

3.细节礼仪

(1)如两人正在交谈，你想介入，而你们彼此又不认识，你应选择他们谈话停顿时再自我介绍，并说“对不起，打扰一下，我是××”或“很抱歉，可以打扰一下吗？我是××”。

(2)如果参加一个集体活动，你迟到了，而你又想让大家对你及你的公司有所了解，可以说“女士们，先生们，你们好！对不起，我来晚了，我是××，很高兴和大家在此见面，请多关照！”等。

（二）为他人介绍

1.应注意的要点

介绍者一般为东道主一方；要尊重被介绍人的意愿；要遵守介绍时的顺序；要重视介绍时的表达方式。

2.关于称呼

①一般称先生、小姐、女士、同志。这是最简单、普遍的，特别是面对陌生人时常用的称呼方式。

②称呼对方的职务，如王经理。

③称呼对方的职业，如刘老师。

④称呼对方的姓名，如刘华。

⑤根据与对方的亲属关系来称呼，如刘阿姨。

三、递送名片

名片是现代人常备的社交工具，是社交的通行证、交往的联络卡，也是“自我介绍信”，而且是一个人身份、地位的象征。当今社会，递送名片已成为交往的一种重要手段。名片上一般印有公司名称、头衔、联络电话、地址等，通过递送名片，可以与他人建立联系。

对于商务人员来说，名片除了具有个人意义外，还是其所在企业的形象缩影。现在，越来越多的企业对其员工使用的名片有相应的要求，使名片尽量具有特色与魅力。正是由于名片具有重要价值，商务人员在递送、接收、保管名片的时候应格外重视相应的礼仪。

（一）递送名片的礼仪

1.把名片装在专门的名片夹内，然后放在容易拿的上衣口袋。

2.递送名片要遵照一定的顺序。比如由近及远、按职位高低、按顺时针方向等。

3.在递送名片时，手的位置应与胸部同高。正规的做法是右手捏着名片两个上角，将名片朝向对方，双手恭敬地递上，并说：“这是我的名片，请多多关照。”

4.一般印有文字的一面朝上。

（二）接受名片的礼仪

1.起身双手捧接，表示谢意。

2.接过名片一定要认真看，表明你对对方的重视，同时了解对方的确切身份，免得因叫错名字而失敬于对方。

3.在东南亚一些国家，接过名片要看1分钟左右，做默读状，请教不认识的字。有些国家要求更高，发现对方有重要头衔，要朗读出来。

(三)使用名片的禁忌

1.不能够提供有两个以上头衔的名片。
2.不宜使用涂改过的名片。
3.不要随意拨弄他人的名片。
4.不要把名片当作传单随便散发，如有意结交某人，可专门私下打招呼递送名片。
5.不使用残破、有褶皱的名片。

(四)如何索要名片

1.交易法

交易法是就是你把自己的名片首先递给对方，对方也会和你互换名片。古人说："将欲取之，必先予之。"因此，当你想要别人的名片时，最省事的办法就是把你的名片递给别人，并说"非常高兴认识你，这是我的名片，请您多指教"。该方法适用于诸多场合。

2.谦恭法

比如你听了管理学院王教授的讲课后，很敬佩他的才华，想要一张他的名片，可以这样说："王教授，您的课使我受益匪浅，您几句话就解开了我好久想不通的一个问题。我想以后有机会继续向您请教，不知道您能否给我一张您的名片，留个联系方式?"该方法适用于自己的社会地位低、别人的社会地位高时。

4.平等法(联络法)

同辈之间、年龄相差不多的人之间可以使用平等法。例如：王刚是北京一个公司的员工，李海是嘉兴一个公司的员工，两人见面了。王刚说："小李，见到你很高兴，我在北京，你在嘉兴，以后有机会到北京玩去！吃住我全包了。我们交换个名片吧!"

礼仪的功能

扫码阅读

当然，日常见面礼仪远远不止这些，因为“十里不同俗，五里不同风”，平时我们既要做到客随主便，又要做到入乡随俗。常言道“熟不拘礼”，是指大家不要太在意别人的失礼之处。但是在日常生活中，我们要努力做一个有礼貌、有风度、有教养的人。我国杂交水稻之父袁隆平先生曾经说过一句话：“课本很重要，电脑也很重要，但是书本和电脑里培养不出来水稻。”所以，平时要经常练习使用礼仪，实践最重要。

案例分析

光旭公司新建的办公楼要添置一批办公用具，金额达数百万元。公司总经理已做了决定，向A公司采办这批办公用具。一日，A公司的负责人打来电话，表示要上门拜访总经理。总经理筹算，等对方来了，就在订单上签字，定下这笔生意。

不料，A公司负责人比预约的时间提前了2个小时到。而且，听闻光旭公司的员工宿舍将在近期落成，员工宿舍需要的用品也可能向A公司采办，他还带来了一大堆的材料，摆满了台面。

总经理没料到对方会提前到访，刚好手边又有事，便先简单接见并递上名片，让对方等一会。可这位负责人等了不到半小时，就开始不耐心了，一边整理起材料一边说：“我还是改天再来拜访吧。”这时，总经理恰巧走到会客室门口，发现对方在整理材料准备离开时，将自己刚才递上的名片掉落在地上却并没发觉，走时还无意从名片上踩了过去。这个失误，令总经理改变了初衷，最后不仅没有与A公司商谈员工宿舍用品采办事宜，连之前几乎确定下来、金额达数百万元的办公用具生意，也未选择与其进行。

请思考：

1.为什么A公司此次的生意会失败？

2.应如何进行得体的拜访？

复习题

1.握手的具体礼节包括什么？要注意的事项是什么？

2.假设你是一位部门经理，要带助理去见一客户，应如何递名片、做自我介绍和为他人做介绍？

第五章　商务往来礼仪

学习目标

知识目标

1.了解商务接待及商务拜访的内涵、原则。

2.熟悉商务接待工作具体安排流程。

3.熟悉商务拜访的准备。

4.掌握商务馈赠的基本原则。

能力目标

1.了解商务接待具体工作要求，掌握准备、迎接、待客、送客相关礼仪。

2.掌握商务拜访技巧与礼仪。

3.掌握商务馈赠礼仪、接受馈赠礼仪及回赠礼仪。

4.运用所学礼仪知识，做好商务接待，有效进行商务拜访，提升商务活动效率。

素养目标

1.培养良好的商务礼仪素养，树立专业商务活动形象。

2.不断学习和实践商务往来礼仪，提升个人职业素养和魅力，展现企业形象。

知识图谱

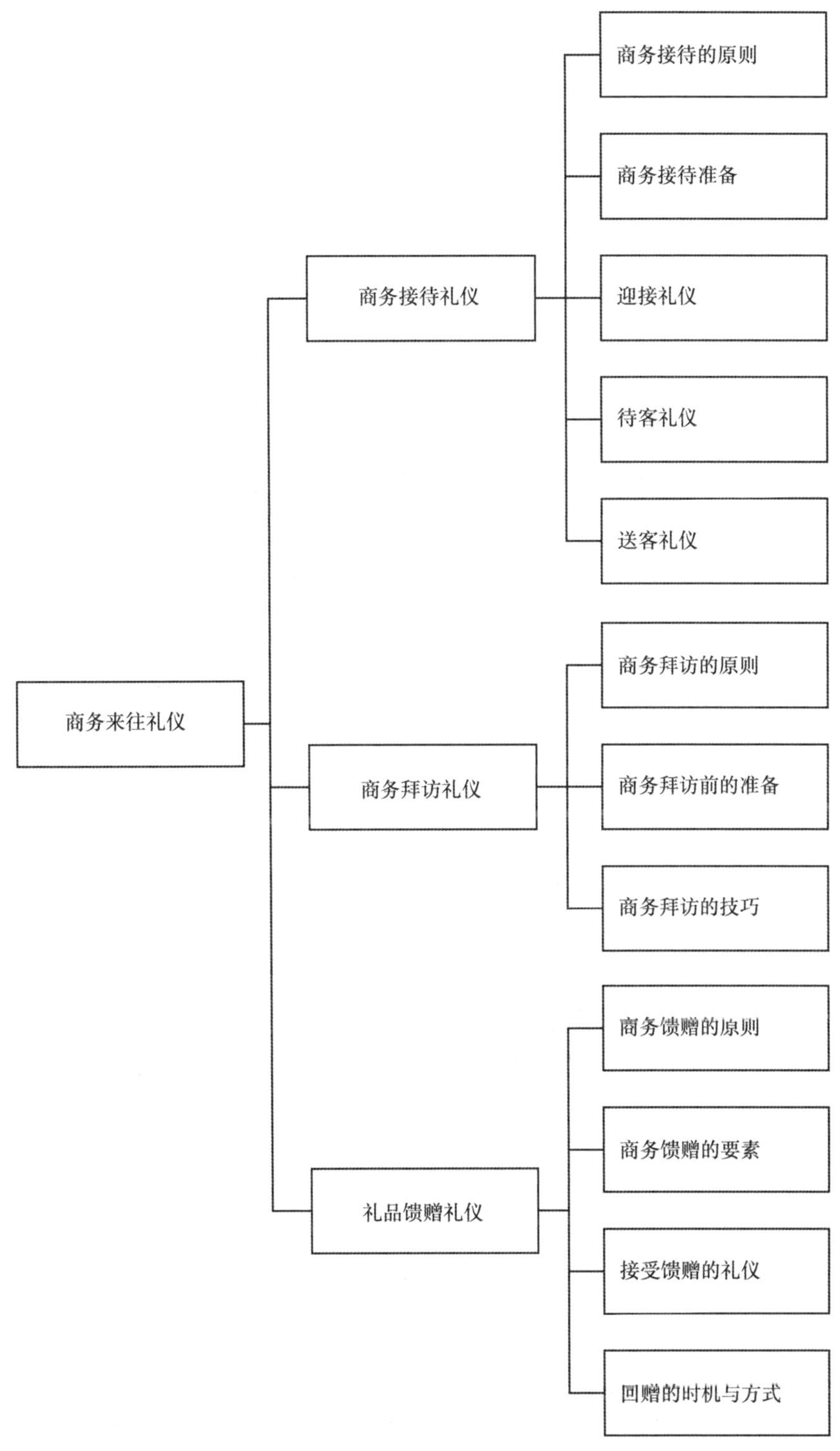
商务来往礼仪
商务接待礼仪
商务接待的原则
商务接待准备
迎接礼仪
待客礼仪
送客礼仪
商务拜访礼仪
商务拜访的原则
商务拜访前的准备
商务拜访的技巧
礼品馈赠礼仪
商务馈赠的原则
商务馈赠的要素
接受馈赠的礼仪
回赠的时机与方式

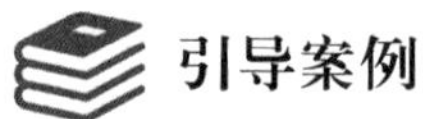

引导案例

接待不周的结局

某酒店集团准备就一项酒店用品采购项目与美国某供应商企业进行商务洽谈。该酒店集团选派了三位商务代表组成代表团，前往美国芝加哥实地考察，并计划与对方企业讨论项目细节、商议合作具体方案。

代表团到达芝加哥时，因为美国的供应商企业没有仔细核对飞机到达时间，所以错过接机。尽管初来乍到，不熟悉芝加哥的环境，但代表团成员还是凭借自己的努力，在芝加哥商业中心找到一家旅馆住下。随后，代表团与供应商企业负责接待的经理通过电话联系，这位经理就未能做好接机工作向代表团表达歉意。在接受对方的道歉后，代表团与这位经理约定第二天上午11点，在该企业经理办公室会面。

第二天，供应商企业经理在办公室等候，但直到下午3点，仍未见到代表团的身影。于是，供应商企业电话联系代表团，代表团负责人说道："我们一直在酒店等候，但始终没有人联系我们，也没有人前来接我们过去，我们对你们的这样的接待方式很不习惯，我想你们应该也不是很重视这次的合作，或者我是否可以理解为对你们来说，是不欢迎我们的到来的！既然如此，我们就不便打扰了，我们将乘坐下午的航班离开芝加哥。我们已经将这里所发生的一切报告给集团总部，我想我们没有进一步合作的必要了！"

请思考：

在这样一次商务往来活动当中，美国供应商企业在进行商务接待活动时有哪些地方没有做好，让对方感到不被重视，甚至决定取消合作？

商务往来包括了商务接待、商务拜访以及礼品馈赠等方面的活动，除了能更好地促进往来双方的交流与合作外，也能最直接、外在地展示企业形象和魅力。因此，在商务往来中，无论是言谈举止还是行为方式，都应当遵从礼仪规范、遵循商务惯例。本章将从商务接待礼仪、商务拜访礼仪以及礼品馈赠礼仪三个方面进行具体阐述。

第一节　商务接待礼仪

商务接待是指在商务往来中对来访者进行的接待活动，是企业必不可少的日常事务。商务接待看似简单，却能从细微之处反映企业形象、人员素质、经营管理成效等。恰到好处地对来访者施以商务接待礼仪,不仅有助于顺利促进双方的交流合作,更能直观展示企业形象、水平和能力,为企业赢得较好的社会声誉。

一、商务接待的原则

1.满足对方来访目的

为更有效地实施商务接待活动,在接待来访者前,应当充分了解来访者目的,以来访者目的作为接待方案制定的基础和原则,做到有的放矢。

2.符合主方公关期待

为提高企业商务活动效率,在了解来访目的之后,需要从企业自身出发,以符合主方公关期待作为接待的目标和原则。

3.身份对等原则

一般来说,在商务接待中,要按照身份对等的原则安排接待人员,即根据来访人员的身份、来访的性质、双方的关系和特殊需要等,按照相应的商务接待规格标准,安排接待人员。身份对等的原则有利于商务往来双方关系的稳定发展。

4.热情周到原则

商务接待全过程中,无论来访者目的、身份如何,都应遵循热情周到的原则,这既能够彰显企业的良好形象,又能够促使商务活动顺利进行。

二、商务接待准备

在正式的商务接待活动开始前,应当从人、时、地、事、物等方面充分做好接待准备工作。

(一)确认人员

1.了解来访方人员情况

全面了解来访方单位、人数,以及人员的具体信息,包括姓名、性别、国籍、民族、职业、职务等。有时还需要进一步了解来访人员信仰、喜好及饮食禁忌等。

2.确定主方接待人员

按照接待规格确定主方接待人员、人数等。

(二)确定时间

准确了解来访方来访具体时间、来访时长,做好主方工作安排,保证接待活动不与其他商务活动冲突。如需接站、接机,还需了解到站时间及具体车次、航班信息，以提前做好准备工作。

（三）确认地点

应根据来访目的、时间、事由等安排接待地点，保证接待地点符合来访者来访目的，又不影响其他单位或人员的通行、办公。做好接待方案，提前布置迎客、待客、送客地点，保证环境整洁、通行方便。

（四）准备物品

商务接待前应根据接待方案事先做好各方面的经费预算，包括交通、餐饮、礼品及其他物料等。同时应充分考虑接待全过程，准备相应物料，如接机、接站时的指引牌、鲜花，迎接地点的地毯、标语，接待会场的布置、茶饮，礼品、企业宣传资料、产品，等等。

三、迎接礼仪

（一）接站

来访方如需接站、接机或到指定地点（如酒店等）接送时，应根据接待方案安排车辆和人员，并关注车次、航班等变化，在时间和安排上及时作出调整。确保车辆安全性能、乘坐条件，准备好鲜花、指引牌、问候标语等用品。接站人员应主动自我介绍、引导宾客、代提行李。接送途中，驾驶人员尽量按照规划路线行驶，遵守交规、平稳驾驶；工作人员应与来访者进行礼节性交谈，并与其他接待人员保持联系以便做好迎客准备。

（二）迎客

迎接来访方应注意以下几个方面的礼仪。

1.时间

迎接人员应在来访方抵达迎接地点前到达，不能迟到。

2.地点

一般可以选择在接待活动举办地点，如会议室、办公室门口迎客，也可以选择在企业办公楼门口迎客。

3.列队

接待方如在企业办公楼前迎客，可以选择“一”字形或“人”字形列队形式，接待人员按照职位由高到低、从前往后进行排列。

4.见面

来访方到来，主方应主动上前握手相迎，面带微笑，目视对方，亲切问候。

（三）引导

来访方到达后需引导其进入接待地点，引导过程中需注意以下两个方面。

1.行进方位

多人行进时，以内侧（符合安全的前提下）、中间、前面为尊。

上下楼梯时，遵循“右上右下”行进规则，上楼时以前方为尊，下楼时以后方为尊。如有穿着裙装的女性，则以后方为尊，上下楼让其走在后方。

乘坐箱式电梯时，如无专人操作电梯，引导人员应先进电梯，并拢手掌用指尖部分按住开门按钮，待全部人员进入电梯后选择楼层按钮；如有专人操作电梯，则引导人员在电梯外按住开门按钮，指引其他人员全部进入后再进入。

2.引导规范

（1）进出（房）门：进出（房）门时，引导者先敲门，如门是向外拉开，则引导者应拉开门，请其他人员进入；如门是向里推开，则引导者应推开门先行进入，再请其他人员进入。

（2）行进过程中的距离：在行进过程中，引导者与来访方及其他人员应保持适当距离，一般在行进方向上前 2～3 步，需配合整体行进速度，不宜过快或过慢。

（3）引导过程中的注意事项：引导者在引导过程中应时刻注意商务形象管理，适度与来访方交流，主动介绍、有问需答，尽量不做与接待不相关的事务，如与其他同事沟通工作、布置安排其他事项、接打电话等。

（4）引导结束：当引导来访方到达接待地点后，引导者应礼貌询问是否有其他需要，如放置物品、行李，挂取衣物，等等。指引来访方入座后，引导者应在点头示意或礼貌道别后离开；如果引导人员也要参与后续活动，则应待来访方落座后再自行回位。

四、待客礼仪

（一）座次礼仪

会客座次礼仪总体遵循居中为上、居前为上、面景为上、面门为上、远门为上、背墙为上、居左为上、以右为尊的原则，在不同待客场合要注意座次安排。

1.会客室座次

（1）主宾面对面就座：主次分明，适合人数较少的商务接待，如图 5-1、图 5-2 所示。

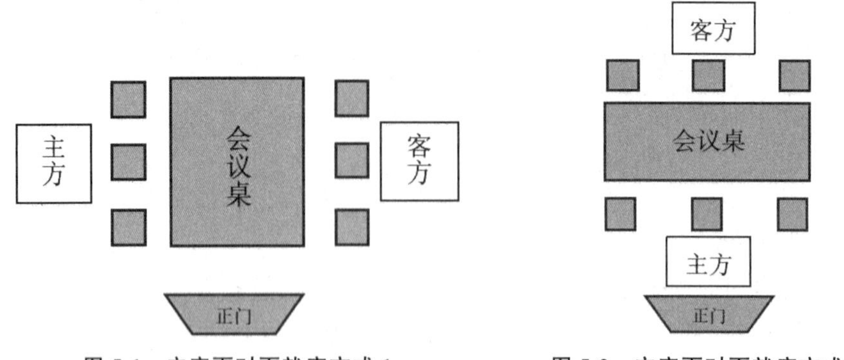

图 5-1　主宾面对面就座方式 1　　图 5-2　主宾面对面就座方式 2

(2)主宾并排就座:会客时主宾并排就座意味着双方关系密切、地位相仿,适合深入商务洽谈。

(3)自由式就座:主宾双方人员较多又不适宜在会议室会见时,接待方主要接待人员与来访方主要人员遵循座次基本原则就座后,其余人员可以相对自由就座,方便洽谈交流。

2.会议室座次

(1)小型会议座次:一般以会议桌为中心,按照面门为上、居中为上、以右为尊的原则安排就座,如有需要可以放置座位牌以示座位安排。

(2)大型会议座次:一般以主席台为中心,按照前排高于后排、中央高于两侧、右侧高于左侧原则安排就座,主席台或重要位置按需放置座位牌。主席台就座人数为单数时,以居中位为尊,其左边为第二尊位、右边为第三尊位;如主席台就座人数为双数时,则以最为居中的两个位置为尊(左高右低)。

(二)奉饮规范

1.奉饮时机

一般会见双方入座后即可奉饮,工作人员应关注饮用情况适时添加,来访人员离场后应及时清理饮用用具。

2.奉饮选择

事前可根据来访者情况、接待规格、场合等准备多种饮品,如瓶装饮用水、茶水、咖啡等,并配合相应器具。奉饮前可询问饮用者的需求,为其提供适宜的饮品。提供茶水时应注意水量与温度,一般水量为“热七分冷八分”,温度不宜过高。

3.奉饮方法

奉饮时如单杯奉饮需双手递送,一手持杯(耳)一手托底,平桌送入(即低于受奉者头部平齐桌面);如多杯呈上则需使用托盘,一手平稳托住托盘,一手持杯(耳)单杯平桌送入。奉饮时要注意仪态端庄大方、使用礼貌用语,不打断主宾人员交谈与行动。

4.奉饮顺序

奉饮时一般先宾后主，按照位次由高到低或按照座位顺序依次进行，一般从受奉者右侧递接。

五、送客礼仪

“出迎三步，送身七步”，作为商务接待的最后环节，送客在很大程度上决定是否能给对方留下好的印象。如处理不当，有可能影响商务接待整体效果，进而会影响双方商务往来的其他活动。因此，在送客时应当遵循以下礼仪。

1.真诚送别

当来访者表示告辞准备离开时，主方应婉言相留并表达惜别之意。如来访者确意离开，接待人员要主动递接相关物品，如衣帽、行李等，主方人员起身相送至(房)门外或楼下，与其握手道别，并使用热情友好的语言表示欢迎其再次到来。接待人员应站定目送来访者离开，直至来访者离开视线范围后，方可回转身体。

礼仪故事 5-1

送客的礼节

鲁迅先生住在北京时，每天晚上都会有客人来访，他总是热情款待，亲自为客人倒茶、拿糖果。当客人告辞的时候，他总是亲自持灯，走在前面为客人引导照明。将客人送出门外，客人作别离去后，他并不立即回屋，而是仍执灯站立，直到不见客人身影，才返身回屋。作家王冶秋曾在《怀想鲁迅先生》一文中这样写道：“深夜，他端着灯送出门外，我们走了老远，还看到地下的灯光，回头一看，灯光下他的影子好看得很，像是个海洋中孤岛上的灯塔，倔强地耸立在这漆黑的天宇中。”尊重，有时候是说出来的，有时是做出来的。体现在细节中的尊重，是一种更加令人感动的尊重。

2.安排细致

依据来访者情况细致安排车辆、饯行宴等。如果来访者是从外地来访的，在访问结束后需乘坐飞机、高铁、火车或者其他城际交通工具，作为接待方，需要在与来访者确认车次、航班等信息后，根据实际交通情况安排车辆送其前往。如果双方时间、条件允许，来访结束时需安排饯行宴，既可以表达对对方来访的欢迎和重视，又可以将商务沟通延续到用餐过程，并且也可以让来访者更好地体验当地风土人情。

3.送别有礼

在送别的适当时机，主方可以将精心准备的纪念品等送给来访者，以表示主方的热情；如来访者在来访时馈赠了礼品，则送别时主方应当回馈相应规格的礼品，以表示感谢。

第二节　商务拜访礼仪

商务拜访是指在商务往来中，有业务关系的组织或个人相互拜见访问的行为，是人与人之间、组织与组织之间经常开展的交往活动之一。商务拜访既有助于促进信息交流、增进感情，还有助于拓展业务、收集反馈意见。商务拜访可以分为事务性拜访、私人性拜访、礼节性拜访三种，无论哪一种类型，都应当遵循一定的礼仪规范。

一、商务拜访的原则

1.守时适时

商务拜访的原则中，守时尤为重要，即按照约定时间准时到达约定地点。迟到或者是临时取消拜访，既是对拜访对象的不尊重，也容易在商务交往中造成不好的影响。此外，拜访时间一般不宜过长，容易影响对方其他工作的进度和效率。首次拜访时间最好控制在半小时以内，重要的拜访一般应提前商定时长。

2.举止有礼

商务拜访中的礼仪表达往往会影响拜访效果，知礼、懂礼、有礼可以给对方良好的感受，也能够较好地展现企业形象，不仅能提高拜访的质量，也有利于促进双方后续商务活动的开展及合作关系的建立。

3.有效沟通

商务拜访目的是增进彼此的交流与情感、达成合作意向或听取信息反馈，因此要想在计划时间内达成目的，就要在拜访前做好沟通规划，通过有效的沟通，既能提高拜访效率，又不会耽误对方的时间。

二、商务拜访前的准备

1.提前预约

无论是哪一种拜访形式，都要提前与拜访对象联系预约，这是拜访前准备最基本的要求。没有预约的拜访是失礼的表现，不速之客是不受欢迎的。

一般来说，可以通过电话、邮件、短信等方式进行预约，也可以选择当面预约。预约时一般以对方时间安排为主，如果是私人拜访且拜访地点为私人住所，则应尽量避开用餐和休息时间；如果是事务性拜访或礼节性拜访，且拜访地点为单位等公共场所，则应尽量安排在工作时间，避开上下班时间。预约拜访时间的同时，双方最好能够根据拜访事宜、其他工作安排、交通情况、拜访人数等商定大概的拜访时长，以便做好拜访和接待拜访的事宜，以及其他工作的安排。此外，预约时也应尽量提供准确的拜访主题（事项）、人员情况等信息。

2.拟定拜访计划

预约拜访成功之后，需要做好拜访计划的拟定工作，其中包括时间安排、路程交通安排、人员安排、物料清单等，并设定希望达成的目标，设计拜访思路，拟写发言稿。

3.个人准备

拜访者的个人准备包括着装准备、心理调适、专业知识的准备及补充，还应当提前练习和掌握包括微笑、握手、鞠躬、站、坐、走等在内的商务仪态，以展现较好的精神风貌，彰显个人能力。

4.物品准备

除做好上述准备外，物品的准备也尤为重要。物品的准备需要根据拜访计划中的物料清单进行，并在拜访前检查确认。需要准备的物品如笔记本电脑、U盘、文具等办公用品，电子幻灯片、产品介绍资料、策划书、合同等资料文件，样品、礼品等其他物品。

三、商务拜访的技巧

1.安静等候

一般拜访时尽量按照约定时间准时到达约定地点，如需提前，则提前5～10分钟即可，不宜过早到达以给对方带来接待的负担。如提前到达或到达后对方因其他事务不能及时会见，也应当在接待人员的引导下，在指定地点或不影响其他人行动的位置安静等候，切忌乱走动，也不能随意翻看、翻动周围的物品、资料，不要大声喧哗，尽量不接打电话。

2.举止有礼

从到达约定的拜访地点开始，就应当时刻注意举止规范、文明有礼。见到他人保持微笑，主动点头问候，进门前无论房门开关与否都应轻敲示意，得到允许后进入，开关门动作轻缓。

如果是初次拜访，则在见到拜访对象时要主动问候、自我介绍、握手、交换名片等；如果彼此较为熟悉，则需要亲切问候、适当寒暄。

对方没有邀请不要擅自落座。落座时要稳重，搬动座椅要轻拿轻放，注意坐姿；接递茶水、物品等要起身、双手递接并表示感谢。

拜访过程中不要东张西望、乱走乱动，更不要负面评价环境、装修、设备、资料或其他私人物品等。

不要在拜访过程中吸烟、大声咳嗽、打喷嚏、频繁接打电话，如有特殊情况可以向对方说明后选择合适场所进行；喝水或进食时要避免发出较大响声。

3.高效沟通

商务拜访时一般先通过问候、介绍开场，围绕彼此熟悉且感兴趣的话题，建立良好的沟通氛围。但要注意沟通前奏不宜过长，要提高沟通效率，尽快切入主题。

高效的沟通是商务活动成功的关键。沟通分为三个层次：第一个层次是抒发式表达，即双方通过语言、文字、图片或动作等传递信息；第二个层次是分享式表达，即通过正确的表达向彼此传递正确的信息，促进进一步的商务合作等；第三个层次是影响式表达，即通过正确的信息传递，影响彼此的行为并提高活动绩效。因此，在拜访时，沟通过程中需要使用文明、规范、专业的语言，运用得当的体态和动作，借用必要的工具，如文字资料、PPT、视频、样品等，实现预期目标。

在沟通过程中还需要注意倾听，以获取对方反馈、听取对方意见、确认沟通结果。在倾听时要注意运用 SOFTEN 法则，即面带微笑（smile）、体态积极（open posture）、身体前倾（forward lean）、语调配合（tone）、眼神交流（eye communication）、点头示意（nod）。

高效沟通中提问的礼仪

扫码阅读

4.适时辞别

商务拜访时间一般不宜太长，特别是初次拜访应尽量控制在 30 分钟以内，其他拜访则可视拜访过程中的具体情况而定。要注意的是，在拜访中遇到对方有其他事务安排，如会议、外出或其他紧急情况，应主动提出结束拜访，可以预约下次拜访。如果双方志趣相投、话语投机或合作意向明确等，可以适当延长拜访时间；如果双方沟通过程中分歧较大、意见不同，则要视情况缩短拜访时间。

在拜访中，拜访者还应注意察言观色，如果对方表现出不耐烦或着急的神态和动作，比如不断看表、起身收拾整理资料和其他物品、频繁接打电话等，要及时主动提出结束拜访。如果拜访目的达到，则表示感谢并约定下一步的商务活动；如果拜访目的没有达到，则可以委婉提出预约下一次拜访或邀请对方回访。

拜访结束辞别时，要主动握手，并表示感谢，如果对方起身相送，应礼貌地请其留步。不要在对方办公区域逗留，出门后或离开时，不妨回头看看对方是否仍在原地目送，若对方仍停留在原地目送应挥手示意。

视频
商务拜访礼仪

知识链接 5-2

拜访礼仪错误

当你和客户会面时，以下的 20 个拜访礼仪错误是必须避免的。

错误 1：没有为登门拜访做计划

修正：拜访前做好充分准备

错误 2：对前台无礼

修正：彬彬有礼，友好而恭谦

错误 3：对行政人员粗鲁无礼

修正：无论是对工作人员还是其他人，请友好并尊重他们

错误 4：和一群人一起出现

修正：当你需要让其他人也参与进来时，请使用网络会议

错误 5：没有人注意你的穿着打扮

修正：拜访客户要注意仪容和着装

错误 6：假装顺道来拜访

修正：预约会面时间，专程而来

错误 7：迟到

修正：提前 15 分钟到达

错误 8：一开始过于商业化

修正：微笑而友好，但不要太容易动感情

错误 9：一开始不太友好

修正：怀着对这位潜在客户时间的尊重和恰当的礼貌接近他们

错误 10：说得比听得多

修正：对客户表示好奇并提问

错误 11：与对方争辩

修正:询问对方为什么这么想,然后倾听

错误 12:讨论政治或宗教

修正:将讨论限制在业务或中性的领域

错误 13:对你的产品高谈阔论

修正:在推销之前,了解对方的需求

错误 14:显得轻率或讽刺

修正:在任何时候都要注意你的言行举止

错误 15:缺乏必要的产品知识

修正:确保你在登门拜访之前,对目前的产品有充分的了解

错误 16:忘了对方的名字

修正:做张图表,写下每个人的姓名

错误 17:打听私人问题

修正:将谈话的重点放在业务问题上,特别是放在客户的需求上

错误 18:接听你的手机

修正:把手机关机或调成振动模式,放在公文包里

错误 19:逗留的时间太长

修正:限定拜访时长

错误 20:谈话偏离了主题

修正:为此次谈话列个简短的提纲

(资料来源:刘队云.现代社交礼仪[M].南京:南京大学出版社,2012:81-88。)

第三节　礼品馈赠礼仪

视频
礼品馈赠

礼品是主动赠予、用于表达意愿和情感、具有象征意义的物品。赠送礼品是表达情意、宣传推广和纪念活动的一种方式,商务活动中的礼品馈赠会在表达情感、调节气氛、促进合作方面起到积极作用。

一、商务馈赠的原则

(一)礼品轻重要适当

商务馈赠礼品的价值要适当,如果礼品太便宜,意义不大,容易让对方感到被轻视与不礼貌;如果礼品过于贵重,一来容易让对方觉得有压力,二来也容易

违反行业规则或秩序，有行贿之嫌。因此，在礼品品类和价值的选择上，要合适恰当。

（二）送礼时机要得当

馈赠礼品要根据馈赠对象和馈赠方式来选择合适的时机，一般来说，首次拜访或来访、惜别送行、感谢他人以及节假日、纪念日（如开业、周年、乔迁等）时都是馈赠礼品的恰当时机。送礼时机得当不仅符合礼尚往来的礼仪规范，又可以增进双方的感情。

（三）礼品包装要讲究

如果说馈赠礼品是一门学问，那么礼品的包装就是一门艺术。馈赠的礼品可以表达情感，用心的包装可以强化馈赠者的心意。礼品包装要根据礼品的类型和馈赠的情景来设计，目的是突出礼品和赠礼的心意，切不可过度包装、喧宾夺主。礼品包装可以很好地体现赠送者的品位，因此要美观大方，不能太过烦琐。

（四）对象特点要了解

馈赠礼品前最好能了解赠送对象的身份、爱好、民族、文化背景等，以免适得其反。

（五）礼尚往来要遵循

“来而不往非礼也”，一般来说，在商务往来中要做到礼尚往来，但并不是所有的馈赠都一定要回礼，比如对方为表达感谢赠送礼品，或者礼品馈赠不在计划之内，等等。

二、商务馈赠的要素

商务馈赠需要运用情景分析方法（“5W”和“1H”）来考虑，即要分析馈赠对象（who）、馈赠目的（why）、礼品选择（what）、馈赠时机（when）、馈赠场合（where）和馈赠方式（how）这六个要素。

（一）馈赠对象

馈赠对象是基础。在商务活动中，馈赠对象 般包括下级、上司、合作伙伴、企业客户等。无论对哪一类对象，都需要考虑其性别、年龄、民族、国籍、职务、身份、喜好、禁忌，以及商务活动性质和目的等。当然，对于不同的馈赠对象，在礼品的选择、赠送的时机以及赠送的方式等方面都要讲究。若馈赠对象是异性，在礼品选择上就要注意避免选择容易让人误解的礼品，如香水、内衣、玫瑰花等；对于商务合作对象，一般选择在首次拜访时赠送礼品。

5 美元的奢侈品

美国作家马克·吐温年轻时曾在一艘轮船上做水手。一天，马克·吐温看到一个小伙子站在甲板上唉声叹气，便好奇地上前询问缘由。原来，小伙子是一个富商家的仆人，马上就是富商的生日了，小伙子想要送给富商一件生日礼物，但他只有 5 美元，根本买不到能拿出手的礼物。

“要不我买一颗假钻石吧！”小伙子突然兴奋地说，“我认识一个做仿钻的商人，他的仿钻很闪亮，可以当作衣物上的饰品。”

马克·吐温却连连摇头，他问小伙子富商有什么爱好。小伙子说，富商最喜欢的是放风筝。

马克·吐温说：“就用 5 美元买一个风筝送给他。”小伙子不解地说道：“买一个风筝只需要几美分，5 美元买一个风筝是不是太贵了？”

马克·吐温说：“要的就是这种效果！你想想，同样是 5 美元，如果买一颗仿钻，肯定显得非常廉价，但如果买一个风筝，那就非常高档，简直就是风筝里的奢侈品。你是想买一个廉价的礼物，还是买一个奢侈品呢？”小伙子这才恍然大悟。

很多时候，礼物的价值并不在于价格本身，而在于是否超过了对方的心理预期。

（二）馈赠目的

馈赠目的就是赠送礼品的动机，准确把握馈赠目的，有助于在礼品的选择上做出正确判断，强化馈赠活动本身的意义。一般来说，商务馈赠有以下几种目的。

1.交际

以交际为目的的馈赠是为了认识和了解、增进彼此情谊，要注意馈赠目的与交际目的一致，以及礼品选择要符合馈赠对象的身份、形象及喜好。

2.维系关系

以维系关系为目的的馈赠要以“来而不往非礼也”为行为准则，综合考虑双方关系亲疏程度、商务活动基础、以往礼品馈赠往来情况等。因此，在礼品种类、数量、价值、形式、包装等方面有多样性和复杂性的特点，要具体情境具体分析。

3.公关

以公关为目的的馈赠往往是基于某种商务活动利益目的，此类馈赠活动表面上是一种日常商务往来的馈赠，实质上是为了通过商务馈赠达成合作、获得利益等，但在礼品性质和价值上要尤为注意。

4.酬谢

以酬谢为目的的馈赠要表达的是对他人给予的帮助或支持的感谢，因此在礼品的选择上要充分考虑他人给予帮助或支持的性质和目的，既要使礼品与对方的价值相匹配，又要能充分体现我方的感谢之意。此外，以酬谢为目的的馈赠要及时，一般在他人给予帮助或支持后尽快进行。

(三)礼品选择

礼品选择是商务馈赠中最复杂、敏感的内容之一，既考察赠送者的综合信息处理能力，也是对赠送者商务礼仪综合运用能力的考验，会直接影响商务馈赠的效果。在礼品选择时，要从对象接受程度、礼品价值意义、规范与习惯等方面综合考虑。

1.以赠礼对象为基础

以赠礼对象为基础的礼品选择需要充分考虑赠礼对象个人及企业信息，投其所好，避开禁忌。一般来说，针对不同的对象以及不同馈赠目的的商务馈赠，要尽量能选择不同的礼品；对相同对象的前后数次赠礼，也应当做到每次赠送的礼品不重复；同一次馈赠活动中如有多位馈赠对象，可以根据对象的个体信息差异等准备适宜的、不同类型的礼品。

2.以礼品本身为基础

以礼品本身为基础的礼品选择，需要从礼品的类型、价值、意义等角度出发来考虑。适宜作为商务馈赠礼品的有办公礼品(签名笔、办公摆件、名片盒等)、箱包礼品(手提电脑包、公文包、钥匙包等)、休闲礼品(水杯、水壶、小型健身器械等)、电子礼品(小型电子存储设备、移动电源等)、家居礼品(茶具、餐具等)、工艺品(工艺摆件等)、纪念品(纪念相册、纪念邮册等)。

礼品选择时还需要考虑其价值、意义的体现，尽量选择有象征性和纪念意义的礼品。特别是在跨文化商务交际中，具有国家象征和文化特色的礼品往往很受欢迎；礼品如果能体现积极、向上、健康的主题，则更具有意义。同时，尽管礼品的实用性不是第一属性，但是兼具实用性的礼品更能让受礼方感受到赠送者的情意。

3.遵循规范和习惯

礼品选择还需要遵循商业规范和文化习惯。首先，礼品的选择不能涉及机密、违反相关法律，比如涉及重要商业信息的资料、贵金属、现金、有价卡券、奢侈品、涉黄涉毒物品等均不能作为商务馈赠的礼品；其次，对于不同文化背景的赠送对象，也应当充分尊重其文化观念，避免造成误会和麻烦。

不适宜在商务活动中赠送的礼品

扫码阅读

（四）馈赠时机

一般来说，馈赠礼品没有严格的时机限制，但是选对赠礼时机，能体现赠送者的用心。根据双方关系、馈赠目的、礼品等，可以选择在以下时机赠礼：拜访、接待过程中的刚见面或道别时，如果赠送的是鲜花摆件或花束，一般在见面时赠送为宜；重要的节假日、纪念日，如春节、中秋节、新年等，又如开业、周年庆、签约、乔迁之时等；庆贺某事时也是赠礼的合适时机，比如客户生日之时等。此外，表达感谢的礼赠要及时，关系较为密切的合作伙伴平时也需要适度的礼尚往来，比如出差或者旅游回来可以带一些特色礼品相赠。

（五）馈赠场合

馈赠场合一般分为公众场合和私人场合。公众场合一般是在商务拜访接待的地方、商务宴会的场所或者是其他商务活动的场合，在公众场合赠送的礼品一般以有纪念意义或能体现公关目的的商务礼品为宜。私人场合如独立的办公场所、家中或私人聚会场合等，一般选择符合对方喜好或需求的礼品，但要避免有贿赂之嫌或让人不好接受的礼品。

（六）馈赠方式

馈赠的方式有面赠、寄送、转交等。一般商务馈赠以当面赠送为宜，如出于特殊原因不能当面赠送，也可以选择通过物流寄送或者请他人代为转交，但要注意的是如果是寄送或转交，要附上能表达赠送者心意的话语的卡片或书信，最好能通过合适的方式，比如电话、邮件、信息等告知接收者相关信息。此外，在赠送方式上还需要注意一些细节，比如商务往来时的礼品馈赠一般由最高职级的人员向对方赠礼，并且从对方最高职级人员开始依序赠送；赠礼时双手奉上，同时说些祝福的话或表达赠礼意愿的话。

三、接受馈赠的礼仪

接受馈赠看似简单，却也有所讲究，需要注意一些礼仪细节。

（一）尊重习惯，礼貌接受

一般情况下，商务馈赠是基于双方关系真心相赠的，在商务场合接受馈赠没必要反复推辞，否则会让双方感到尴尬。排除商务贿赂情况，在接受礼品时要双手接过并郑重道谢以示尊重，可视习惯以及场合选择是否当面打开礼品，无论是否喜欢，接受者都应该表达出愉悦之情并表示感谢。

（二）委婉拒绝，酌情退还

出于特殊原因不便接受礼品时，也应礼貌、委婉地拒绝，说清缘由，当面退回，要注意表达感受到对方的情意并表示感谢。若考虑到现场退回可能会导致尴尬，也可以事后及时退回（一般在赠礼发生的 24 小时之内），退回时要说明原因，可以以书信方式告知，这样既可以说清缘由避免误解，又可以维护双方关系。

四、回赠的时机与方式

如需要回赠，可以选择在对方赠送行为结束后、商务活动结束分别时回赠，也可以选择回访或是合适的时机（如节日、纪念日、合作达成时等）回赠。要注意的是，回礼的价值最好要与对方所馈赠礼品的价值相当，最好不要超过对方礼品的价值太多。

案例分析

金勇是一位刚大学毕业、到利华公司就职的新业务员，今天准备去拜访某公司的王经理。由于没有王经理的电话，金勇没有进行预约就直接去了王经理所在的公司。因为金勇刚进利华公司，还没有公司制服，所以他身穿一套休闲运动装。

到达王经理办公室时，刚好王经理正在接电话，就示意让他在沙发上坐一下。金勇便往沙发上一靠，跷起二郎腿，一边吸烟一边悠闲地环视着张经理的办公室。在等待的时间里不时地看表，从沙发上站起来在办公室里走来走去，还随手翻了一下放在茶几上的一些资料。

请思考：

金勇这次拜访成功的概率高吗？如果认为不高，请指出他失礼的地方。

复习题

1.商务拜访的技巧有哪些？

2.礼品馈赠的六要素有哪些？

第六章　商务活动礼仪

学习目标

知识目标

1.了解新闻发布会的基本流程。

2.掌握新闻发布会、展览会及展销会的基本礼仪。

3.理解商务谈判、庆典活动的类型和基本原则。

4.掌握庆典活动的基本礼仪。

能力目标

1.能够在不同商务活动中遵循相应的礼仪规范。

2.学会在各种商务活动中灵活应用基本的礼仪规范。

素养目标

1.培养良好的礼仪素养，树立规则意识、公共意识。

2.注意把握商务活动中遵循一般规律和灵活运用相结合的原则。

知识图谱

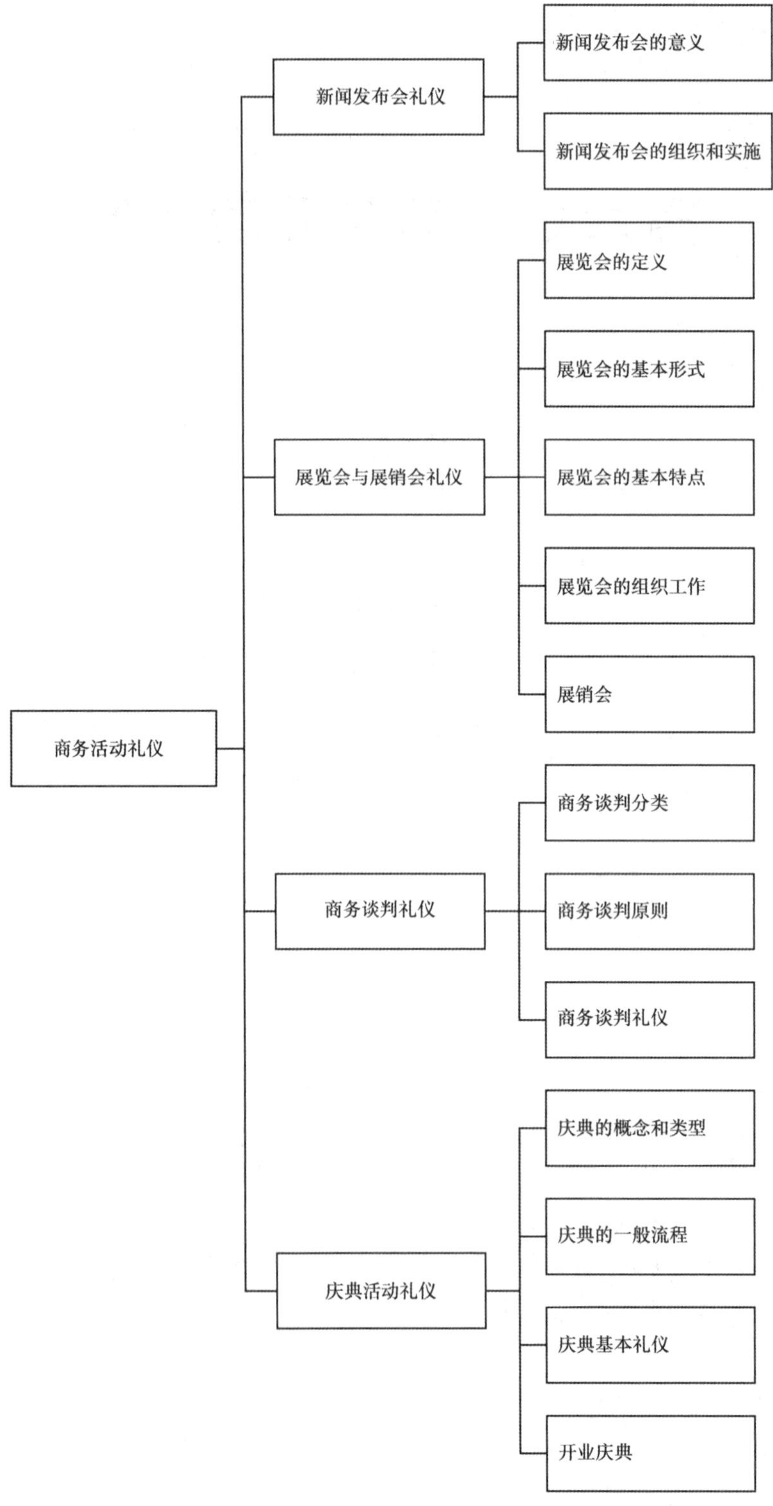
商务活动礼仪
新闻发布会礼仪
新闻发布会的意义
新闻发布会的组织和实施
展览会与展销会礼仪
展览会的定义
展览会的基本形式
展览会的基本特点
展览会的组织工作
展销会
商务谈判礼仪
商务谈判分类
商务谈判原则
商务谈判礼仪
庆典活动礼仪
庆典的概念和类型
庆典的一般流程
庆典基本礼仪
开业庆典

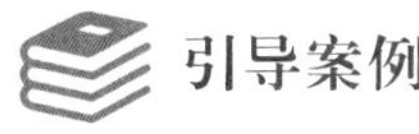

引导案例

十四届全国人大二次会议举行新闻发布会

图 6-1　十四届全国人大二次会议新闻发布会

十四届全国人大二次会议 2024 年 3 月 4 日中午举行新闻发布会，大会发言人娄勤俭就会议议程和人大有关工作回答了中外记者提问。

本次大会 5 日上午开幕，11 日下午闭幕，会期 7 天。大会议程共有 7 项，包括审议政府工作报告等 6 个报告，审议《中华人民共和国国务院组织法（修订草案）》的议案。大会的各项准备工作已全部就绪。

今年是中华人民共和国成立 75 周年，是实现“十四五”规划目标任务的关键一年，也是全国人民代表大会成立 70 周年。大会将以习近平新时代中国特色社会主义思想为指导，全面贯彻落实党的二十大精神，进一步把全国各族人民的思想和行动统一到党中央决策部署上来，认真履行宪法和法律赋予的职责，将大会开成一次高举旗帜、真抓实干、团结奋进的大会。会议期间将举行三场记者会，并安排“代表通道”“部长通道”。会议采访以现场方式为主，综合采用视频、书面等多种方式进行。会议还鼓励和支持代表积极接受采访，与网民互动。

坚持好完善好运行好人民代表大会制度

娄勤俭说，70 年来，人民代表大会制度经风雨、见彩虹，为创造经济快速发展和社会长期稳定的“两大奇迹”提供了重要制度保障。特别是党的十八大以来，以习近平同志为核心的党中央推进人民代表大会制度理论和实践创新，推动人大工作取得历史性成就，人民代表大会制度更加成熟、更加定型。娄勤俭表示，全面贯彻党的二十大精神，为以中国式现代化全面推进强国建设、民族复兴伟业提供法治保障，是十四届全国人大及其常委会的中心任务。“新征程上，我们将围绕推进中国式现代化，不忘初心、牢记使命，坚持好、完善好、运行好人民代表大会制度，为强国建设、民族复兴伟业保驾护航。”

2023 年立法工作成果丰硕

过去一年，十四届全国人大及其常委会立法工作成果如何？编制完成立法规划，规划包含 130 件项目，其中一类项目 79 件、二类项目 51 件；制定法律 6 件，修改法律 8 件，决定提请大会审议法律案 1 件，通过有关法律问题和重大问题的决定 11 件，正在审议中的法律案 18 件；开展了 5 项执法检查……娄勤俭列举了一系列数据并表示，2023 年十四届全国人大及其常委会立法工作成果丰硕、实现良好开局。

“这些重要立法，有不少亮点。”比如，修改立法法和全国人大常委会组成人员守则，制定粮食安全保障法，修改公司法，制定无障碍环境建设法，修改海洋环境保护法，制定对外关系法、外国国家豁免法，修改民事诉讼法……“下一步，我们将切实履行好国家立法机关的职责使命，推动中国特色社会主义法律体系更加科学完备、统一权威。”

以高质量立法保障经济高质量发展

中国经济是国内外关注的焦点。娄勤俭说，全国人大及其常委会作为国家立法机关，主要通过行使国家立法权，为做好经济工作、推动高质量发展提供法治保障。接下来全国人大的立法工作将在几方面重点发力：围绕改革抓立法，包括落实金融体制改革、促进民营企业发展壮大，通过立法把改革成果固定下来，增强经济发展的内生动力；聚焦开放抓立法，包括制定关税法、修改国境卫生检疫法，完善现行法律的涉外条款，持续优化营商环境；突出高质量发展抓立法，为深入推进生态文明建设和绿色低碳发展，组织生态环境法典编纂工作；立足保障和改善民生抓立法，包括制定学位法、学前教育法，修改传染病防治法等。

“总的看，中国发展面临的有利条件强于不利因素，经济回升向好、长期向好的基本趋势没有改变，我们有足够的信心和底气。”娄勤俭表示，全国人大及其常委会将深入推进科学立法、民主立法、依法立法，稳中求进推动立法工作，以高质量立法保障经济高质量发展。

全力支持香港基本法第 23 条立法工作

娄勤俭说，尽早完成香港基本法规定的维护国家安全立法，是香港特区履行维护国家安全的宪制责任，落实香港基本法、全国人大关于建立健全香港特别行政区维护国家安全的法律制度和执行机制的决定和香港国安法有关规定的法定义务。这项立法与香港国安法有效衔接，与香港其他法律融会贯通，共同构成系统完善的维护国家安全法律体系，有利于维护国家主权、安全、发展利益，保持香港长期繁荣稳定，保障香港全体居民的根本福祉，保护世界各地来香港投资者的利益，确保香港长治久安，“一国两制”行稳致远。“我们将继续密切关注、全力支持香港特区做好有关立法工作。”

在“一国两制”下，香港有着背靠祖国、联通世界的独特优势。娄勤俭说，未来中央将继续支持香港积极融入国家发展大局，主动对接国家发展战略，发挥好在国际国内双循环中的枢纽作用，使香港在国家经济高质量发展和新一轮高水平对外开放中更加繁荣昌盛。

为中外记者提供更多的采访机会

娄勤俭介绍，十四届全国人大二次会议即将开幕，国务院总理李强将作政府工作报告，国家发展改革委、财政部受国务院委托将向大会书面提交计划报告和预算报告。“社会的主要关切在上述三个报告中都有具体的回应，这三个报告经大会通过后将向社会公布，媒体和公众都能很方便地了解相关内容。”娄勤俭说。

据介绍，大会新闻中心将增加部长记者会、“部长通道”的场次和出席人数，邀请国务院有关部门主要负责同志，就外交、经济、民生等主题回答中外记者提问，权威解读有关政策措施，对社会关注问题作深入解读和说明。此外，还将举行代表团“开放团组”活动，办好“代表通道”等，为中外记者提供更多的采访机会。“统筹考虑以上安排，今年十四届全国人大二次会议闭幕后，不举行总理记者会。如无特殊情况，本届全国人大后几年也不再举行总理记者会。”

开放合作才是推动科技发展的正确选择

就当下各国科技领域竞争问题，娄勤俭说，中国主张，开放合作才是探索科学前沿、推动科技发展的正确选择，科技竞技场应遵循科技发展规律，符合市场经济规则。“搞‘脱钩断链’‘小院高墙’只会阻碍全球科技进步，损害全球产业发展，拉大全球发展鸿沟。”他说。娄勤俭举了一个生动的例子：21世纪初，中国曾希望与有关国家和地区共同研发一套卫星导航系统，却因种种原因陷入僵局。通过近30年的不懈努力和刻苦攻关，我国的北斗卫星导航系统在全球范围内实现了广泛应用，成为经济社会发展的时空基石。

“只要我们坚持自立自强，就没有攻克不了的难关。任何一项已知的技术，要卡是卡不住的，最多就是时间问题。关键是我们要加强科技知识产权的创造、应用和保护。”娄勤俭说，“我们提出实现高水平科技自立自强，并不是要关起门来搞研发，而是致力于推动全球科技创新协作”。下一步，全国人大及其常委会将研究推进科技创新方面的立法，不断完善科技法律体系。

中国总体保持国防支出合理稳定增长

针对媒体关注的“国防预算”问题，娄勤俭说，每年的国防支出预算都纳入政府预算草案。根据大会议程，本次大会也将审查政府预算草案报告，之后对外公布。他表示，近年来，为维护国家主权、安全、发展利益，适应中国特色军事变革的需要，更好履行大国国际责任义务，中国在推动经济社会持续健康发展的同时，总体保持国防支出合理稳定增长，促进国防实力和经济实力同步提升。

“我想强调的是，与美国等军事大国相比，中国的国防支出无论是占国内生产总值的比重、占国家财政支出的比重，还是国民人均国防费、军人人均国防费等，一直都是比较低的。”娄勤俭说。他表示，中国坚定不移走和平发展道路，愿与各国共享发展机遇，建设相互尊重、公平正义、合作共赢的新型国际关系，推动构建人类命运共同体，为人类和平与发展的崇高事业作出新的贡献。

持续监督增发国债资金的管理和使用

去年夏天，我国多地遭遇暴雨、洪涝、台风等灾害。国务院提出增发 1 万亿元国债，集中力量支持灾后恢复重建，相应调整 2023 年中央财政预算。娄勤俭介绍，去年 10 月，十四届全国人大常委会第六次会议审查批准了国务院提出的 2023 年中央预算调整方案。目前，2023 年 1 万亿元增发国债项目全部下达完毕，支持项目 15000 多个，切实保障和改善受灾地区人民群众的民生。“今年，全国人大常委会将持续监督增发国债资金的管理和使用情况，督促国务院有关部门加强项目和资金管理，确保每一笔资金都用好，用出实效。”

坚持在法治基础上推进高水平对外开放

针对有外媒认为新修订的反间谍法扩大了间谍行为的范畴，娄勤俭说：“我要特别强调，这是对反间谍法的错误解读。”他说，新修订的反间谍法是在参考国际通行做法、合理借鉴各国法律制度的基础上，完善了间谍行为的定义，明确了非法行为和合法行为的界限，增强了外企和外国人在华投资、工作、生活的确定性和安全感，不针对商业往来、科研合作、学术交流等正常活动。“我们反对通过曲解反间谍法抹黑破坏中国营商环境的行径。”

据介绍，近年来，全国人大常委会先后制定和修改了多部涉外法律，为保护在华外国人和境外企业、组织的合法权益提供了法律依据。“中国的大门对世界始终是打开的，不会关上。开着门，世界能够进入中国，中国也才能走向世界。”中国将坚持在法治基础上推进高水平对外开放，在扩大开放中推进涉外法治建设，不断夯实高水平开放的法治根基。

大会将审议国务院组织法修订草案

国务院组织法是关于国务院组织制度和工作制度的基本法律。现行的国务院组织法是由 1982 年 12 月五届全国人大五次会议审议通过的。40 多年来，为加强政府自身建设发挥了积极作用。党的二十大对转变政府职能、加快建设法治政府作出重点部署、提出明确要求。在认真总结实践经验的基础上，十四届全国人大常委会第七次会议决定将国务院组织法修订草案提请本次会议审议。

修订草案已向社会公开征求意见。总的看，此次修订以法律形式落实深化党和国家机构改革的精神。修订的主要内容包括四个方面：一是明确国务院的性质地位和国务院工作的指导思想；二是完善国务院机构及其职权相关规定；三是健全国务院会议制度；四是增加国务院依法全面正确履行职能的制度措施。

希美方遵信守诺，落实两国元首共识

针对大家普遍关注的中美关系问题，娄勤俭表示，中方的态度一以贯之，就是按照习近平主席提出的相互尊重、和平共处、合作共赢三原则，推动两国关系稳定、健康、可持续发展。希望美方同中方一道，遵信守诺，从旧金山再出发，筑牢中美关系"五个共同"重要支柱，把两国元首旧金山会晤达成的共识和愿景落到实处。

"在中国老百姓的印象中，经常看到一些美国国会议员抛出反华议案，采取针对中国机构、企业和公民的反华言行，甚至窜访中国台湾地区。"娄勤俭说，这些做法粗暴干涉中国内政，损害中方正当权益，干扰两国正常的交往合作。过去几年来，虽然遭遇了多重困难，但中美立法机构仍通过多种方式保持着接触。今年是两国建交45周年，双方立法机构还是要多来往、多对话、多交流，增进彼此了解，为中美关系平稳发展发挥建设性作用。

践行亲诚惠容理念，深化同周边国家合作

中国始终将周边置于外交全局的首要位置。10多年来，习近平主席出访足迹遍布周边各国，有力引领拓展睦邻友好格局。娄勤俭说，在各方的共同努力下，中国同地区国家一道，坚定不移走长期睦邻友好、共同发展繁荣的正确道路，推动构建人类命运共同体，取得累累硕果：一是人类命运共同体理念深入人心。中国与周边国家的命运共同体建设，在中南半岛、中亚地区实现全覆盖，更为紧密的中国—东盟命运共同体建设扎实推进。二是共建"一带一路"走深走实。地区国家纷纷加入共建"一带一路"，一大批项目形成示范效应，为所在国经济社会发展提供了重要动力。三是经贸合作蓬勃发展。中国与地区国家达成《区域全面经济伙伴关系协定》，建成全球规模最大、潜力最大的自贸区，中国与东盟已多年互为最大贸易伙伴，在全球化逆风中树立了合作典范。"中国反对搞阵营对抗和小圈子，中国与周边国家的合作是开放的、包容的，不是排他的。"中方将继续积极践行亲诚惠容理念，深化同周边国家友好合作和利益融合，让中国式现代化惠及更多周边国家。

代表工作委员会各项工作有序有力

"代表工作委员会成立以来，各项工作有序有力，实现良好开局，推动代表工作进一步走深走实。"娄勤俭说。娄勤俭介绍，全国人大常委会组成人员与418位代表建立直接联系，各专门委员会、工作委员会也直接联系若干名代表，实现常委会同代表联系全覆盖。一年来，有270多人次代表列席常委会会议，50余人次代表参加执法检查，23件次法律草案征求代表意见。

据介绍，去年大会期间，代表提出的271件议案，交由9个专门委员会审议；对各方面工作提出的8314件建议、批评和意见，交由204家单位研究办理。目前，这些议案、建议已全部审议、办理完毕。“今年，我们将按照党中央关于加强和改进新时代人大代表工作的要求，修改完善代表法，持续提升代表工作水平，为人大代表依法履职提供更好服务保障。”娄勤俭说。

（案例来源：http://www.nhc.gov.cn/xcs/lhhydtes/202403/39292cff1b164bf4948efbebda6e64c7.shtml。）

第一节 新闻发布会礼仪

一、新闻发布会的意义

新闻发布会又称记者招待会。它是社会组织或个人将各类新闻机构的有关记者召集邀请来，宣布某一消息，并就有关问题回答记者提问的一种具有传播性质的特殊会议，具有二级传播的性质。

举行新闻发布会的时机要恰当。过多地召开新闻发布会，以及不考虑最佳时机就随便地召开新闻发布会都不利于组织的公关策划。一般应选择如下时机召开：重要的庆典纪念活动前后；知名人士、社会名流来访前后；重要会议召开前后；拟定新的发展规划之后；管理方式、经营方式将有重大调整之前；新的科技发明或新产品研制成功之后；组织取得显著成绩之后；消费者大量投诉之时；重大事故处理之后；突发性事件发生之时；等等。

二、新闻发布会的组织和实施

（一）发布会前的准备工作

1.策划

这里的“策划”也就是如何去“制造新闻”。它主要是指公关人员在本组织和外部环境提供的真实事件和契机的基础上，大胆设计、精心策划非同寻常的新闻事件。

2.预算经费

新闻发布会的成本较高,一般的开支项目有场租费、音响器材租用费、会场布置费、电话通讯费、交通费、印刷费、文具用品费、礼品茶点费、便餐费等。

3.选择地点,布置会场

新闻发布会举办地点的选择应考虑交通是否便利,是否方便与会记者及其他人士的进出与乘车;会议厅是否能容纳下被邀请的所有记者与嘉宾;供记者们联络发布信息用的通信设施是否便利畅通;是否能提供录音、摄像、书写等的配套设施;能否提供播放电影、电视、录像、录音、幻灯片等的设备条件。

新闻发布会的会场布置也很重要。会场要干净整洁,适当进行绿化布置,整体感觉以高雅大方为佳。为主持人、发言人、嘉宾、记者、特邀人士等提供的各种区域与席位都应合理地布置安排,特别是应指定一个进出方便又不影响他人的适当位置,供摄像记者放置摄录器材。按顺序摆放制作好的席位卡、胸卡(胸卡也可放于材料袋内)。准备文件材料袋与文书用具,适当放置简单饮料。此外,还要检查进出通道与上下台的线路是否安全畅通,检查并组配好会场所有电路等。

4.确定主题,准备材料

新闻发布会必须围绕一个主题进行。这个主题要根据相关活动或事件的目标而定。主题确定后,要起草发言提纲提供给发言人,重要的原始材料数据应附在后面。

除发言人的提纲外,还要围绕主题,准备辅助性的宣传材料,包括文字、图片、音像制品等。比如,可以将有关情况写成介绍性文章,并附上照片和图表;准备好产品的模型或样品以便现场展示;把某一事件发生的过程制成录像带或录音带,现场播放或分发,以增强宣传效果。

5.选择时机,邀请记者

新闻发布会的时机要选择好,最好要避开节假日和有重大社会活动的日子,以免记者不能全部到会而影响会议效果。另外,在不同的地区召开发布会时,还应注意避开一些当地的特殊节日。

6.择定邀请记者的范围

在与会议确定的主题相符的基础上,应尽量广泛地邀请各级、各类记者。邀请函应较早送到记者手中。在临近召开日期时,还应用电话联系,落实到会记者的情况,特别是与发布主题密切相关的记者。

(二)发布会召开时的工作

1.迎宾签到

负责迎宾的最佳人选是组织的负责人、新闻发布会的主持人或组织公关部的负责人。应提前恭候在门厅或会场门外,待来宾到达时,亲自迎接问候,并将来宾引至签到处。负责签到者应认真负责、熟悉礼仪、公关交际能力强。签到后应有专门的礼仪、服务人员引导来宾到会场或休息室，安排座位和奉饮。

2.宣布会议开始

主持人宣布会议开始时，一般将向来宾介绍出席会议的领导、嘉宾、各新闻机构及其记者等，向到会者表示欢迎。主持人还应向与会记者说明本次发布会的目的、背景、会议准备情况等，并将组织发言人的姓名、职业、职位、发言主要议题等介绍给来宾。

3.发言

发言人的发言要紧扣主题，内容忌长，语言要简洁、生动、准确、清晰，并应适时发布原始材料作为凭证。当有几位发言人时，应事先安排好发言顺序，并应在内容上有所侧重。

4.答问

发布会召开之前发言人应召开一个小型磋商会，就各自发言内容和答记者问的范围作出分工。答记者问要求简明准确、态度真诚友善、语言生动幽默。一定要注意引导记者提出深刻的问题，不可被记者“牵着鼻子走”。同时应注意分寸，绝不泄露应保密的资料、数据、情况等。

5.闭会

新闻发布会临近结束时，主持人应简短评述会议，对与会记者、嘉宾致谢，并传达日后继续合作的意图。如果会议需要讨论的问题并未讨论完毕，则宣布休会，并确定下一次会议的时间、地点等。有时若剩余的问题无关大局而记者们兴致盎然，则可采用招待的形式来弥补。会议结束后，应请领导、嘉宾先退席。

6.会后欢送记者

应友好地安排记者离会，并巧妙地向记者传达：希望能及时将报道情况反馈给举办组织，若有不明之处，可进一步沟通。

（三）新闻发布会后的工作

1.尽快整理新闻发布会的现场记录，进行分析。判断所发布消息的内容和对记者提问的回答是否紧扣主题和准确，是否达到了本次活动的基本目标。

2.尽快搜集与会记者会后在各自媒体上发表的相关报道，并对其进行归类分析。观察这些报道所传递的信息是否准确，报道形成的宣传效果是否达到本次活动的目标。

3.认真总结本次新闻发布会的工作，如准备工作是否充分，主持人和发言人有无失误，接待工作有无疏漏，会场布置是否合理，等等，并把这些情况记录存档备查。

4.对各位记者提问时的倾向性以及他们公开、私下所表露的看法进行分析，了解记者所代表的新闻机构的看法和态度，以便作为处理新闻界关系的参考。

第二节　展览会与展销会礼仪

一、展览会的定义

展览会是在确定的时间和空间里，依照一定的主旨，设计、布置、安装实物、图片、照片、艺术作品、图表等，向广大公众开放，以到达宣传组织的某些主张、意图、目的、观点、产品等的展示形式。展览会是一种综合性的传播媒介，是现代公共关系实务中一种重要的活动形式。

二、展览会的基本形式

1.根据举办的地点划分，包括室内展览会和露天展览会

大多数的展览会都在室内举行，显得较为正式和隆重，且不受天气的影响，举办的时间可以延长。但室内展览会的布置较为复杂，所需要的费用也高，而露天展览会最大的特点是布置工作较为简单，所花的费用可大大减少，但受天气的影响较大，比如刮风和下雨时就较难举办。通常，露天的展览有农产品展览、花展等；较为精致、价值高的商品展览则适宜在室内举办。

2.根据展出的商品种类划分，包括单一商品展览会和混合商品展览会

单一商品展览会也称为纵向展览会，展出的商品品种单一，例如自行车展览会就属于这种类型。这种展览会展出的商品由于品种单一，其型号和牌号必然琳琅满目，来自各个不同的厂家。因此，这种展览会往往竞争非常激烈。混合展览会也叫横向展览会，展出的商品种类很多，如广州商品交易会就属于这种类型的展览会。

3.根据展览的性质划分，包括贸易展览会和宣传展览会

贸易展览会的目的是促进商品的销售，展出的主要是实物产品。宣传展览会的目的是宣传某一观点、思想和信仰，或者让人们了解某一段史实。例如，交通安全展览会和中国近代史展览会就是宣传展览会。这种展览会通常展出照片、图表和有关的实物来达到宣传的效果。

4.根据展览的规模划分，包括大型展览会、小型展览会和袖珍展览

大型展览会一般由专门的单位举办，有产品展览的企业通过报名参加。这种展览会往往规模很大，参展的展商很多，需要有很高的办展水平才能办好这种

展览会，如世界贸易展览会就属于这种类型。小型展览会，规模很小，一般由企业举办，展出商品，地点常常选择在车站的候车室、图书馆大厅和机场进出口处等。袖珍展览指的是商店的橱窗展览和流动的展览车展览等。

5.根据展览会展出的时间划分，包括长期固定式的展览和临时展览

长期固定式的展览如西安兵马俑等；临时展览如广州商品交易会、企业临时展销会等。

6.根据展览的内容划分，包括综合型展览和专业型展览

综合型展览是全面地展示某个主题的全部内容，或综合介绍、宣传一个国家、地区等全面情况的展览形式。这种展览具有综合性、广泛性，展览的范围更大。展期在三个月以上甚至长达一年的，又可称为博览会。博览会多是国际性的，往往是世界范围某一领域的缩影。综合型博览会、大型展览会的组织主办一般需要多个组织的相互协助才能实现。

专业型展览又可称为专题展览，是指围绕某个专业、某个行业或某项内容而举办的展览，具有专业性、集中性。

三、展览会的基本特点

1.复合性

所谓复合性传播方式，指的是同时使用多种媒介进行交叉混合传播的过程。一个展览会通常会同时运用多种媒介，包括声音的媒介，如讲解、交谈和现场广播；文字的媒介，如印制的宣传手册、介绍材料；电子媒介，如电子照片、幻灯片和录像等。由于展览会这种复合性传播方式综合了多种传播媒介的优点，其沟通效果通常是令人满意的。

2.直观性、形象性、生动性

一般的展览会通常以展出实物为主，并进行现场的示范表演(例如，在产品展销会上，有专人讲解和示范产品的使用方法)。心理学认为，若联系某一直观图像或实物进行记忆，即进行形象记忆，能起到强化记忆的效果。展览会正是能起到这种作用的活动，参加展览会的人通常对展出的东西印象都较深。

3.双向沟通性

展览会上，一般都有专人解答参观者的问题，并就他们感兴趣的话题进行深入讨论。一方面，参展单位在让公众了解自己的同时，还能马上了解公众的反应，可根据公众反馈的信息进一步优化工作。另一方面，这种直接双向沟通的针对性很强，能跟个别公众或就某一特殊情况进行交流，起到很好的效果。

4.高效率

例如，某个产品展销会集中了全国甚至全世界各种品牌的同类产品，采购员

采购起来就非常方便，一天中就可以和许多家企业进行洽谈，成交的机会大大增加。若不是在展销会上，而是一家家地跑，一天下来可能跑不了几家，成交的机会很小。而且，展览会集中了各种品牌的商品，选择余地大，采购的商品往往能令采购员满意。因此，展览会可以节省参观者的时间，提高选货的效率。同时，也能给新企业和新产品提供脱颖而出的好机会。

5.公关性

展览会是一种综合性的大型活动，往往能成为新闻媒体追踪的对象，是新闻报道的好题材。参展单位可以利用展览会这一机会制造话题、扩大影响，并利用这一和新闻记者广泛接触的难得机会，做好与新闻界的公关工作。

四、展览会的组织工作

有人说，一个展览会就是一篇大文章，每个部分都要合理安排。要写好一篇文章，需要作者精心的构思。要办好一个展览会，需要公共关系人员做大量细致的准备工作。

1.确定参展单位、参展项目等

通常采用发布广告和发邀请函的形式来宣传和邀请。广告和邀请函应写清楚此次展览的宗旨、展出项目类型、参观者的类型和预估人数、展览会的要求及费用预算等。总之，要给潜在的参展单位提供决策所需要的资料。

2.确定展览会的主题和目的

每次展览会都应该有一个明确的主题和目的，这将决定展览会中所使用的沟通方法和接待形式。

3.明确参观者的类型

展览会的目标参观者是谁，涵盖的范围有多大，这是展览会在策划阶段必须回答的问题。参观者的类型将影响信息传播手段。例如，若参观者较为专业，就需要展览会的讲解人员也是这方面的专家，介绍资料要较为专业、详细、深入；若是一般的参观者，则应采用通俗易懂的语言，进行直观、普及性的宣传。

4.选择展览地点

首先，应考虑参观者是否方便到达，选择交通方便、容易找到的地方。其次，应考虑展览地点周围环境是否和展览主题相得益彰。最后，要考虑辅助设施是否容易配备和安置等。在我国，展览会一般都选在闹市区举办，而在外国则相反，因为很难解决大量停车的问题。

5.培训展览会的工作人员

展览会工作人员素质的高低，掌握的展览技能是否足够，将在很大程度上决定整个展览的效果。因此，必须对展览会的工作人员，如讲解员、接待员和服务员等进行良好的培训，并就每次展出的项目内容进行专业知识训练，这样才能满足展览会的要求，使参观者得到满意的服务。

6.准备展览会的辅助设备和相关服务

例如，举办一个国际性的展览会，应设有处理对外贸易的部门，附设产品订购、文书、邮政、检验、海关、海陆空运输、旅游和预订饭店等服务。

7.成立专门对外发布新闻的部门

该部门负责和新闻界进行联系的一切事务。展览会中会发生许多有新闻价值的事件，需要相关人员挖掘并写各种新闻稿进行发表，扩大展览会的影响范围，增强展览会的宣传效果。

8.准备各种辅助宣传资料

例如，拍摄或介绍企业的幻灯片、小册子、展览会的目录等。

9.确定展览会的预算

展览会的费用通常包括场地租用费、展品模型费、图表制作费、设计装修费、交通运输费、广告宣传费、交际联络费、水电费、劳务费、保险费、餐费以及其他费用。

10.布置展览厅

布置展览厅时，要考虑在展厅的入口处设立咨询台和签到处；可贴出展览会的平面图，为参观者提供恰当的指引。

11.准备展览会的纪念品

准备好展览会的纪念品，纪念品上面可以印制公司 Logo 或者联系方式，以强化参观者记忆，进行宣传。

12.注意使用展览技巧

恰当使用展览技巧，可使展览会办得生动活泼、别具一格。例如，可邀请有关的知名人士出席，并为参观者签名留念等，以吸引更多公众前往参观。又如，展览厅最好的位置一般在一楼的入口处附近，离入口处越远、楼层越高，参观的人越少，展览位置不好的企业可利用巧思设计一些小活动吸引参观者。

礼仪故事 6-1

有一家小企业参加了一个展览会，分到的展览室是六楼的一个偏僻角落，头几天一直门可罗雀。该企业参展人员灵机一动，想出一个妙招。第二天一早，参观者一进入展览大楼，就发现不少塑料的小圆牌洒在地上，拾起来一看，上面写道："请到六楼右角小室去，您会有意外的收获。"好奇的参观者纷纷来到六楼右角的小室，只见室前有一红纸黑字的海报，上面写道："拾到小牌者，可以八折优惠购买一件本厂产品。"拾到牌子的人都不肯错过八折的优惠，纷纷购买中意的产品。而没有拾到牌子的人,由于从众心理的影响,也纷纷过来围观。这家小企业正是靠这一小小的妙招,吸引了大量的参观者。

五、展销会

(一)展览会与展销会的联系与区别

展销会与展览会有同有异,同在形式都是“展”;异在展销会是边展边销,为展而销,以展促销,展是手段,销是目的。展销会不同于展览会之处还在于,其主办者或参加者多是商业企业类的组织,比较典型的如广交会。

知识链接 6-1

中国进出口商品交易会(广交会)概况

扫码阅读

(二)展销会的特点

1.集中性

一次展销会的规模很大,一般可以促使全行业或跨行业、全地区或跨地区的各类企业集中优质产品、拳头产品、特色产品等展示、销售,并且可以使参观者货比三家集中购买。这些都体现了展销会的集中性。

2.丰富性

营销的多种形式都可以在展销会中使用,如样品陈列、模型展示、现货交易、成批订货、集中批发、灵活多样的零售等。此外,还可以洽谈合作、交流技术信息和市场信息等。

3.系统性

展销会将调动交通运输、海关、公安等政府部门,以及旅游业、餐饮业等行业提供配套服务。

(三)展销会的组织

1.所有展销会的接待、服务人员都要具备营业员、推销员的一般素质,熟悉商品的性能、特点、价格，具有记账稽核能力，具备推销推广能力。

2.必须配备大量方便的商品集散工具。

3.配置足够的洽谈签约设施，并为参展者提供办公服务、邮电通信服务、住宿饮食服务等。

4.统筹租用广告宣传的空间场地。

第三节　商务谈判礼仪

谈判会又称洽谈会、磋商会，是一种重要的商务公关活动。有关方面的谈判代表通常要在谈判中充分阐述自己这一方的各种想法，然后听取对方谈判代表的不同意见，并通过详细陈述自己这方的理由，反复同对方交换看法与结果，或者适当的时候作出某种让步，以使双方的意见和决定趋于统一，最后达成一致的决议。

一、商务谈判分类

(一)按内容划分

1.货物买卖谈判

主要涉及有形商品的买卖，谈判内容包括商品的质量、数量、交货方式、时间、价格条件、支付方式等，是商务谈判中最常见、最广泛的一种形式。

2.劳务买卖谈判

涉及劳务服务的提供与接受，包括服务的范围、质量标准、服务期限、费用计算等内容的谈判。

3.技术贸易谈判

涉及技术转让、技术合作或技术服务的谈判，内容包括技术的先进性、适用性、保密性，转让费用，支付方式，等等。

(二)按场所划分

1.主场谈判和客场谈判

谈判在某一方所在的国家或地区进行，对这一方而言属于主场谈判，对于相对方而言则为客场谈判。

2.中立谈判

谈判地点选择在双方都不熟悉的中立地方进行。

(三)按人数划分

1.单独谈判(一对一谈判)

谈判双方各派一名代表进行的谈判,适用于小型、简单的商务谈判。

2.小组谈判(多人谈判)

谈判双方各有多名代表参与,可根据谈判内容和成员特长进行组合,适用于复杂、大型的商务谈判。

(四)按沟通手段划分

1.面对面谈判

谈判双方直接见面进行商谈,有利于双方通过观察对方表情把握谈判气氛和局势。

2.间接谈判

通过信函、邮件等通信媒介进行的谈判,内容表达可能更清晰,但可能缺乏面对面的情感交流和实时互动。

二、商务谈判原则

1.客观原则

客观原则要求谈判者在商务谈判中保持客观、理性的态度,确保所掌握的信息真实、准确。这一原则强调对谈判对手的资料进行实地调查了解,避免道听途说或基于不准确的信息做出决策。在商务谈判中,做到“知己知彼,百战不殆”是至关重要的。谈判者需要通过深入了解对手的需求、目标、优势和劣势,制定更加精准有效的谈判策略。同时,保持客观的态度也有助于谈判者在面对复杂局面时保持冷静,不被情绪左右,确保谈判顺利进行。

2.自主原则

自主原则强调谈判者在商务谈判中要保持自信、独立,且相对以自我为中心。自信是成功的必备要素,也是保障谈判顺利进行的重要条件。在谈判过程中,谈判者应该坚守和维护自己的观点、立场和利益,并坚定地表达出来。同时,自主原则也要求谈判者不能优柔寡断,以免给对手留下可乘之机。在商务谈判中,谈判者应该积极争取自己的利益,但也要尊重对手,通过有效的沟通和协商达成共识。

3.双赢原则

双赢原则是商务谈判中的重要原则,强调在谈判过程中寻求双方都能接受的解决方案,实现互利共赢。这一原则要求谈判者避免过分强调自身利益,要适度考虑对方的利益和需求，给对方留有余地。在激烈的市场竞争中，企业要想获得更多的市场机会，就需要更好地与竞争对手合作，实现从“竞争”到“竞合”的转变。双赢原则有助于双方建立长期稳定的合作关系，促进共同发展。

三、商务谈判礼仪

在正式的商务场合，解决某项重大问题，协调双方的利益关系，通常都需要进行谈判。谈判的主要目的是消除分歧并达成共识，故在谈判的过程中更需要温和性和灵活性，更需要重视礼仪。谈判礼仪不仅有助于增进情感、促进彼此的了解，而且是矛盾调解中不可缺少的“润滑剂”。谈判双方都应该遵守互相尊重、友好和善、积极合作、平等互惠的商务礼仪原则。以下几个方面是具体的商务谈判礼仪。

1.商务谈判着装礼仪

商务谈判属于正式场合，所以要穿着简约、高雅的正式服装。如今在激烈的职场竞争中，职业人士要想成功，就必须有成功的商务交往。对于商务交往而言，外在形象相当重要，得体大方的装束及适度的化妆，可以提升自身的形象水平，增强客户和领导的信任感。

2.商务谈判迎送礼仪

如果你是东道主，谈判对手要过来谈判，那么迎接工作要做好，因为好的开始是成功的一半，热情而周到的迎接会使对方感到真诚，有利于创造和谐的谈判氛围。

迎接礼仪主要包括迎接人员的身份和车辆规格等方面。如果对方派来的是销售部的总经理，那么作为东道主，派出去迎接的人员也应是差不多职级的。如果对方派来多人参加谈判，那么我方也不能个人去迎接，而应该安排差不多数量的人去迎接。否则，对方会认为你对他们不尊重、不重视。如果对方是乘飞机来的，要至少提前半个小时到达机场候机；如果对方乘的是火车或轮船，也同样要提前到达，以免让对方等候。在迎接使用车辆的规格上，要根据对方谈判者的身份和职位安排车辆，切记不能乘坐出租车，以免给对方留下小气、公司规模不大的印象。送客的时候也一样，要根据不同的情况做好安排。

3.商务谈判见面礼仪

见面是谈判的第一步，见面感觉若不好，会影响之后谈判的进行。见面礼仪包括握手、介绍、递接名片等。在我国，谈判双方第一次见面一般选择握手礼，拥抱礼在我国并不常见。如果是涉外谈判，就要根据不同国家和地区的风俗习惯使用不同礼节。握手也是国际上通用的见面礼仪。握手时，要注意握手的时间、力度、顺序。

4.商务谈判座次礼仪

在谈判中对于座次也有规范要求。一般来讲，谈判时，应使用长桌子或椭圆形桌子，宾主应分坐于桌子两侧。若桌子横放，则面对正门的一方为上，应属于客方；背对正门的一方为下，属于主方。若桌子竖放，则应以进门的方向为准，右侧为上，属于客方；左侧为下，属于主方。在谈判时，双方的主谈人员应在属于自己的一方居中而坐，其余人员则应遵循右高左低的原则，依照职位的高低，由近及远分别在主谈人员的两侧就座。如有翻译，则应安排其就座在仅次于主谈人员的位置，即主谈人员之右。举行多边会谈时，为了避免失礼，按照国际惯例，一般均以圆桌为洽谈桌，这就是所谓的“圆桌会议”。商务谈判座次如图 6-2 所示。

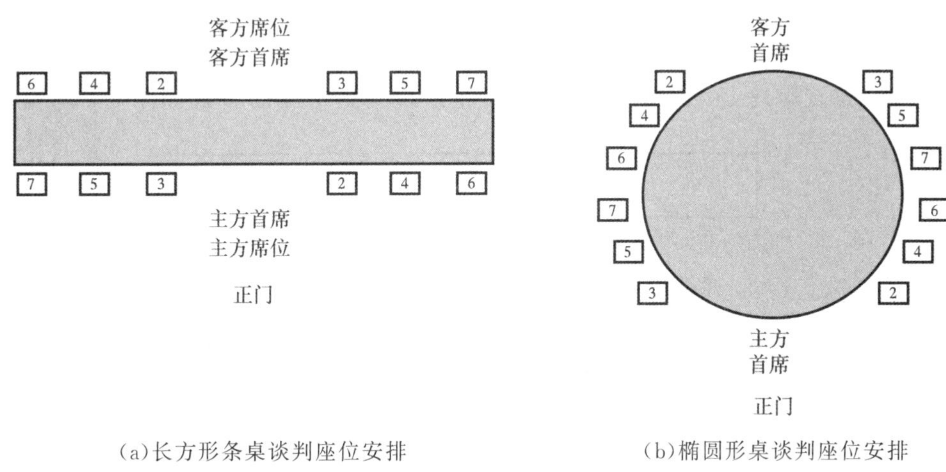

(a)长方形条桌谈判座位安排　　(b)椭圆形桌谈判座位安排

图 6-2　商务谈判座次

5.商务谈判宴请礼仪

在谈判活动中，宴请是谈判双方之间表达礼仪的一种形式，可以使谈判双方进一步增进感情。对于正式的宴请，首先需要选择双方均适宜的日子，然后发出正式的请柬。收到请柬后，如果临时有事不能参加，要及时告诉对方，以便对方提前调整安排。酒店的选择要根据宴请人数的多少和宴请人的职位、身份来决定。对于座位的安排，一般来说，在酒店包厢里的座次主要是根据离门距离的远近来确定的。

6.商务谈判馈赠礼仪

馈赠礼仪在前文有具体介绍，不再赘述。这里重点强调商务谈判中的馈赠礼仪。在商务谈判中，赠送礼品是非常重要的礼仪。向客商赠送礼品除了可以表示友好、联络感情外，还有利于巩固关系。因此，赠送礼品要考虑礼品的价值、礼品的包装、礼品赠送的时间和场合，根据不同的情况选择适合的礼品。礼品的价值要根据具体的内容和谈判情况来确定。一般来讲，欧美国家比较重视礼品的意义，不太看重礼品的价值。此外，还要注意对方的文化背景。需要注意的是，如果赠送过于贵重的礼品，会被认为是商业贿赂，可能会适得其反，引起对方的误会。

7.商务谈判签约礼仪

商务谈判中，应把签字厅布置得整洁、庄重。一间标准的签字厅，应当铺满地毯，除了必要的签字桌椅外，不需要其他陈设。正规的签字桌为长桌，上面最好铺设墨绿色的台布。按照礼仪规范，签字桌要横放于室内，在其后面可摆放适量的座椅。签署双边性合同时，可放置两把座椅，供签字人就座。签署多边性合同时，可以仅放一把座椅，供各方签字人签字时轮流就座，也可以为每位签字人各自提供一把座椅。签字人在就座时，一般应当面对正门。在签字桌上，应该按规定事先放好待签的合同文本以及签字笔、吸墨器等签字时所用的文具；与外商签署涉外商务合同时，还需要在签字桌上插放各方的国旗。插放国旗时，其位置顺序必须符合礼宾顺序。商务谈判签字厅的布置如图 6-3 所示。

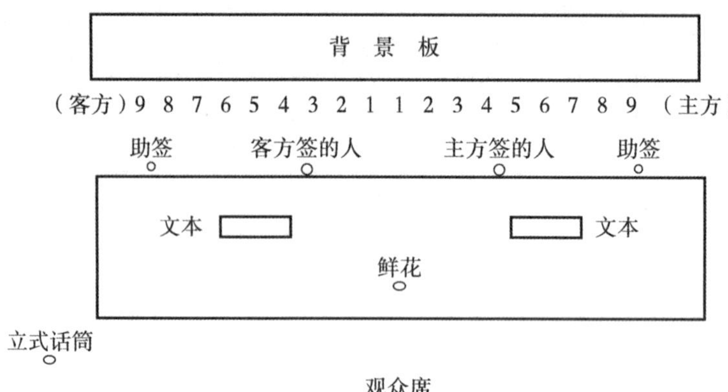

图 6-3　商务谈判签字厅的布置

根据礼仪规定，应请客方签字人在签字桌右侧就座，主方签字人应同时就座于签字桌左侧。双方各自的助签人应该分别站立于所在方签字人的外侧，以便随时为签字人提供帮助。合同文本应由精美的白纸制作而成，按相应规格装订成册，并以高档材质如真皮、金属、软木等制作封面。

在出席签字仪式时，应当穿着具有礼服性质的深色西装套装、中山套装或西装套裙，并且配以白色衬衫与深色皮鞋，男士着西装时必须系领带。

（八）商务谈判礼仪策略

1.营造友好的谈判气氛

谈判需要营造一个友好的气氛，使谈判双方在友好协商的气氛中交谈，本着真诚、和谐、双赢、友好的宗旨，建立信任关系，消除提防心理，推动商务谈判的顺利进行。

首先，营造轻松的环境与和谐的氛围。可以先通过让人感到愉悦的语言和得体的仪态，进行自我介绍，然后谈一些彼此都感兴趣的话题，建立友好融洽的初步印象，再自然而然地进入谈判的正题。

其次，使用柔和的语调和亲切的表情。可以音量中等，语速稍慢，面部露出自然而亲切的微笑，让对方感觉到轻松的状态和友好的态度。

最后，语言幽默且友好。谈判过程中，可能谈判时间过长，双方会感到有些疲劳与乏味；可能谈判处于高潮，双方高度紧张或情绪失控；可能谈判陷入僵局，双方感到压抑。在这些时候，我们可以讲一些诙谐幽默的话，使谈判变得轻松、愉悦一些。在谈判过程中，无论双方有多大的分歧，不管中间发生什么状况，都应该排除一切干扰，始终如一地对谈判对手表现出礼貌和对谈判的真诚。

在谈判学中有句名言："最廉价的让步就是让对手清楚，你在全神贯注地倾听他的发言。"耐心的倾听既能体现对他人的尊重，还有助于了解对方的需求，洞察对方的想法，从而准确把握事实真相，随时调整谈判策略。全面的观察和整体的思考有助于谈判朝着有利于自己的方向进行，从而提高成功的可能性。在倾听中，可以运用语言技巧鼓励对方充分发表自己的意见，维护好互动交流的氛围，这有助于控制谈判的局面。

2.适时提问、控制节奏

在谈判中，适时地向对方提出问题，可以调动对方的积极性和注意力。适时、巧妙的提问要注意以下几点。

(1)提问时不能打断对方的发言，可以在对方发言的间隙或是自己发言的前后提出自己的问题，也可在规定的辩论时间内提问，在对方发言时打断会让对方不愉快。

(2)提问的方式可以根据不同的情况和目的灵活调整：希望得到对方明确的回答时可以采用澄清式的提问；婉转地向对方表明自己的态度和意图时可以采用借助式提问；希望对方认同自己的观点时可以采用暗示性较强的引导式提问；要求对方在一定范围内作出回答，可以采用选择式提问。需要说明的是，选择式提问会有咄咄逼人之感，只有对局面有充分的判断和把握时才能使用。

(3)提问的内容应紧紧围绕谈判的中心和主旨，与谈判无关、涉及对方隐私、含有敌意以及暴露自己弱点的内容都应该避免。提问时，应该考虑到对方可能的回答，如果对方的反问会使自己难以回答，那么自己的提问就是非常失败的。

(4)提问前应进行精心准备，问题之间要有一定的内在联系，不能跳跃过大，问题的引入也应该是循序渐进的。

3.表达清晰、策略为先

在阐述自己的思想、观点、立场和方案时，要讲究语言艺术和讲话策略。商务谈判时，语言表达要清晰、有力，语言应尽量平和，避免用生硬的词汇。一般来讲，陈述句感情色彩较淡，反问句、祈使句、排比句则显得咄咄逼人。在阐述时，应给对方留有余地，要考虑到对方的接受程度。谈判中，要善于把握角度和节奏，不只阐明自己的观点和意志，还可以诱导对方接受自己的观点，打乱对方的步骤和策略，从而挫伤对方的锐气。从容不迫是一种礼仪风范，也是一种心理战术，能够给对方以心理压力。谈判的过程在很大程度上也是心理的较量过程，因此，在阐述时控制速度也是很重要的。

4.有礼有节、冷静辩论

辩论是谈判中必不可少的环节，理智、冷静、敏捷、适度是最佳的辩论状态。镇定自若、平和有礼能够使人在心理上高人一筹，有经验的商务人士都会避免唇枪舌剑这种辩论情况的发生。辩论时应以客观事实为论据，提高说服力。有力的论据是说服对方的内在力量，用客观事实进行论证更容易使对方信服。此外，还要注重逻辑性。语言的逻辑性能够表现出让人难以想象的强大力量，深浅适度、步步为营，有助于在辩论中取得最终的胜利。

第四节 庆典活动礼仪

别开生面的开业典礼

2024 年 8 月 8 日，是南方某市新建的云锦大酒店隆重开业的日子。这一天，酒店上空彩球高悬，四周彩旗飘扬，身着鲜艳旗袍的礼仪小姐站立在店门两侧，她们的身后是摆放整齐的花篮，所有员工精神焕发，整个酒店沉浸在喜庆的气氛中。

开业典礼在酒店门口的广场上举行。上午 11 时许，应邀前来参加庆典的有关领导、各界友人、新闻记者陆续到齐。正在举行剪彩之际，天空突然下起了倾盆大雨，典礼只好移至酒店大厅内进行，一时间，大厅内聚满了参加庆典的人员和避雨的行人。典礼仪式在音乐和雨声中隆重举行，整个厅内灯光齐亮，使得庆典别具一番特色。

典礼完毕，雨仍在下着，厅内避雨的行人短时间内根本无法离去，许多人焦急地盯着厅外。这时，酒店经理当众宣布："今天能聚集到我们酒店的都是我们的嘉宾，这是天意，希望大家能同敝店共享今天的喜庆，我代表酒店真诚邀请诸位到餐厅共进午餐，一切全部免费。”大厅内顿时响起雷鸣般的掌声。

虽然酒店开业额外多花了一笔午餐费，但酒店的品牌影响力获得极大的提升，生意变得格外红火。

分析：

开业典礼是气氛热烈而隆重的庆祝仪式，既可以表明企业庄重的态度，又可借此扩大企业的社会影响，提高企业的知名度和美誉度。该酒店的经理借开业典礼的机会请避雨的行人共享开业的喜庆，从而树立企业形象，获得了意想不到的效果。这一举动很好地体现了该酒店经理的组织能力、社交水平及文化素养。

一、庆典的概念和类型

1.庆典的概念

庆典是各种庆祝仪式的统称，主要包括企业在商业活动中所举行的各种庆祝仪式。庆典活动旨在展示企业的形象，提升员工的凝聚力，增进与合作伙伴的关系，并吸引客户的关注。

2.庆典的类型

庆典的类型丰富多样，以下是几类主要的商务庆典。

一是周年庆典，通常在本单位成立五周年、十周年或其倍数年份时进行，是对企业发展历程的一种回顾和庆祝。

二是荣获某项荣誉的庆典，当企业或产品获得重要的荣誉称号或奖项时，会举行此类庆典，以表彰所取得的成就。

三是取得重大业绩的庆典，例如企业在生产、销售或市场拓展等方面取得显著成绩时，会举办庆典活动以庆祝这些来之不易的业绩。

四是取得显著发展的庆典，当企业实现集团化发展、建立新的合作伙伴关系、兼并其他企业时，会举行庆典活动。

二、庆典的一般流程

（一）庆典的准备工作

1.成立筹备小组

首先应成立筹备小组，对庆典活动全程全权负责。筹备小组成员通常由各方面的有关人士组成，他们应当具有较强的组织能力及协调能力。在筹备小组之内，应根据具体的需要，设若干专项小组，分别负责公关、会务、财务等方面的事宜。

2.庆典活动时间及举行地点的确定

确定庆典活动时间时主要关注以下几个方面。

(1)天气预报。提前关注最近的天气情况,庆典活动最好是在阳光明媚的日子举行。

(2)企业场所的建设、施工情况。与施工单位协商,最好是在工程完工并经验收合格后进行庆典活动。

(3)主要嘉宾及领导的时间。提前向主要嘉宾及领导询问能够参加的时间。

(4)民众的心理和习惯。在我国,数字6、8、9比较被民众看好,如果庆典活动的主要参与者中有外宾,则应避开数字3和13。另外,还应注意不同民族的风俗习惯和节日。

(5)居民的生活时间。庆典活动的举行不能扰民,一般安排在上午9点至10点之间最为恰当。

在选择具体地点时,应结合庆典的规模、影响力以及本单位的实际情况来决定。庆典活动举行的场地要有足够空间,场内空间和场外空间比例要合适,同时也要考虑交通是否便利及停车位是否充足。庆典活动的地点一般选在企业的经营场所,或租用大型场所进行,如礼堂、会议厅或广场等。在室外举行庆典时,切勿制造噪声,妨碍交通或治安。

3.活动方案的制定

为使庆典活动顺利举行,在进行准备工作时,必须制定典礼活动方案。活动方案内容应包括庆典活动的主题名称、规格、邀请范围、基本程序、主持人和致辞人、经费的安排、开幕词、宣传材料、新闻通讯材料等。

4.做好来宾邀请工作

庆典活动一般要邀请有关领导、社会知名人士、同行合作者以及新闻记者参加,在力所能及的条件下,要力争多邀请一些相关人员参与。为表示尊重,应认真书写邀请函,并装入精美的信封中,由专人提前送到对方手中,以便对方早做安排。此外,还要随时掌握来宾情况,庆典前一天应再电话联系落实参加情况。邀请函的格式如下。

邀请函

×××先生(女士):

兹定于×月×日(星期×)×时在×××举行×××庆典活动。敬请光临,谢谢。

×××公司

×年×月×日

5.做好各种物资准备工作

(1)设备准备

在举行庆典之前,务必要把音响设备准备好,尤其是供来宾讲话时使用的麦克风和传声设备,避免在关键时刻相关设备“罢工”,让主持人手忙脚乱。同时,也要准备一些经过审查的喜庆、欢快的乐曲,供庆典举行前后播放。特别要注意照明设备的检查和调试,最好备有小型发电机,以应付临时停电的情况。典礼所需的其他各种用具、设备,也要准备并调试好。

(2)交通工具准备

主要用于接送宾客和运送货物等。

(3)就餐准备

统计好到会的人数;安排好就餐的座次;准备好就餐用具及食物等,可由本企业食堂负责或由酒店提供。

(4)礼品准备

赠与来宾的礼品,一般属于宣传范畴之内的物品,若能选择得当,必定会产生良好的效果。所赠礼品应突出其宣传性、荣誉性、价值性和实用性等特点。一般来说,选用本企业的产品,或购买礼品,并在其外表或外包装上印制本企业的标志、产品图案及广告用语等作为礼品的居多。

6.掌握宾客的接待安排

在庆典活动现场,一定要有专人负责来宾的接待服务工作。负责礼宾工作的接待小组,原则上应由年轻、精干、形象较好、口头表达能力和应变能力较强的男、女青年组成。接待小组成员必须以主人翁的身份热情迎客。在接待贵宾时,需由本企业主要负责人亲自出面。要设置专门的接待室,以便正式开始前让来宾休息、交谈。要有专人负责引导入场、签到、留言,以及后勤保障工作,如茶水供应、纪念品发放、现场秩序维护和安保工作。

(二)庆典会场布置

庆典活动的会场要突出庆祝的气氛,可以挂横幅,插彩旗,张贴宣传标语。主席台前要摆放鲜花,台布要干净、平整、色彩简单。会场大小与到会人数应相称,如果会场太大而到会人数太少,就会给人一种空荡荡的冷清感,影响庆典活动的效果;如果会场太小而到会人数太多,会显得十分拥挤,也会不妥当。

(三)庆典接待工作

庆典的规模一般都较大,内宾外宾都有,会议组织者应当妥善做好迎送接待工作。当来宾到来时,应由专人引导至宾室或会场。上级部门的领导应由主办单位负责人亲自迎送。庆典活动期间要准备好足够的茶水,以供与会者及来宾饮用。

(四)庆典发言注意事项

由于庆典活动场面热烈,主持者与发言者口齿要清晰,声音要洪亮,发音要标准,语句要通顺,节奏要紧凑,语调要丰富,还可穿插宣读捷报、喜报、贺电、贺信等内容。当一个发言结束时,主持人要引导大家鼓掌,营造一种热烈欢快的喜庆气氛。

(五)助兴节目安排

庆典活动当中可以安排一些助兴的项目,用于营造热烈喜庆的气氛,如在庆典开始前段可以敲锣打鼓、播放欢快乐的歌曲、燃放鞭炮礼花等。会后可以安排一些与庆典内容及气氛一致的文艺类节目。

三、庆典基本礼仪

(一)主办方的基本礼仪

1.仪容整洁,着装规范

所有出席和参加庆典活动的人员,都应注意仪容仪表。女士要适当化妆,男士应理发剃须。有条件的企业最好统一着装,显示企业特色。如无法统一,也应穿着商务套装,男士穿深色西装或中山装,女士穿深色西装套裙或套装。

2.遵守时间,准备充分

出席本企业庆典活动的人员应严格遵守时间,不得迟到、无故缺席或中途退场。庆典活动应准时开始并准时结束。典礼所有的设备及相关物品应准备充分,不能丢三落四。

3.举止文明,态度友好

出席典礼的所有人员都应注意自己的言行举止,不可在典礼进行的过程中打瞌睡或做其他与典礼无关的事情,不能嬉戏打闹、东张西望、垂头丧气、心不在焉。遇到来宾应主动热情,对来宾的提问应积极友善地答复。来宾发表贺词后,应主动鼓掌表示感谢,不能随意打断来宾的讲话或向其提出具有挑衅性质的问题等。

4.时间宜短,程序宜简

时间宜短不宜太长,通常来说,最长不能超过一个小时。这既是为了确保庆典效果良好,也是为了尊重全体出席者,尤其是为了尊重来宾。程序宜简不宜繁,程序繁杂不仅会加长时间,而且还会分散出席者的注意力,给人以不好的观感。

(二)宾客的基本礼仪

1.准时到场

对于应邀参加庆典活动的宾客来说,为表示对主办方的尊重,应准时到场,不要迟到。一般情况下可以提前10～30分钟到场。如果有特殊情况不能到场,应尽早通知主办方,不要辜负对方的一番好意。

2.赠送贺礼

应邀参加庆典活动者,一般应送主办方如花篮、牌匾之类的贺礼以表祝贺,并在贺礼上写明庆祝对象、庆祝缘由、贺词及祝贺单位。见到主办方负责人及相关人员时应主动恭贺,多说吉利话。

3.举止得体

进行典礼时,参加典礼人员要面带微笑,要温和、谦恭、庄重。当遇到主办方人员伸出手来握手时,应热情相握,不可迟缓和回绝。对方招手示意,也应含笑点头作答,不要给人以清高冷漠感。谈话时,要直视对方,不要目光游离、挤眉弄眼、窃窃私语或无顾忌地大笑。

4.礼貌告辞

典礼结束后,宾客在离开前应主动与主办方负责人、典礼主持人及相关服务人员等握手告别,并致谢意。切不可迫不及待地匆匆而去,或不辞而别。如遇特殊情况必须离开,应向主办方负责人说明原因并致歉。

四、开业庆典

(一)开业庆典的作用

开业庆典有以下作用:一是有助于企业树立良好的社会形象,提高知名度与美誉度;二是有助于扩大企业的社会影响力,吸引社会各界的关注;三是有助于企业的对外宣传;四是有助于让给予支持的社会各界人士一同分享成功的喜悦,为今后的进一步合作奠定良好的基础;五是有助于增强企业全体员工的自豪感与责任心,让员工以企业为荣,增强员工的凝聚力。

(二)开业庆典活动程序

1.典礼开始

奏乐,邀请来宾就位,主持人宣布典礼开始,全体起立(不设座位时应立正),宣读重要嘉宾名单。宣读顺序应为:首先宣读前来出席的重要领导名单,其次宣读社会知名人士名单,最后宣读致贺电、贺词的单位或个人名单。

2.致辞及致贺词

由企业负责人致辞，简要介绍企业的主要经营特色和经营目标等，并向来宾及祝贺单位表示感谢；由主要领导和来宾代表致贺词，表达对开业企业的祝贺，并寄予厚望。

3.揭牌

由主要领导或来宾代表和本企业负责人共同揭去盖在牌匾上的红布，宣告企业正式开业。揭牌的具体做法是：揭牌人行至彩幕前恭位，礼仪小姐双手将开启彩幕的彩索递交对方；揭牌人随之目视彩幕，双手拉启彩索，令其展开彩幕；在场全体人员在欢快的音乐声中热烈鼓掌祝贺。适当情况下可燃放鞭炮庆贺。

4.来宾参观

由企业负责人及相关人员引导来宾参观，边陪同参观边不断为来宾介绍本企业的主要设施、主要产品以及经营策略等，让来宾进一步了解企业，从而达到更好的宣传效果。

5.迎客

如果是商场、酒店等企业，在揭牌后，会有大批顾客随着出席庆典活动的嘉宾一道进入店内，企业主要负责人应一起恭敬地站在店门口迎接顾客光临。对于首批顾客可给予折扣或优惠，同时准备好印有企业情况字样的购物袋赠给顾客作为纪念。可以选择一些具有代表性的顾客参加座谈，虚心听取意见，拉近与顾客的距离。

6.典礼结束

根据具体情况，可安排来宾进餐，参加舞会、座谈会，以及观看文艺表演等，从而增进企业与来宾的关系。

案例分析

泸州老窖的精彩庆典

1987年9月，四川泸州老窖酒厂生产的泸州老窖大曲酒荣获曼谷国际饮料食品展览会唯一的金奖。喜讯传来，员工欣喜若狂。以这一事件为契机，厂里精心策划，举办了一系列庆祝活动和宣传活动。

首先，他们组织了迎金奖大游行。游行队伍敲锣打鼓，到火车站迎接奖杯。此举轰动了整个泸州城。市民们争睹金奖，纷纷赞扬他们为泸州人民争了气，为国家争了光。其次，他们专门向省、市领导报喜，感谢支持与指导。为此，省政府马上发来了贺电，市政府专门召开全市大会给予其高度赞扬。最后，召开庆祝大会，邀请重要领导人以及主要新闻单位的记者到会同贺。会后，50 多家新闻媒体进行了相关报道，泸州老窖的名字也因此传遍了全国。

请思考：

1.庆典的基本礼仪有哪些？

2.庆典活动的程序有哪些？

复习题

1.什么是新闻发布会？新闻发布会选择什么时机举行比较适合？

2.展览会与展销会的共同点和区别是什么？

3.商务谈判的类型有哪些？原则是什么？商务谈判中需要注意哪些礼仪？

4.庆典的流程有哪些？庆典过程中需要注意哪些礼仪？

第七章　商务宴请礼仪

学习目标

知识目标

1.熟悉基本的商务宴会礼仪。

2.掌握宴会流程。

3.理解不同文化背景下的商务宴请规范。

能力目标

1.沟通表达能力：能够与不同人群进行有效交流，展现自信和得体的言行。

2.协调组织能力：能够策划和组织商务宴请活动。

3.应变处理能力：面对突发情况或问题能够及时做出适当反应。

素养目标

1.尊重他人：表现出对宾客的尊重和关心，遵循礼仪规范。

2.自我管理：保持冷静、专业，处理各种场合下的挑战，增强民族自信与文化自信。

3.团队合作：在团队协作中展现领导力和团队合作精神。

知识图谱

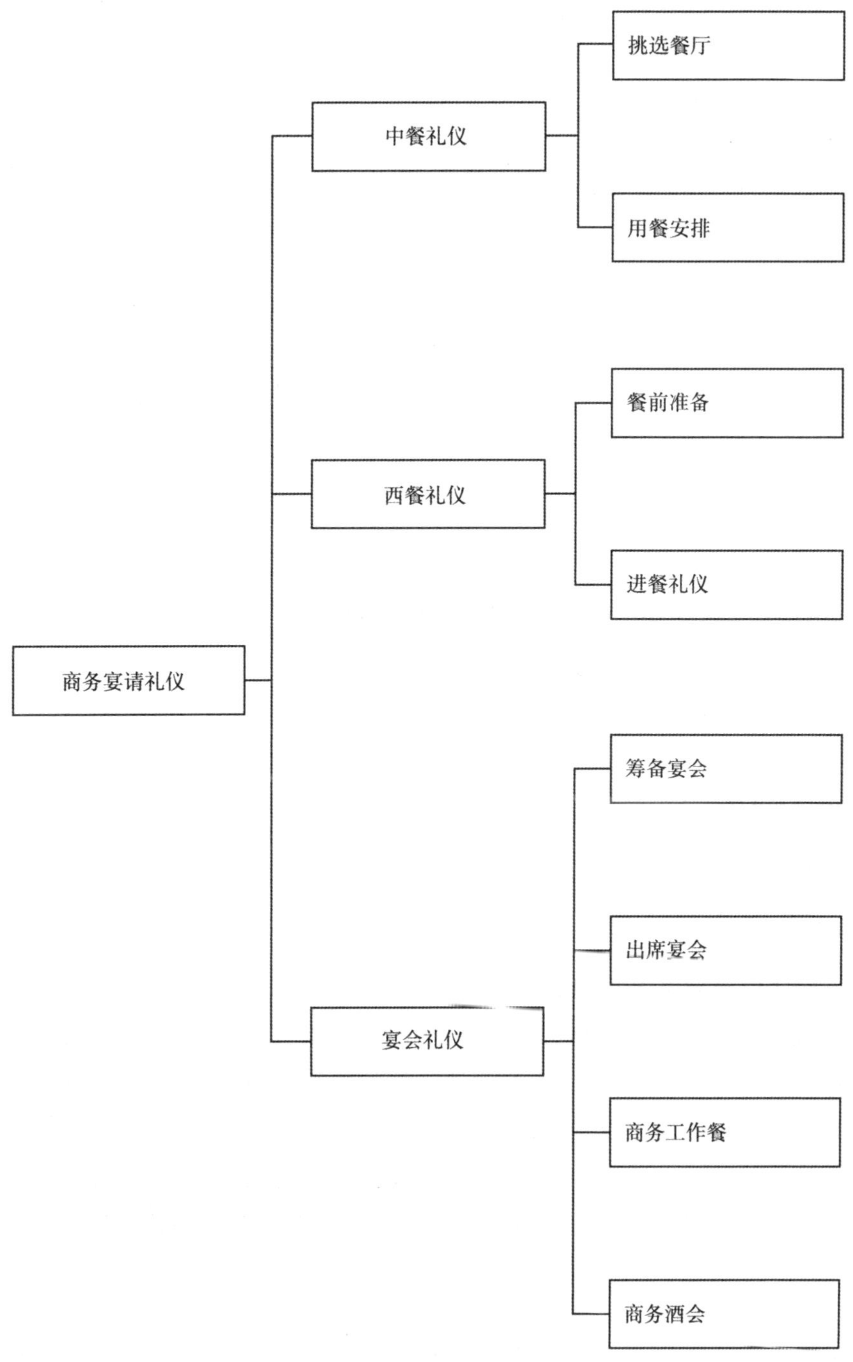
商务宴请礼仪
中餐礼仪
挑选餐厅
用餐安排
西餐礼仪
餐前准备
进餐礼仪
宴会礼仪
筹备宴会
出席宴会
商务工作餐
商务酒会

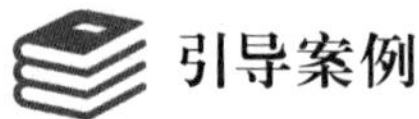

引导案例

小王的失误

小王是国内某知名公司的职员，应上司要求，他在一天晚上要和同事与法国客户在法国一家高级餐厅谈一笔生意。这笔生意不仅关系到小王的晋升，更关系到该公司后期在国际上的发展，其重要性不言而喻。当天晚上，小王一直恪守法国的商务用餐礼仪，一切看上去都很和谐，眼见一笔大生意就要谈成。但是，在品尝甜点的环节，一向不爱吃甜食的小王下意识地跟同事使了个眼色，暗指自己实在受不了法国甜食的甜腻。而就是这么一个微动作，恰巧被一旁的法国客户看在眼里，一向对本国美食无比骄傲与自豪的法国人实在忍受不了这个举动。于是，合作没有谈成，小王也因此竹篮打水一场空。

第一节　中餐礼仪

一、挑选餐厅

(一)餐厅的地理位置

在挑选中餐宴会餐厅时，地理位置的选择至关重要。考虑到宾客们出行的便利性，要确保餐厅所在的地理位置便于所有宾客到达。一般来说，最好选择靠近主要交通枢纽、公共交通站点或主要道路的餐厅，尽量避免选择交通不便或偏远的餐厅。餐厅的地理位置偏远可能导致宾客们到达餐厅的时间增加，甚至可能出现迟到的情况。让宾客们能够舒适、便捷地参与宴会活动，避免因为交通不畅而耽误用餐计划，从而营造愉快的用餐氛围，能够提升宾客整体的宴会体验。

(二)用餐环境

中餐宴会的用餐环境至关重要，优雅、整洁和具有特色的环境有利于营造更好的用餐氛围，使宾客有更加难忘的就餐体验。首先，优雅的环境能够营造出一种令人愉悦且高级的氛围，让宾客在舒适的环境中享受美食。其次，整洁是决定餐厅品质的重要标准之一。干净整洁的环境不仅让人感到舒适，还直接关系到卫生情况。无论是餐桌、餐具还是整体环境，都需保持一定程度的清洁度，以确保食品安全和宾客的健康。此外，环境的特色也很重要。餐厅可以通过打造独特的装饰风格，如艺术品或文化元素的展示，给顾客留下深刻印象，增加用餐乐趣，提升整体就餐体验。

（三）餐厅因素

在选择中餐宴请的餐厅时，应考虑一些关键因素以确保活动的成功和宾客的满意度。

首先，应选择知名度高的餐厅。知名度高通常代表着该餐厅有着良好的口碑和信誉，能够提供优质的菜品和服务，保证宾客们能够享用到美味可口的佳肴。

其次，服务质量是选择餐厅时应考虑的重要因素之一。优质的服务能够为整个宴会增色不少，让宾客感受到被尊重。热情周到的服务员可以提供更好的用餐服务，使宾客们感到舒适愉悦。

再次，菜品质量也是选择餐厅应考虑的重要因素之一。一个出色的中餐宴请餐厅会在菜品的烹饪技艺和创意上下足功夫，让宾客们留下深刻的美食印象。确保选定的餐厅提供新鲜、美味的菜肴，避免因食物质量问题而影响宴会的整体效果。菜品的口味应当符合宾客的口味偏好，同时提供多样化的选择，满足不同人群的需求。

最后，价格也是需要考虑的因素之一。举办宴会不仅要考虑菜品的品质和服务质量，还要考虑整体的经济成本。确保选定的餐厅提供的价格合理，并与宴会预算相符合。

综上所述，选择中餐宴请的餐厅时，只有全方位考虑，才能确保宴请成功和宾客满意。

知识链接 7-1

中餐的八大菜系

扫码阅读

(四)包厢选择

在选择中餐宴会的包厢时，首先要根据宾客人数选择大小适当的包厢，确保包厢能容纳所有宾客，并有足够的空间让大家自由活动、用餐和交流。其次，选择包厢时也要考虑到私密性。确保包厢内环境相对隐秘，让宾客们可以感受到舒适和私密的氛围，从而有更好的用餐体验。私密的空间还可以让宾客们更放松自在地社交互动，无须担心被外界干扰。

二、用餐安排

(一)座次安排

在中餐宴席上，主位通常留给重要人士，如长者、承办者或贵客。这种选择是基于尊重和礼仪的考量，主位上的人往往是宴会焦点和核心人物。其他宾客的座次安排需综合考虑多方面因素，包括社会地位、性别、年龄等。

聚会时，应尊重长者和社会地位较高者，给予其上座。除此之外，年龄也是座次安排的重要参考因素。一般而言，年长者靠近主位，而年轻者则分布在另一侧。这样的布局不但尊重了前辈，也有益于不同年龄群体间的沟通互动。恰当的座次设计能营造融洽舒适的用餐氛围，使每位宾客感到被尊敬和重视。遵循传统礼仪与文化惯例将有助于宴会顺利愉快地进行，为宾客带来难忘的用餐体验。

为什么中餐宴请常用圆桌？

扫码阅读

(二)点菜步骤

1.谁来点菜

决定谁来点菜需要考虑到被请人的身份地位和彼此间的关系。在点菜时，因彼此间的利益关系、身份地位差异，点菜的方式也会有所不同。另外，还有以下几方面需要注意：若自费就餐，让客人先点菜，再由自己点；若客人非本地人，建议各自挑选菜肴；如果陪同领导吃饭，除非领导主动提出，否则不能让领导点菜，但应将酒水饮料的选择权交给领导。

2.询问忌口

在点菜时，要注意询问赴宴的客人都有什么忌口。因为不同地区的人饮食偏好往往不同，要格外注意的是不同民族的饮食禁忌、某些职业的饮食禁忌以及出于健康原因的饮食禁忌，不能疏忽大意，避免引起误会。提前把注意事项、忌口了解清楚，点菜时才不会犯大的错误。

3.按照人数决定菜的数量

点菜时凉菜应适量，可根据季节来决定，如夏季凉菜可较冬季多点；热菜则视人数而定，一般有几个人就点几道菜，或者按照 $n+2$ 的方式来点，如有 10 人，就点 10～12 道菜，再添上汤、主食即可。在点菜过程中，切勿点食材重复的菜，注意荤素搭配，荤菜和素菜的比例通常为 6∶4。

4.硬菜、热菜、凉菜

在中餐文化中，通常会根据菜品的特色和口味，将其分为硬菜、热菜和凉菜三大类。硬菜一般指的是烹饪方法相对独立、口感略显特别的菜肴；在正式的宴席上，硬菜一般会有 3～4 道，常见的包括红烧肉、京酱肉丝、宫保鸡丁等。热菜通常以煎、炸、蒸等方式烹饪而成，口感浓厚、热辣诱人，比如回锅肉、麻婆豆腐以及鱼香茄子等，在正式宴席上的数量也约为 3～4 道。凉菜则是指制作工艺简单、口感清爽的菜肴，如凉拌黄瓜、海带丝等，常作为前菜。一般宴会上凉菜数量大约为 2～3 道。如果客人中有女士，可以添置两道甜酸味的佳肴或一份小甜点作为餐后甜食；对于出席的孩童，可以多点一份小甜品或者是点心类的食物，让服务员在进餐前上菜，以作安抚情绪之用。

5.上菜顺序

先上凉菜(卤水、烧腊、凉拌、刺身类)；再上开胃汤；接着是硬菜，譬如海鲜、特色菜等；然后上热菜；主食应当实时询问宾客上的时间，询问时应告知客人后面还有甜品；最后上的是甜品以及餐后水果。

使用筷子的禁忌

扫码阅读

(三)中国酒文化

在中华文化中,敬酒被视为一种重要的社交方式,体现了对他人的尊重和感激之情。敬酒不只是简单地喝酒,还是一种充满仪式感和情感的沟通方式。当主人或长辈向客人或晚辈敬酒时,代表着对对方的尊重与关怀。举起酒杯时,表现出真诚态度,能够增进人际关系。对饮后微笑致谢,可以传递出喜悦和友善的情感。

敬酒礼仪文化背后还有着更深远的寓意。在重要场合如婚礼、庆典、商务宴会中,通过敬酒可以拉近宾客间的距离,加强情感联系,促进团结和合作。同时,敬酒还有助于营造愉快和谐的氛围,使参与者更加放松自在,留下美好回忆。

总体而言,敬酒不仅是一种传统礼节,更是一种表达情感和促进人际关系的重要手段。通过细致入微的动作和行为,人们能够传递出诚挚的情感和心意,展现出中国人注重以诚相待的品质和对传统文化的传承。

敬酒的步骤

扫码阅读

第二节　西餐礼仪

视频
西餐礼仪

在中世纪，西餐的绝大部分礼仪初具雏形，法国的西餐礼仪开始发展起来。12 世纪，餐桌礼仪和菜单用语变得更加完善，尤其是赴约、食物切割、喝汤、吃面包、服饰等方面的礼仪，开始在贵族阶层中流传。如今的西餐礼仪相较于之前更为简化，但仍保留着许多基本礼节，可概括为两类：一类是欧洲传统礼仪，另一类是北美礼仪。一般而言，欧洲传统礼仪相对守旧严谨，北美礼仪则更注重灵活和变通。

一、餐前准备

(一)邀约回复

收到宴会请柬或邀请函后，应尽早回复是否能出席。书面的正式邀请通常需要答复，如果请柬上有“请回复”字样和截止日期，则务必在该日期前回复。若请柬上写明“仅用于谢绝”，则不用回应其他内容。

(二)着装得体

着装得体是基本礼仪要求之一。正式宴会的邀请函通常包含 dress code (着装规范)。例如：“white tie”代表最为正式的穿着，男士的穿着由白领结、浆洗白衬衣、白色凸纹布的西装背心、高腰黑裤子和燕尾服组成，女士则应该穿着曳地式晚礼服，并搭配白色长手套。现在除了在外交场合以及少数私人正式舞会上，很少有人穿着如此正式。“black tie”则是指一般正式的晚礼服，包括无尾晚礼服、非浆洗衬衣、蝴蝶结或领带。在高档西餐厅用餐时，若有穿着建议，可依照建议着装。否则，可以稍微穿得简便一些，但要避免穿拖鞋、短裤或过于紧身的牛仔裤，最好配上外套。

(三)座次安排

西式餐宴上一般使用长桌。在正式宴会上，英式的座位排列规则为：男女主人分别就座于长桌的两端，客人们则根据性别错开坐在桌两侧。因此，男宾和女宾分别被安排在女主人和男主人的右侧。若没有宾客的主次之分，女主人可以将年龄最大的女士安排在男主人的右侧位置。通常来说，在宾客抵达之前，主人会提前安排好座次，只需根据座位卡坐下即可。对于非正式的聚餐，如情侣或夫妻共进晚餐，就座时应遵循女士优先的原则，男士应礼貌地请女士坐在自己的右侧。若只有一个靠墙的位置，则应让给女士就座；若两名同性共进晚餐，靠墙的位置应留给较年长者。

二、进餐礼仪

(一)姿势举止

西餐进餐时应该要坐得端正笔直，尽量不要用手支撑下巴或将双臂肘部搁在桌子上，避免依赖椅背，如图 7-1 所示。纪录片《唐顿庄园中的礼仪》提到，椅背仅起装饰作用，并方便仆人拉动椅子。

图 7-1 西餐进餐时正确的坐姿

图片来源：由触手 AI 生成。

(二)餐具使用

1.餐巾

餐巾通常摆放在餐盘中央。一般来说，主人取餐巾覆盖于大腿标志着宴会开始，随后其他人也可以将餐巾折叠放在自己腿上。如果没有主人，等所有人就座后，便可将餐巾展开置于膝上。

2.刀叉

西餐中使用刀叉的方式有两种：英式和美式。英式方式是持刀于右手、叉于左手，同时切割食物并送入口中。美式方式则是先切割所有食物，然后将刀斜放在盘前，将左手的餐叉换到右手，然后用右手叉起食物品尝。用餐过程中需注意切割时动作要轻，不可声响过大；食物应适口易入，不能叉起来咬着吃；不可挥舞刀叉或用刀叉指指点点。在进餐过程中，刀叉的不同摆法可以传达用餐者的意愿。刀叉的摆法如图 7-2 所示。

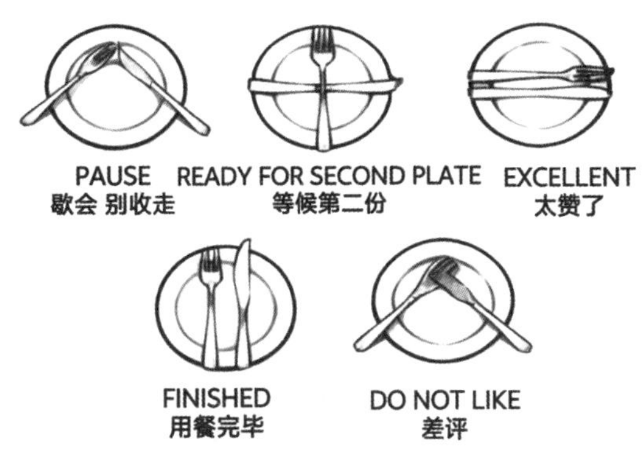

图 7-2 刀叉的摆法

图片来源：由触手 AI 生成。

3.喝汤技巧

握持勺子的方式类似于握笔。在喝汤时，右手握住勺子，由内往外舀取汤汁。当要将勺中的汤送入口中时，应轻轻倾斜勺子再饮用，同时注意不发出声音。当汤碗快见底时，可稍微抬高左手托着碗，然后使用勺子舀取汤汁。在一套完整的西餐用具中，通常会有多种不同功能的刀、叉和勺子等工具。这些工具按照大小和使用顺序排列好后，在用餐过程中需要按照从外往里的顺序依次使用。西餐用具的摆台如图 7-3 所示。

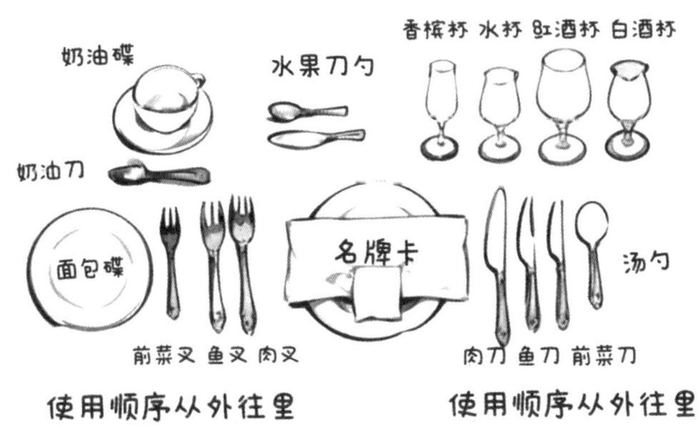

图 7-3 西餐用具的摆台

图片来源：由触手 AI 生成。

餐酒的搭配

在一场正式的西餐中，通常会供应各种酒。这些酒可以按照饮用时间分为三种主要类型，即餐前酒、配餐酒和餐后酒。

餐前酒是在用餐开始前 30 分钟左右时饮用的酒，它的主要作用是开胃，同时也为可能迟到的客人提供一些时间以避免尴尬。饮用餐前酒时，可以随意坐着或走动，在客厅等地方都可享用。理想的餐前酒选择是那些不带甜味且酒精度较低的饮料。这种选择考虑到了甜味饮料中的糖分会降低食欲，并且高酒精度会影响味蕾敏感度。常见的餐前酒包括雪莉酒、干白葡萄酒等。男士们通常会选择马天尼，而女士则更喜欢雪莉酒，这是一种口感清淡的白葡萄酒。对于不太能喝酒的男士来说，低度数的鸡尾酒是一个不错的选择。即使不喝酒，也应该喝一杯矿泉水或可乐之类的饮料。

配餐酒是在进餐时享用的与主菜搭配的饮品，通常选择葡萄酒。葡萄酒按照颜色划分，可分为红葡萄酒、白葡萄酒和粉红葡萄酒三种。红葡萄酒适合搭配红肉食物，如牛肉、羊肉和猪肉，应避免加冰饮用。白葡萄酒则适宜搭配白肉食物，如鱼肉和鸡肉，需冷藏后享用。红葡萄酒和白葡萄酒开瓶后无法保存，建议选择同一种品牌共饮，并尽量在当次饮完。一般来说，每位客人宜饮用三杯配餐酒。

用餐结束后享用的是餐后酒，旨在帮助消化。常见的选择包括白兰地、波特酒、雪莉酒和利口酒。用手心温杯有助于餐后酒散发其香醇味道。可在白兰地中加入少许糖或咖啡，但不宜添牛奶。

拓展阅读
初学品酒理论

（三）进餐顺序

西餐进餐的顺序具体如表 7-1 所示。

表 7-1　西餐进餐的顺序

进餐顺序	菜品	描述
1	头盘：开胃菜	通常作为正式西餐的第一道菜，旨在刺激味蕾、增强食欲，多由蔬菜、水果、海鲜和肉组成。常见的开胃菜包括熏鲑鱼、奶油鸡酥盒、焗蜗牛等
2	汤：冷汤、清汤、奶油汤、蔬菜汤	西餐中的汤多样且精致，有冷汤、清汤、奶油汤、蔬菜汤四大类，常在开胃菜之后继续享用。常见种类有牛尾清汤、美式蛤蜊汤、意式蔬菜汤、俄式罗宋汤、法式葱头汤等

续表

进餐顺序	菜品	描述
3	副菜:海鲜和鸡肉	开胃菜和主菜之间的过渡,一般选用海鲜和白肉。常见的副菜有腌三文鱼、红酒鹅肝、奶酪汁龙虾等,制作精致且口感丰富
4	主菜:精美的肉、禽类菜肴	整顿西餐的焦点,代表着用餐的档次。主菜有冷菜和热菜之分,但一般以热菜为主。肉类菜肴最有代表性的是牛肉或牛排。禽类菜肴的原料取自鸡、鸭、鹅,对应不同口味偏好和料理风格,最常见的是鸡。西餐中常见的主菜有惠灵顿牛排、西式烤排骨、挪威烤鲑鱼等
5	蔬菜:沙拉	蔬菜类菜肴以沙拉形式呈现,常被当作主菜的附属,增添清新口感。常见沙拉有华尔道夫沙拉、鲜蔬沙拉等,通常由生菜、番茄、黄瓜等蔬菜组成
6	甜点	甜点标志着用餐的尾声,常由布丁、冰激凌、水果等构成。甜点主要成分是糖,糖曾经在欧洲是非常奢华的食品。在以前的欧洲,用餐尾声的甜点被当作是宴请宾客的最高礼遇,后被作为宴客礼遇的传统延续至今,代表着用餐的完美收场
7	饮品类:热饮	通常被视为一次用餐结束的标志,在一些非正式场合,热饮常被包含在甜品里。常见的热饮有红茶、卡布奇诺、意式浓缩咖啡等

第三节　宴会礼仪

一、筹备宴会

(一)宴会准备

1.宴请名义

为确保宴会顺利举办,首先需明确主办单位、邀请对象以及宾主身份等关键信息。宴请名义的设定应根据主客双方地位而定,以确保宾主角色相对应,相互尊重。在我国,正式大型活动通常由个人发出邀请,而日常小型聚会视情况可由个人或以夫妇名义邀请。

2.宴请范围

需考虑邀请哪些方面的人士、什么级别的人士、请多少人、主方请多少人作陪等，以便确定出席宴会的人数、宴会的桌数。这些都需要事先从宴请的性质、主宾身份、国际惯例、双方关系以及当前的政治经济形势等方面加以考虑。

3.宴请形式

在确定宴会的规格、菜品种类等方面，通常正式、规模较大、人数较少时适合选择宴会形式，而若规模庞大则更适合冷宴或酒会。

（二）宴请日期和地点

在确定日期之前，务必熟悉宾客的文化传统，包括但不限于宗教信仰等。需要了解客人的生活习惯，以及他们可能有的特殊需求。确定日期时还应当尽量避开公共节假日、对方民族的重大节假日、有重要活动或禁忌的日子。邀请者根据应邀者安排宴请，做到主随客便。在正式的宴会中，用餐时间通常为1.5～2小时；非正式的宴会或家庭聚餐约1小时；便餐仅需30分钟左右。这种时间分配能够确保宾客在品尝美食的同时不感到匆忙或时间过长。在挑选宴请地点时，要综合考虑客人社会地位、宴会类型等因素，同时尽量选择较为熟悉的地点举办宴会。

（三）发放邀请函

一般来说，各种宴请活动均会发邀请函。这不仅是礼貌之举，同时也可以起到提醒客人的作用。一般来说，邀请函应该提前一至两周寄出，对于重要的宴会可能需要提前三周甚至一个月，这样被邀请者就有足够的时间安排计划。邀请函的格式要求简单清晰：姓名、单位、节日等内容需使用全称，文中不使用标点符号。在中文邀请函中，不直接提及被邀请者的名字，而是将其写在信封上，落款处则清楚标明主人的姓名。邀请函可以打印，也可以手写，手写更显诚挚正式，需要注意字迹清晰、端正。为了确保对出席人员有准确的了解，应要求被邀请者回复是否参加宴会。因此，邀请函中可采用两种回复方式：一是要求回复是否参加，可在函件上标注法语缩写“R.S.V.P”（敬请回复）；二是如果只需要回复不参加，则应在函件上标注“Regrets only”（无法参加请回复），并留下联系电话以便对方确认。

（四）现场布置

为了营造正式、庄重、高雅的氛围，官方活动场所的布置需谨慎考虑。不宜采用过于花哨的霓虹灯等装饰，可适量点缀鲜花、盆景或刻花。桌椅应合理摆放，避免客人行坐不便或受到挤压。桌椅间距应保持约60 cm左右，餐桌桌布超出边缘约20 cm为宜。需要留意现场细节布置，避免窗外、门外的风吹到客人，光线直射到客人脸上，或桌上鲜花正好摆在客人面前，阻碍客人视线。鲜花和蜡烛可增加气氛，但应适量使用，切忌过多。

餐具摆放在一场宴会中也十分重要。为了匹配宴会人数和菜品数量，务必准备充足的餐具。所有餐具都必须保持干净卫生；餐巾和桌布要经过漂洗，确保洁白无瑕；玻璃杯、酒杯、筷子、刀叉、碗碟务必清洗彻底并擦亮表面。

（五）座次安排

根据礼仪规范，座次安排的总体原则是应遵循礼宾次序，并具有一定灵活性，以增进友谊和便于席间交流。座位的安排涉及社交礼节，男女主人应对坐在桌椅两端，男女宾客相隔而坐，夫妇分开坐。桌位较多的情况下，入座先从主桌开始，其他桌陆续入座，也可以等主桌以外的客人都已坐定，主桌人员再入座。

（六）宴会服务

1.迎宾

商务环境中的迎宾通常从大门口开始组织人员接待。当客人到来时，双方互相握手致意，随后由主人领客人前往休息厅。休息厅内应有专人招待客人，或由其他接待人员陪同交谈。

2.致辞

商务宴请流程通常包括致辞，用以欢迎来宾并介绍他们。在非正式宴请中，主要宾客可能只会互相进行简短的介绍，然后便开始就餐。

3.祝酒

商务宴请中的祝酒环节是必不可少的，其时间安排可以根据具体情况灵活调整。在中国的传统习惯中，通常在宴会开始前由主人致辞，并由客人致答辞。致辞时，全场应停止一切活动，倾听致辞者讲话并共同举杯，与同桌其他客人相互碰杯。这一环节标志着宴会正式拉开帷幕。而在西方国家，通常将致辞和祝酒安排在热菜上桌后、甜点上桌前进行。

4.用餐

主持宴会时，主人需确保活动的流畅性和氛围的融洽。可以适时引导谈话话题，以确保交流不会冷场。此外，还应关注主要宾客的饮食偏好，掌握用餐速度。

（七）结束送别

1.支付账单

商务宴会礼仪中，支付账单也是一个重要部分。通常情况下，应避免让客人结账；优雅地付款，请勿在宾客面前与餐厅讨论优惠券、折扣等问题，最好是尽量避开宾客来结账；一般由男士来支付账单。

2.送客

当客人准备离开时，应礼貌地为其拉开座椅；递上衣帽，并在客人穿戴时提供协助，注意提醒客人查看是否忘带个人物品；微笑向客人告别；及时检查客人是否遗漏物品，如发现应立即归还给客人。

二、出席宴会

（一）回复

接到宴会邀请，应尽早答复主人能否出席，以便主人安排，若不能出席，应尽早向主人解释并致歉。按照我国的习惯，赴宴一般应提前3～5分钟或按主人要求的时间到达。

（二）着装

在正式商务宴会中，参与者应当格外留意个人仪表，确保整洁得体。尤其是在受邀参加涉外商务宴会或西式晚宴时，穿着至关重要。男士应当穿着深色西装套装，而女士则可选择穿着晚礼服或传统的中式旗袍。

（三）抵达

接受商务宴请时，应当严格按照邀请函中规定的时间抵达，不宜过早。略微推迟几分钟抵达宴会地点是可取的，这样有助于给主人留下足够的准备时间。在到达主人家之际，可考虑依照当地传统风俗赠送一些小礼物，比如水果、香槟、花束等。在西方，人们更偏爱单数的花朵，而在东方，人们更倾向于收到双数的花朵。

（四）入席

入席前务必了解自己的座次和位置，最好按规定就位。若没有指定座位，可听从主人安排，且应注意礼让他人。就座时，应等待主人和贵宾就座后再就座，或与大家同时就座。男性需留意，若旁边有长者或女士，应主动帮忙拉开椅子，助其入座。

（五）就餐

在进餐时，请务必留意自身的言谈举止，因为不同文化背景下的人们，对待进餐的态度和方式可能截然不同。此外，不同地域的饮食口味也会有较大的差异。即使遇到自己不太习惯的菜品，也要始终保持礼貌与友好，并展现出对他人饮食文化的尊重。这种尊重不仅仅是对于食物本身的尊重，更是对他人习俗和传统的尊重，可以体现开放的心态和对多元文化的包容。

（六）离席

一般来说，酒会和茶会的持续时间较长，通常都超过两个小时。有时候，我们或许在转了几圈、认识一些人后，就想结束社交。在这种情况下，需要了解一些中途离席的技巧。在一场宴会正处于热闹之际时，如果有人突然想要离开，结果可能会导致其他人也纷纷离开，让主办者感到焦急不安。为了避免这种尴尬局面，当需要提前离开时，无须与每个谈话圈中的人一一告别，只需悄悄地向身旁的两三人道别，然后悄悄地离开即可。需注意务必向宴会主人致歉，说明缘由，切勿匆匆离去。与主人打好招呼后，应立即离开，不应再另起话题，同主人闲聊。因为主人事务繁忙，还有其他客人需要招待，占用主人太多时间，是不礼貌的。

知识链接 7-6

不同文化中的饮食礼仪

扫码阅读

三、商务工作餐

（一）概述

商务工作餐指的是合作伙伴之间为了保持联系、交换信息或洽谈生意而进行的一种商务聚会。此类餐宴与正式宴会或普通社交聚会不同，更注重促进业务合作，营造友好、和谐、轻松的用餐氛围，而非注重形式和高档次。

商务合作强调务实、高效，工作餐也是如此，其最大特色在于经济实惠、节省时间。因此，工作餐通常规模较小，不像其他宴席那般排场豪华且出席人数众多。实际上，工作餐是商务沟通的延伸，侧重于利用用餐时间处理未解决的工作事务，故参与者仅限双方重要业务代表。工作餐的参与人数最好控制在10人以内，非工作相关人员（如配偶、子女、亲友等）不宜出席。

工作餐的高效体现在时间安排上。通常工作餐安排在中午的工作间歇时间，避免占用周末和假日，让参与者不需为公务牺牲私人时间。一般情况下，工作餐就餐时间控制在1小时左右比较合适，不宜超过2小时，除非有特殊情况。

工作餐的地点选择十分自由，无须发送邀请函或安排座位次序。通常情况下，只要双方认为有必要一起商讨业务或项目并交换意见，就可以在附近找个合适的场所吃工作餐。工作餐的地点多种多样，可在餐馆、旅馆、特色餐厅、咖啡店、快餐店等地进行。若当天时间不合适，也可以经过协商在其他适宜时段安排。

一般而言，工作餐的支付方式有两种：主人付费和“AA制”。我国较常见的是主人付费，即由主办者在用餐结束后结账。“AA制”则多见于西方商界，指双方平摊费用。若选择“AA制”支付，需事先达成一致意见。无论采取何种方式，都应顺应当地风俗习惯，灵活协商，彼此达成共识。

（二）安排工作餐

在安排工作餐时，虽然无须花费过多时间和精力进行细致策划，但仍应特别留意选择合适的就餐地点，安排好相关事宜。在选择地点时，务必考虑客商的身份特征和需求，旨在营造轻松愉悦的交谈氛围。优雅的环境有助于使对方体会到尊重、认真和诚意，因此应尽量选择较为高级的餐厅。

确定场所后，要及时准确地告知客商就餐时间和地点。仅告知餐厅名字是不够的，还需提供详细地址，以体现主办方的周到细致和体贴入微。作为主人，应早于客人至少10分钟抵达餐厅，并请专人在门口接待，引领客人就座。

点菜时务必考虑客商喜好，避免触及禁忌，最好先征求他们的看法。尤其是在对待少数民族或有宗教信仰的外商时，应尊重其特殊习惯。商务人员要牢记，丰盛的餐点是次要的，主办方的真诚热情才是最重要的。

（三）出席工作餐

在受邀参加商务工作餐时，务必准时抵达，除非有特殊情况，否则不可缺席。为避免路上耽搁，应提前出发，确保准时到达指定地点。若确有急事需提早离席，见面时应提前告知主人，使其有所准备。切忌频繁查看时间，以免干扰会谈氛围。对可能涉及的工作议题要提前做好准备，不明确的政策或数据要查阅相关文件资料，以便能在会谈中应对自如，展现出对业务的熟练，在对方心目中塑造良好的形象。

在商务聚餐中，虽非所有话题都必须涉及工作事务，但要注意并不可以热情畅谈所有话题。应当慎重选择话题，避免过多涉及客户个人生活或其公司的私密信息。例如，应避免在有离婚经历者面前大谈婚姻问题，或者因为对方公司业绩亮眼便过问其薪水、奖金等。尤其应注意，不可谈论政治敏感话题。

四、商务酒会

（一）策划酒会

酒会源自西方，是一种简单的招待方式，仅供应少量酒水和点心。商务酒会可分为两类：鸡尾酒会；正餐后聚会，其中包含舞会和夜宴。

鸡尾酒会是较为正式的社交活动，通常在下午6点或6点半开始，持续约2个小时。酒会提供冷菜，因此也可称为冷餐会。酒会上可以只提供一种酒，如雪利酒、香槟、葡萄酒；还可以提供开胃酒或烈性酒；至少需要提供一种无酒精饮料。酒会上的食品往往简便易取，但取用时间有明确限制。酒会参与人数少的有十几人，多的有上百人，根据场地规模调整。

正餐后聚会一般于晚间9点开始，无具体结束时间要求，在邀请时通常不直接称为“酒会”，而多称为“聚会”或“家庭招待会”。若有舞会，需在请柬上明示，提示客人做好跳舞的准备。这种聚会意味着晚餐后再次聚首，因此食品供应较少，但大型或正式活动可能提供夜宵。饮料方面与鸡尾酒会相似，但是不会提供雪利酒。

无论哪种类型的聚会，都需要主办者精心策划准备。

1.确定主题

在举办酒会之前，应确定一个特定主题。这样的主题将使参与者能够探索不同的酿酒风格、地域文化和产区背景，促进友谊的建立，有助于未来进行更紧密的合作和交流。选择恰当的主题是品酒活动成功的关键。

2.场地大小

在筹办酒会时，场地的选择至关重要。无论何种形式的聚会，噪声和通风情况是应该考虑的主要因素。场地应根据参与者的特点、身份、数量和年龄来挑选，既不能太拥挤，也不可显得空旷冷清。如果在个人住所举办酒会，可以充分利用与主厅相邻的房间，让人群自然分散，喜欢热闹者可以继续聚集，有其他喜好的人可选择静谧之处或外出透气。此外，必须提供足够的座椅给客人，并在自助餐桌周围摆放一些椅子。

3.现场布置

在酒会场地中心，可摆放一张较大的自助餐桌，盖上白色桌布，摆放充足的各式酒杯。另外，应准备餐巾纸、各种配酒点心、方便取用的香烟，摆放在大小适当的容器中。烟灰缸需要深而宽，随处放置。在较深的烟灰缸里，应铺上一层沙子以避免异味产生。

4.礼貌邀请

通常情况下,酒会邀请可通过发送请柬或电话来进行。专门设计的请柬可体现聚会的正式性和规模性。如果是小型酒会,比如有十几位客人参加,直接打电话邀请即可。需要注意的是,在口头邀请时不应使用“鸡尾酒会”这个词语,可以用更礼貌的方式表达,如“本周五朋友们小聚一下,您能否赏光”。除非聚会规模很小,否则邀请应至少提前一周发出,同时被邀请者也应及时回复以表示对主办方的尊重。

5.备好食品

在酒会上,不管选择何种适宜的饮料,最关键的是要确保数量充足,最好超过实际所需的数量。在确定酒水需求时,需明白以下事项:一瓶雪利酒可斟倒约12杯;一瓶威士忌可斟倒约20杯;标准容量(0.7升)的葡萄酒,可斟倒约6杯;1升装葡萄酒,可斟倒约9杯。单一酒类供应时,如雪利酒会,应先斟在酒杯里再放在托盘上端给客人。有多种酒水选择时,使用一个吧台更为方便。搭建这种吧台仅需一张普通桌子,盖上毡垫或厚亚麻布即可。但无论何种形式,酒都应该摆放在大多数人容易拿取的位置。

为了确保酒会的质量,必须准备多种无酒精饮料,例如果汁、菠萝啤和矿泉水等。这些饮料在调制鸡尾酒时不可或缺,因此供应需充足。另外,冰块也必须备足。除此之外,还应备好纯净水,以满足那些喜欢稀释饮料的人的需求。

即使是小型家庭鸡尾酒会,也应备有小吃,以免宾客挨饿或因空腹饮酒而不适。因此,鸡尾酒会开始时就应提供各种小吃。适合鸡尾酒会的小吃包括果仁、软饼、泡菜(洋葱、小黄瓜、橄榄等)、长面包、切成四块的三明治、奶酪条和热香肠等。这些食物可手持食用或用牙签挑食;可盛于盘中端上,或者放在盘内由客人自取。果仁和软饼等可以放在碗里,放在房间各处。

(二)商务酒会礼仪

商业人士参与商务酒会和主办这类活动的机会很多。因此,有必要了解商务酒会的特点以及其中所涉及的各种礼仪规范。

1.商务酒会的特点

时间灵活:受邀参加酒会时,客人可以自由掌握到场和离场的时间,无须像正式宴会那样严格遵守时间要求。

着装自由:参加酒会时,除非主办方有具体要求,参与者在服装和打扮上无须讲究太多,只需保持干净整洁、得体简约即可。女性的妆容应避免过分张扬和过于艳丽。

不设座次:多数酒会没有固定的座位安排,更不需设置桌次或座次。参与者主要以站立形式品尝美食、交谈。当然,现场通常会摆放一些椅子供客人暂时休息。

自助餐饮:不同于正式宴会,酒会上提供的各种饮料、小吃等可按照口味和需要自行取用,也可以向经常在客人中间穿梭的侍者取用。因此,出席者可以随心所欲地选择,而不必拘泥于传统规矩。

2.出席商务酒会的礼仪

在参加宴会时,务必遵循相关礼仪规范,以免引发不必要的冲突和误解。商务人员应当牢记以下几点。

避免擅自做主:未事先与主办方协商,尤其是未与女主人协商,就擅自携带一个或多个朋友参加宴会,这种行为是十分失礼的,即使是在规模较大、非正式的聚会中也同样如此。这样做是对对方的不尊重,可能有损自己的形象,甚至可能导致后续交往难以进行。

拒绝肆意强取:虽然宴会上供应的食品种类不多,但取食仍需有次序。在用餐或品尝美食时,无论是到餐台取食还是从侍者手中的托盘中挑选美酒或饮料,都应该遵循秩序,彬彬有礼,有序排队,绝不可插队、争抢或擅自取用。

忌贪多浪费:在选择小食时,无论是否喜欢,是否尝过,每次只取一小份即可。如果味道合口味,可以再次取用。切勿贪得无厌,过度取用,导致食物浪费。最好能将取来的食物吃光,在宴会上浪费食物会引发他人的不满。

切勿只注重饮食:参加宴会的目的不仅仅是享用美食、娱乐,更重要的是与其他商界人士交流沟通,建立融洽的人际关系,为未来业务合作奠定基础。因此,不应只想着进食,吃饱就走,而忽略与他人的互动。

禁止带走食物:宴会上提供的小食和各类美酒,只能在现场自由取用,绝不可私自携带离场。

(三)酒会告辞的礼仪

鸡尾酒会告辞的礼仪十分重要。身为客人,应当根据请柬上注明的结束时间起身告辞;若是口头邀请且未提及结束时间时,通常可视为两小时后结束。商务人士参加此类活动需善于察言观色,准确把握离场时机。正餐后的酒会结束时间通常在午夜前后,如果是周末举办,那么可稍作延迟。一般而言,除非是主人亲近的朋友,客人不应在酒会接近尾声时仍然逗留。

在任何类型的酒会上,离开前都应当亲自向女主人道谢,这是基本礼貌。如有不得已要提早告辞,应低调致谢,避免引起他人注意,避免让其他客人误以为也该离开了。虽然参加鸡尾酒会或正餐后的酒会并无义务向女主人书面致谢,但若是这么做会让人很感动。由于这并非强制性规定,因此更显珍贵。

案例分析

一次,李鸿章请法国人吃饺子。法国人没吃过中餐,心想李鸿章怎么吃我们就怎么吃。李鸿章先用筷子夹了一个饺子,一不小心,饺子掉到酒杯里,李鸿章便夹起放在嘴里。法国人看了,都学李鸿章的样子,用筷子把饺子夹起来,然后掉到酒杯里,再夹起来吃。

李鸿章接着吃面条,他想到刚才法国人学他吃饺子的样子,心里觉得好笑,忍不住笑,"扑哧"一下,半根面条从他的鼻孔喷了出来,法国人看了,连声赞叹道:"中餐的吃法太奇妙了,这一招我们学不来!"

请思考:

我们在与外宾用餐时应注重哪些礼仪?

分析:

每个地方都有不同的风俗习惯,要入乡随俗。自己遇到不懂的或者他人遇到不会的,要礼貌询问,或者耐心解答。

思考题

1.有哪些宴请形式可选择?

2.商务宴请筹备时需要特别留意什么事项?

3.接受商务宴请时,应该遵循哪些礼节?

4.简单概括一下西餐用餐的礼仪规范。

5.工作餐通常有哪些特点?

6.出席商务酒会时需要注意哪些礼仪规范?

第八章　求职面试礼仪

学习目标

知识目标

1.了解求职面试礼仪的基本概念。

2.熟悉求职面试的基本流程和规范。

3.掌握面试过程中的沟通技巧。

能力目标

1.能够塑造适合自己的专业形象。

2.能够与他人进行有效沟通。

3.培养自信心。

素养目标

1.塑造良好的职业形象。

2.展现优秀的职业素养。

3.展现出色的沟通能力。

知识图谱

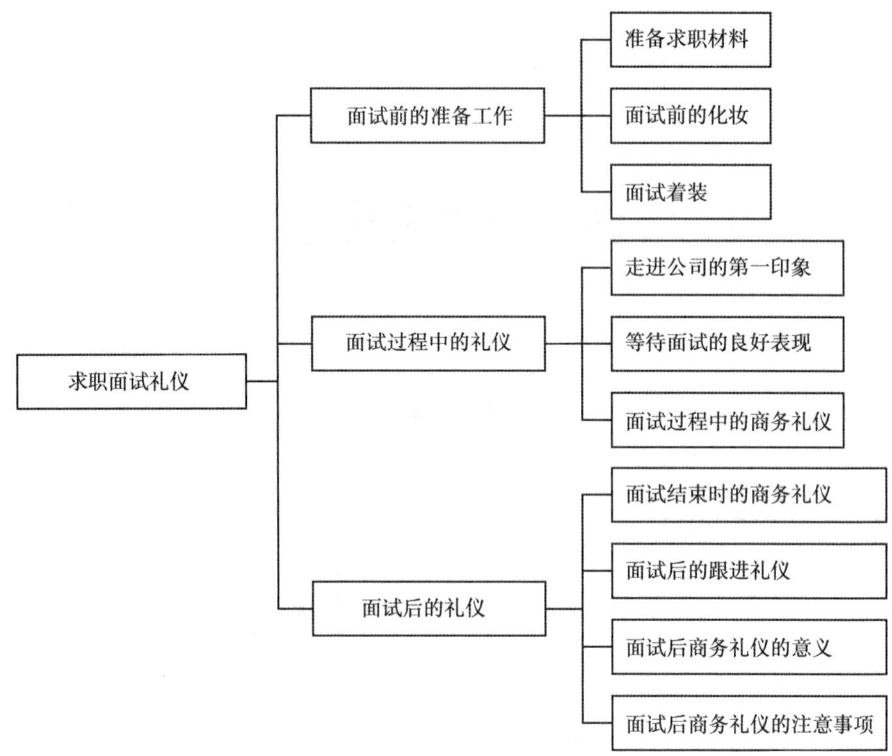

引导案例

克服紧张和树立自信

大学生张某即将毕业，第一求职意向是某知名会计师事务所，经过层层筛选，他如愿进入最后一轮面试，也就是要去见事务所的合伙人。能经过激烈的竞争，“杀出重围”见到合伙人，实属不易。然而，在见合伙人的时候，他特别紧张，叫错了合伙人的名字，并且临走时把包忘在了合伙人的办公室里；在英文面试时，他重复一个英文单词数遍，唯恐对方听不清楚，直至合伙人打断并说明已经明白了他的意思，他才明白该适可而止。结果是，这家会计师事务所并未录用他。

李同学在某集团总部面试时，面试官问他对集团了解多少。他想了半分钟然后说道：“我接到面试通知时还没来得及查看集团的资料，所以不太了解。”面试官对他说：“我们招人自然希望他是了解集团基本情况的，你还是回去再多了解了解吧。”

分析：

从上面的案例中可以看出，张同学精神紧张、缺乏自信，最后没能面试成功；

李同学对用人单位缺乏了解，答不出常规问题。要想在面试中脱颖而出，给招聘人员留下深刻的印象，就要克服紧张、建立自信。要想自信，就必须知己知彼，对自己和用人单位都有客观的认识。求职应聘是一个了解自己、了解用人单位，向用人单位展示自己能力与素质的面对面接触的过程。只有做好了充分的准备，才能用特色和真才实学为自己铺就成功之路。

（资料来源：http：//www.ychr.com/htm/20061128161440.Html。）

近年来，应届毕业生几乎每年都超过 1000 万人，国家提出了要强化促进青年就业政策举措，优化就业创业指导服务，抓住关键、打通堵点，精心护航高校毕业生就业，为年轻人铺就奋斗出彩之路。本章从如何写求职信谈起，从着装、谈吐、心态等方面介绍如何进行面试准备工作和如何进行面试。

无论是新毕业的大学生还是久经沙场的职业人士，求职、跳槽都是一定会面临的事情。即使永远不需要被别人面试，也可能在某些时候需要面试别人，其中的礼仪不可不知。

第一节 面试前的准备工作

一、准备求职材料

现在大多数企业的招聘，安排面试的依据是反映求职者情况的书面材料，通过这些书面材料来判断和评价求职者的学习成绩、工作潜力。因此，对于刚刚毕业的大学生来说，若想迈好走出校园的第一步，在众多的求职者中脱颖而出，就要懂得求职材料的相关要求。

（一）求职信的要求

1.有针对性

撰写求职信之前，一定要仔细研究用人单位的状况与招聘要求，然后再有针对性地撰写求职信和简历。专业的人才网站均提供免费、格式化的简历模板供求职者使用，但很多求职者在应聘不同公司时用的都是同样的简历，没有任何针对性，甚至连要申请的职位都没有明确注明。杂乱无章的简历很难引起招聘负责人的兴趣。

目标公司所属行业的发展前景，以及目标公司的现状和发展前景、用人制度、企业文化、人际关系等都是应聘时需要关注的因素，尤其是对目标公司的选才要求和用人标准一定要仔细研究，然后有针对性和目标性地撰写简历和求职信。

2.简明扼要，重点突出

简历忌“繁”，与公司用人条件吻合的内容要重点强调，与用人标准无关的内容则要相对简化或者删除。比如，公司要招的是计算机程序员，如果应聘者有“钢琴八级”的技能，简单写在“兴趣爱好”一栏即可，不需要再继续深入表述了。如果应聘的岗位是自动钢琴程序设计员，在重要位置写上这项内容就很有必要的了。

发送简历的时候，一定先看清楚用人单位的简历发送要求。如果用人单位拒收附件，那么所有内容都必须写在邮件正文当中。另外要强调的是，在电子邮件的主题栏内一定要明确写出姓名和应聘职位，如“×××应聘计算机程序员”。

3.认真处理细节

简历和求职信决定了求职者能否获得面试机会，因此，要格外重视简历上的细节。除了不能出现错别字和病句之外，格式和排版也能够反映求职者的认真程度以及条理性、艺术性和创造性。

照片比较容易引起招聘主管的注意，如果随便拍一张照片的话，可能就会输在第一印象上。拍摄简历照片需要注意以下几点。

(1)尽量与自己的原貌相符，不要有太大差距。毕业5年以内的求职者可以用毕业时拍摄的照片，若超过5年就尽量使用近期照片。

(2)精神焕发，不要萎靡不振。

(3)化淡妆、发型整洁，避免浓妆艳抹或蓬头垢面。

(4)服装款式尽量与应聘岗位的工作性质相符，看上去比较职业化。

(5)服装平整，不要皱皱巴巴。

(二)中文求职信模板

中文求职信模板如下所示。

尊敬的领导：

您好！

非常感谢您在百忙之中审阅我的材料，谢谢！我是××大学食品化工系有机化工生产技术专业××届的应届毕业生×××。

上大学以后，我努力做到自信、自立、自强，不但努力学习专业知识，而且主动参与各种社会实践。经过大学四年的学习和社会实践，我具备了扎实的专业基础知识、先进的思想观念、丰富的社会实践技能、突出的工作能力。

诚实正直、勤劳务实是我为人处世的原则。四年的求学生涯使我形成了优良的作风和先进的思想观念，并有了独特的思维方式、和谐的人际关系。我设法让自己变得出色,因此,我时刻注意抓住机会锻炼自己,并时刻思索做好工作的方法。我是一个有能力而且有团队精神的人,能很快地适应一个新的工作环境,并能在新环境既定的团队中做好工作。

我渴望能在贵公司找到一份合适的工作,为贵公司贡献一份力量,恳请您给我加入贵公司的机会,我有信心、有能力成为一名出色的员工。期望我能符合贵公司的要求,也期望贵公司能选择我。为了方便您更详细地了解我的情况,请审阅我呈上的简历以及相关材料,期待您的回复。祝贵公司事业蒸蒸日上、硕果累累!

此致

敬礼!

求职人:×××

×年×月×日

二、面试前的化妆

礼仪体现一个人的修养和品位,细节展示一个人的气质和风度,良好的形象是面试成功的必要前提,应做到妆容得体、服饰大方、发型优雅,给面试官留下良好的第一印象。本书第二章对化妆进行了详细介绍,本节重点介绍面试前的化妆。

上妆面试是一种礼仪。男士不必化妆,只要打扮得干干净净即可,女士可以适当化一点淡妆。面试当天一定要早点起床,不仅是为了让自己早点清醒,准备资料,更重要的是可以利用这个时间画个简单的妆容。值得注意的是,参加面试,一定不能浓妆艳抹,淡妆、打扮干净大方即可。

1.底妆

面试妆讲究自然清新的效果,化出一个清透的底妆是面试妆成功的关键。要想化好底妆,首先要选择一款适合自己的粉底,粉底的选择以接近自己皮肤的颜色为佳。眼妆是妆容最重要的部分,最好选用中性色调的眼部彩妆,才不会与肤色形成过于突兀的对比。

2.唇妆

应选用色彩不太鲜艳、也不需经常补妆的淡色唇膏,或者能呈现清新自然感觉的唇彩。

3.面试发型

(1)女性:短发、盘发

短发是女性面试发型的不错选择,它会给人留下干练的感觉。当然,长发也是一个不错的选择。面试发型一定要清爽,如果有刘海,最好把刘海别到耳后,把后面的头发盘起来,把整个脸部露出来,这样能给面试官一种自信的感觉。

(2)男性:露出额头

男士面试时的发型最好要把额头露出来,这样会给人一种清爽、阳刚的感觉。比如将头发剪得短短的,刘海微微烫卷并向一侧梳。

三、面试着装

(一)男士面试着装

1.颜色

男士面试时一般着西装。全身服装的颜色不能超过三种;可选择深色西装、白衬衣、单色领带;鞋子、袜子、公文包最好是黑色;不要穿尼龙丝袜或白袜子。这样从整体上看线条会更流畅,否则会显得杂乱而没有整体感。

2.款式

款式不必很时尚或很流行,简洁大方即可。最重要的是上衣和裤子的搭配一定要合理,整体要讲究统一。可参考的搭配如图 8-1 所示。

图 8-1　可参考的搭配

(二)女士面试着装

1.颜色

藏青或者深灰色的素色西装最为合适,这两种颜色是正统的西装颜色,同时也有利于塑造求职者的干练形象。

2.款式

正装的款式不必太过时尚,大方得体即可。除了正统的双扣西服,三扣西服也很受年轻人的欢迎。如果不是去金融等行业的公司面试，穿三扣西服也是完全可以的，因为它显得、活泼又不失专业感。

3.面试装扮的整体要求

头发梳理整齐，发型文雅庄重；淡妆；正式、大方得体的服装；指甲不宜过长，保持指甲的洁净，涂的指甲油须为自然色；裙子长度适宜；肤色丝袜，不要有破损；简约、干净的鞋子。

（三）饰品的佩戴

面试的时候，首饰并非绝对不能戴，但要注意从简。耳饰最好是耳钉之类小巧的饰品；手上可以戴手表，最好不要戴太复杂的手链。一身珠光宝气，粗金链、珍珠链都戴在颈上，过度的装饰、太多的点缀，会给人以庸俗之感。合适的首饰会给整体形象加分，佩戴一串清雅的珍珠项链或款式简洁大方的金项链最为适宜。

视频
求职面试礼仪

第二节　面试过程中的礼仪

一、走进公司的第一形象

面试者进入面试单位办公区域的时候，不要四处张望，应径直走到面试区域。手机应记得关机或者调成静音，以免在面试时造成尴尬的局面。

当走进面试单位的办公区域时，若有前台接待人员，则要开门见山，说明来意，让前台接待人员提供指引，走到指定区域落座；若无前台接待人员，则寻找其他工作人员求助，要注意文明用语，“您好”和“谢谢”是必须说的。当面试办公室的门打开时，应有礼貌地说声“打扰了”，然后向面试官们表明自己是来面试的人员，绝不可贸然闯入办公室。第一印象一般 30 秒或者 1 分钟之内形成，并且很难有机会改变，因此我们要特别注意自己的个人形象。

二、等待面试时的良好表现

到达面试地点后，应在等候室耐心、安静地等候，并保持一个良好的坐姿。有的公司会提供一些单位资料，应该仔细阅读一下，先了解基本情况，也可回顾一下自己准备的材料，但不要来回走动，以免给人一种浮躁不安的感觉。若恰巧遇到熟人，要避免旁若无人地大声说话或笑闹。

三、面试过程中的商务礼仪

（一）眼睛

眼睛是心灵的窗户，恰到好处的眼神可以体现出自己的智慧与自信，以及对公司的向往和热情。面试的时候，目光要始终聚焦在面试官身上，这不仅是尊重的表示，也有助于更好地获取一些信息、形成一些默契。

正确的眼神表达应该是：礼貌地正视面试官，注视的部位最好是面试官的鼻眼三角区；目光要平和而有神，专注而有力；如果有多个面试官在场，说话之前要适当用目光扫视一下全场的面试官，以示尊重；回答问题前，可以把视线投在对方背后，思考两三秒钟之后，开口回答问题，回答问题时应该把视线收回来。

（二）语言

外在形象是面试的第一张名片，语言是面试的第二张名片，它客观反映了一个人的文化素质和内涵修养。谦虚、诚恳、自信、自然、亲切、热情的谈话态度会让你在面试场合受到欢迎，动人的语言、良好的口才将让你获得成功的机会。

面试时，要在现有的语言水平上，尽可能发挥自己的口才。对面试官所提出的问题要对答如流、妙语连珠，内容要恰到好处、耐人寻味，但不可以夸夸其谈。

（三）微笑

微笑是自信的表现。一个人如果在面试的时候保持微笑，就会给自己带来自信和力量。

微笑是礼貌的象征。面试时微笑极富魅力，能感染面试官，使面试在愉快和谐的气氛中完成。

微笑是友好的表露。面试中保持微笑，能事半功倍，拉近与面试官的心理距离，得到面试官的欣赏与认可。

（四）握手

握手是重要的礼仪，它不仅体现着求职者对面试官的尊重，更是展示求职者个人素质和职业态度的重要方式。以下是面试时握手的一些注意要点。

1.握手的时机与顺序

握手应在双方互相介绍或面试官邀请求职者坐下后进行。在商务会面中，握手的顺序尤为重要。一般来说，应由面试官先伸出手，求职者再与之握手。这体现了对面试官的尊重。如果面试官没有主动握手，求职者可以稍等片刻，观察面试官的反应，再决定是否主动握手。

2.握手的姿势与力度

握手时，应伸出右手，手掌与地面垂直，四指并拢，拇指稍微张开。手臂自然向前伸出，避免过于僵硬或过分松弛。握手的力度应适中，既不过轻也不过重。过轻的握手可能显得缺乏诚意，而过重的握手则可能让人感到不适。适当的力度可以让双方都能感受到彼此的热情和尊重。

3.握手的持续时间

握手的持续时间应根据双方的关系和场合来把握。一般来说，面试时的握手时间应控制在 3～5 秒。时间过短的握手可能显得不够真诚，而时间过长的握手则可能让人感到尴尬。

4.握手的表情与语言

在握手的同时，应保持微笑，与面试官进行眼神交流。这有助于传达出求职者的自信和友好态度。如果可能的话，可以在握手时简短地表达一些问候或感谢的话语，如“您好”“很高兴见到您”“谢谢您的面试机会”等。

5.注意个人卫生

握手前，确保双手清洁且干燥。油腻或湿润的双手可能会给面试官留下不好的印象。如果求职者戴有手套或帽子，应在握手前将其摘下，这同样体现了对面试官的尊重。

总之，面试时的握手礼仪是求职者展示个人素质和职业态度的重要方式。通过遵循上述礼仪规范，求职者能够给面试官留下良好的印象，提升求职成功的可能性。同时，这也体现了求职者对面试的重视和对职业的尊重。

(五)谈吐

1.认真倾听问题

确保完全理解面试官的问题。如果有任何疑问或不明白的地方，应主动向面试官询问，这样可以避免回答偏离主题或给出不相关的信息。

2.保持自信

在回答问题时，保持自信的态度。相信自己能够胜任这个职位，并通过回答来展示能力和经验。同时，避免过于紧张或表现得过于自大。

3.清晰简洁

回答问题时，尽量用简洁明了的语言表达观点，避免冗长和复杂的句子，让面试官能够轻松理解你的回答。同时，注意逻辑性和条理性，使回答更加连贯。

4.展现问题解决能力

面试官往往关注应聘者的问题解决能力。在回答问题时，应展示如何面对挑战、克服困难，以及解决问题的方法和策略。

5.注意身体语言

除了口头回答,身体语言也是面试中重要的沟通方式。应保持坐姿端正,面带微笑,与面试官进行良好的眼神交流。

6.注意语速和音量

保持适当的语速和音量,确保面试官能够清晰地听到你的回答。避免说得太快或太慢,以及声音太小或太大。

7.诚实回答

不要试图编造或夸大事实。诚实地回答每个问题,即使它可能暴露出你的某些不足。面试官更看重诚实和态度。

网络面试礼仪

扫码阅读

第三节　面试后的礼仪

面试是求职过程中的重要环节,它不仅是展示个人能力和素质的机会,也是展现个人修养和礼仪的机会。面试结束并不意味着求职过程的终结,面试后的商务礼仪同样重要,恰当的商务礼仪能够加深面试官对求职者的良好印象,提高求职成功率。

一、面试结束时的商务礼仪

1.表达诚挚的感谢

面试结束时,无论结果如何,都应向面试官表达诚挚的感谢。这既是对面试官辛勤工作的尊重,也是展现个人良好修养和职业素养的重要方式。可以说"非常感谢您给我这次面试的机会,您的提问让我受益匪浅"或者"谢谢您的耐心指导，我会继续努力提升自己的能力”。这样的表达既展现了礼貌，也表达了对这次机会的珍视。

2.询问后续安排

在离开面试室前，可以礼貌地询问面试官后续的安排或通知方式。这有助于求职者更好地规划自己的时间，并体现对求职过程的关注和重视。可以问“请问接下来我应该关注哪些方面的通知或安排”或者“如果有需要补充的材料或信息，我应该如何提供给您”。

3.整理物品，保持环境整洁

离开面试室时，要确保自己的物品都已整理好，不要遗漏任何个人物品。同时，也要注意保持面试环境的整洁，不要留下垃圾或杂物。这既是对面试公司的尊重，也是对自己形象的维护。

二、面试后的跟进礼仪

1.及时发送感谢信

面试结束后，应尽快向面试官发送感谢信。感谢信不仅可以表达自己对面试机会的感激之情，还可以回顾自己在面试中的表现，并强调自己对该职位的热情和期待。在撰写感谢信时，要注意语言简洁明了，重点突出，避免冗长的客套话。

2.适度跟进询问面试结果

如果在面试结束后的一段时间内没有收到任何消息，可以适度地跟进询问面试结果。但是要注意，跟进询问时应保持礼貌和得体，避免给面试官造成不必要的压力或困扰。可以通过电子邮件或电话等方式跟进，但要注意选择合适的时间和方式。

三、面试后商务礼仪的意义

1.体现职业素养

面试后的商务礼仪是求职者职业素养的重要体现。通过遵循礼仪规范，求职者能够展现出自己的专业精神、责任心和敬业精神，给面试官留下深刻的印象。这种职业素养不仅有助于提升求职者的竞争力，还能够为未来的职业发展奠定良好的基础。

2.提升求职成功率

恰当的商务礼仪能够增强面试官对求职者的好感度，从而提高求职成功率。通过发送感谢信、适度跟进询问等方式，求职者能够展现出自己的诚意和积极性，让面试官感受到自己对这个职位的重视和期待。这种积极的态度往往能够赢得面试官的青睐，为求职者赢得更多的机会。

3.建立良好人际关系

面试不仅是求职者和面试官之间的交流过程，也是建立人际关系的过程。通过遵循面试后的商务礼仪，求职者能够与面试官建立良好的关系，为未来的职业发展打下基础。这种人际关系不仅有助于求职者了解更多的职业信息和发展机会，还能够为求职者提供更多的职业支持和帮助。

四、面试后商务礼仪的注意事项

1.礼仪要真诚自然

面试后的商务礼仪应真诚自然，避免过分做作或虚假。求职者应发自内心地表达感谢和敬意，而不是为了应付而流于形式。同时，也要注意不要过分追求形式上的完美而忽略了礼仪的本质。

2.注意细节，尊重他人

在面试后，求职者应注意细节，尊重他人。例如，在发送感谢信时，要注意检查邮件的格式、拼写和语法等细节；在跟进询问时，要注意选择合适的时间和方式，避免打扰面试官的工作或休息。这既是对面试官的尊重，也体现了求职者的细心和礼貌。

3.保持自信和乐观态度

面试后的商务礼仪不仅展现了求职者的职业素养和修养，也体现了求职者自信和乐观的态度。无论面试结果如何，求职者都应保持自信和乐观的态度，积极面对未来的挑战和机遇。

总之，面试后的商务礼仪是求职过程中的重要环节，它关乎求职者的形象和未来的职业发展。通过遵循礼仪规范、真诚自然地表达感谢和敬意、注意细节并尊重他人、保持自信和乐观态度等，求职者能够展现自己的职业素养和修养，提升求职成功率，为未来的职业发展奠定坚实的基础。因此，应该充分重视并认真实践面试后的商务礼仪，让每一次面试都成为助力职业发展的机会。同时，我们也要不断反思和提升自己的能力和素质，为未来的职业发展做好充分的准备。

案例分析

在一次重要的公司面试中，李华表现出色，给面试官留下了深刻的印象。

面试当天，李华提前十分钟到达公司，这体现了他守时的品质和对面试的重视。他身着整洁的西装，搭配简约的领带和皮鞋，整体形象既专业又得体。在等待面试的过程中，他保持安静，没有打扰其他应聘者或工作人员。

当面试官邀请他进入面试室时，李华面带微笑，主动与面试官握手，并礼貌地表示感谢。他坐姿端正，目光与面试官保持交流，回答问题时声音清晰、语速适中。对于面试官的问题，他认真思考后再作答，展现出自己的专业素养和应变能力。在面试过程中，李华还注意倾听面试官的意见，不时点头表示理解和认同。当面试官提出问题时，他积极回应，没有表现出任何不耐烦或敷衍的态度。面试结束后，李华向面试官表达了感谢，并主动询问下一步的流程。最后，他礼貌地告别，并轻轻带上门离开面试室。

这次面试中，李华展现出了良好的面试礼仪，不仅展现了自己的专业素养，还赢得了面试官的尊重和好感。最终，他成功获得了这份工作机会。

请思考：

李华面试成功的原因有哪些？

复习题

1.针对两个不同单位的招聘广告，尝试给自己写两份侧重点不同的简历。

2.如果用人单位通知你明天去面试，你需要做哪些准备？

第九章　办公礼仪

学习目标

知识目标

1.了解办公礼仪的基本要求。

2.熟悉职场中与同事相处的基本礼仪。

3.掌握商务文书撰写的原则。

能力目标

1.掌握办公室公共区域礼仪。

2.掌握职场同事交往礼仪。

3.掌握几种商务礼仪文书撰写方法。

4.践行好办公礼仪，提升企业效能。

素养目标

1.培养良好的职场办公礼仪素养，树立专业商务人士形象。

2.提升个人职业素养，为职业发展奠定良好基础。

3.提升企业效能，增强企业良好文化氛围。

知识图谱

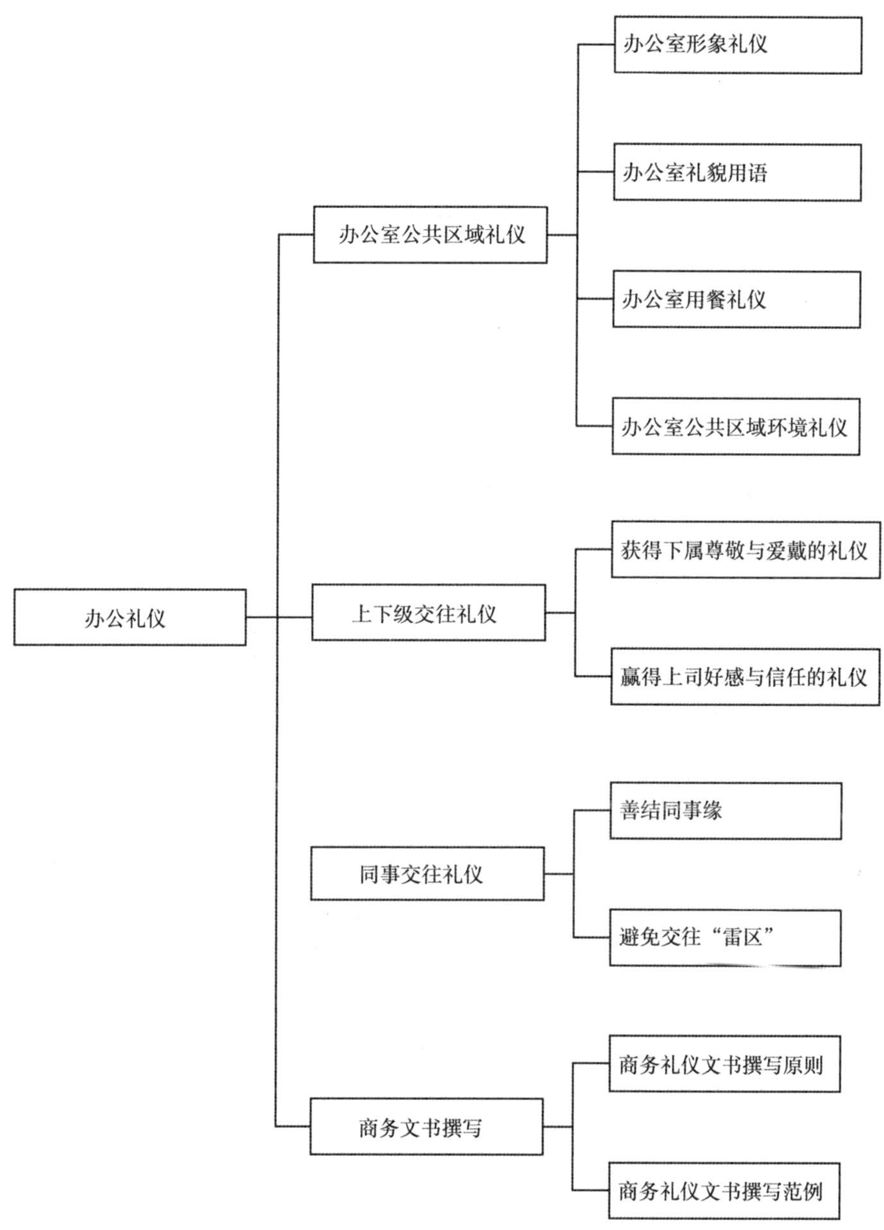
办公礼仪
办公室公共区域礼仪
办公室形象礼仪
办公室礼貌用语
办公室用餐礼仪
办公室公共区域环境礼仪
上下级交往礼仪
获得下属尊敬与爱戴的礼仪
赢得上司好感与信任的礼仪
同事交往礼仪
善结同事缘
避免交往“雷区”
商务文书撰写
商务礼仪文书撰写原则
商务礼仪文书撰写范例

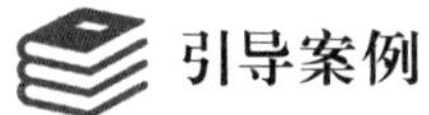

小王职场初体验

小王大学毕业后通过应聘到某医疗用品销售公司担任商务专员，负责与厂家对接产品代理商务事宜。该公司办公场所位于城市中心高档写字楼内，每一位员工都有独立的工位，公司文化氛围营造得很好，福利也很不错，有独立的茶水间并免费为员工提供各种饮料和小点心。

初入职场，小王看到其他同事天天都穿着商务套装，但她觉得公司是一家年轻化的公司，而且自己是刚刚大学毕业的年轻人，穿着商务套装太老气也不时尚，于是特意为自己准备了几套年轻时尚且具有设计感的衣服，有时候是超短裙配廓形棒球服，有时候是短背心配紧身牛仔裤和牛仔外套，有时候为了下班后参加晚上的聚会甚至直接穿皮裙加亮片露肩毛衫来上班。商务部门负责人张主任曾经善意提醒她注意办公室着装，可小王却不以为然，甚至还在茶水间与其他同事吐槽："张主任太土了，完全不懂时尚！不去抓工作却来管我穿衣打扮，多管闲事！"

小王还很"花心思"地把自己的工位按照自己喜欢的风格进行了"装修"：摆上自己珍藏的几十个"手办"，经常在上班的时候点上气味浓烈的香薰蜡烛营造"氛围感"，把办公电脑用可爱的卡通贴纸布置了一番，还把自己的宠物乌龟养在小鱼缸里并放在办公桌上。

一次，一位厂家代表来公司与小王对接代理业务，小王正好在做一份着急要用的数据材料，她和对方打趣地说："李经理，你要等一下了，我这里这个材料老板着急要看，我整理完了再和你聊吧！你要是无聊的话，可以去茶水间喝点饮料，放心，我们公司可大方了，不收你钱！"对方表示自己可以到洽谈室等待，可小王却认为她们之间的沟通应该会很快，不需要去洽谈室，在自己工位上谈就可以，于是让对方站在旁边稍等一下，就回头忙自己的材料，其间还越过几排工位大声地向其他同事请教表格整理的问题。李经理非常尴尬，只能站在边上看自己带来的资料缓解不适感。

请思考：

小王初入职场，有哪些是不符合职场办公礼仪要求的行为？如果你是她的同事，感受如何？如果你是合作厂家代表，你会如何看待这家企业？

办公礼仪是重要的商务礼仪，遵守办公礼仪一方面能提高企业效率，另一方面也能体现企业文化软实力。本章将从办公室公共区域礼仪、上下级交往礼仪、同事交往礼仪以及商务文书撰写四个方面进行具体阐述。

第一节　办公室公共区域礼仪

办公室是处理企业业务的场所，在办公室公共区域遵守相应的礼仪规范，既是对企业文化和企业价值观的认同，也体现了个人的修养。

一、办公室形象礼仪

（一）办公室仪容、仪表

在办公场所首先要遵循商务人士形象的基本要求，得体着装、适度修饰，同时还需要注意个人仪容仪表要符合企业文化。在企业办公场所出现，对外代表了企业形象，对内是部门及个人形象的展示。如果企业在着装、发型、妆容等方面有专门的规范，如有着装、发型、妆容要求等，则需要遵照执行。

职场不是秀场，不要在服饰、配饰、造型上与其他同事进行攀比，不要过于时尚以至于让他人感到另类或难以接受。在配饰上要遵循基本佩戴原则，体现个人品位即可，不宜佩戴过于浮夸或奢华的饰品给人以炫耀之感。

办公室是公共场所，由于空间相对较为封闭且大都采用室内循环通风方式，办公期间不宜使用气味过于浓烈的香水。

（二）办公室仪态

在办公室内应当做到举止大方、体态优雅。办公期间要保持正确坐姿，不要瘫坐、跷二郎腿、抖腿，给人以懒散和粗鲁的感觉；在公共办公区域行走，注意按照习惯靠右行走，体态端正、步履轻盈，不能发出较大声响影响他人，非必要不在办公区域内奔跑，不在非个人工作空间做长时间停留。

出入每间办公室时礼应先敲门，得到应答后再进入，出去的时候随手关门，动作轻缓；进出、上下电梯要遵循尊者优先原则，对同事也应礼让三分；路遇领导、客人，要站定注视、礼貌问候，在遇到同事时也应点头致意、主动问候。

办公交往中，递接物品要起立、双手递接，递接文件等注意将文字正面朝向对方，接递剪刀、签字笔等时应注意不要将锋利的一面朝向他人；为他人指引方向时注意手势规范；招呼同事注意手势文明，不用单指指尖指人。

二、办公室礼貌用语

办公场所要注意使用礼貌用语，准确称呼，巧用称谓，礼貌表达。

(一)准确称呼

称呼他人要准确。称呼领导可以使用职位称呼，如“黄经理”“吴主任”等，注意姓氏和职位准确。称呼其他同事可以用职位、职称称呼，如“王会计”“张工程师”等；也可以视彼此关系亲疏称呼对方姓名，注意异性之间最好不用单字或单名称呼，以免引起他人误会；不认识或不熟悉的同事，可以用“同事”“同志”“先生”“女士”等代称，不能使用“小妹妹”“小哥哥”等过于随意的称呼方式。

(二)巧用称谓

少用“我”字，多用“您”字。即使是熟悉的同事，语言交流同样要体现尊重，应经常说“您认为呢”而不是“我想……”“我认为……”。总是用“我”这样的第一人称称谓，会表达出以自我为中心的意思，让人觉得思想狭隘，没有“大我”的观念，没有把自己和同事、工作联系在一起。所以，语言交流中巧用称谓地表达，恰当地使用“依我拙见”“您的高见”等谦恭的词句，能给人留下有修养的印象。

(三)礼貌表达

工作中与他人沟通，需要使用“您好”“请”“谢谢”等文明用语。与他人交流时还应注意发音清晰、语速适中、语气准确、音量适当(以彼此能清晰听见又不干扰他人工作的音量为宜)，注意表情表达和眼神交流。同事应当在各自岗位职责范围内讲求合作与共进，因此正确表达可以提高工作效率。

三、办公室用餐礼仪

(一)专门场所用餐礼仪

一般来说，用餐应选择在企业公共区域设置的专门场所，如餐厅或茶水室等。在专门场所用餐，一是要遵循用餐时间安排、遵循设施设备使用规范、保持环境卫生；二是注意不在时间、空间上影响他人用餐，不长时间占用座位，不占用较大公共空间，不食用有强烈气味的食物；三是要注意个人用餐卫生，用餐时不随意与他人交流、交换食物，用餐结束后及时清理自己用餐时产生的食物残渣。

(二)非专门场所用餐礼仪

通常不宜在非用餐指定地点的公共办公区域用餐。如没有专门的餐厅或茶水室,但又不可避免地需要在办公室或办公位上用餐时,应当注意以下几个方面:应当选择合适用餐的时间用餐且时间不宜过长,以免影响他人工作或休息;用餐时动作轻缓,注意食物不喷溅,不要发出较大声音;不食用有较大气味的食物;已经打开包装的食物或饮料不要长时间摆放在办公桌上,既不卫生也不美观;不要一边进食一边说话,用餐过程不随意走动,他人用餐时也不打扰;用餐结束后及时清理餐具、桌面、地面等,并做好个人餐后卫生清洁。

四、办公室公共区域环境礼仪

清洁、整齐的办公环境能给人们以舒适、温馨的感觉,既有利于稳定工作时候的心情,产生积极的情绪,又能提高工作效率和业绩,反之则容易让人焦躁,影响工作质量。因此,办公区域特别是公共区域的办公环境需要企业员工共同维护,共同营造好的企业环境和氛围。

(一)工位办公环境礼仪

个人工位要保持干净整洁,桌面物品摆放整齐,一般来说可以摆放一些有利于提高工作效率的文具、用品,但要注意以使用便利和符合企业规范为前提,一些非办公用品(如私人物品或与工作不相关的物品)不建议摆放出来。

短暂离开工位时要保持桌面整齐,座椅要归位,下班或外出等较长时间离开工作岗位的情况下,要关闭电脑,将桌面物品归位,重要的文件、资料和其他物品要妥善收藏保管。

办公室工位布置应考虑的要点

扫码阅读

（二）公共办公区域环境礼仪

自觉保持公共区域环境卫生，不在办公用具、设施设备、门、墙上乱写、乱画、乱贴。

未经邀约或允许，不擅自带外来人员进入办公区域，会谈或接待尽量安排在指定区域。

不得在办公区域吸烟。办公时间不随意走动串门，不扎堆聚集，不闲谈，不在办公区域大声讲话。

进出办公室讲究顺序、礼让他人，开关门要轻拉（推）；进出（上下）电梯不争抢，要注意礼让他人。

在公共区域遇见同事主动问候，不在公共区域谈论与工作无关的话题，更不可以非议他人或事件。

保持卫生间清洁，节约水、电、清洁用品等资源；减少使用一次性用品；提高办公效率，避免办公资源的浪费。

会议室、接待室、茶水间等公共区域使用完毕后要及时清理，方便他人下次使用，离开时要关闭电灯、电脑、投影仪等设备，关好门窗。

第二节　上下级交往礼仪

职场活动中要讲究与上下级交往的礼仪与艺术，上级通过良好的行为和有效的沟通可以获得下属的尊敬与爱戴，下级通过礼貌的表达和正确的行为可以赢得上司的好感与信任。

一、获得下属尊敬与爱戴的礼仪

作为上级，如果过于威严会给人以居高临下、难以亲近的感觉，让下属敬畏并疏远，既不利于职场融洽氛围的营造，也不利于顺畅地开展工作。因此，上级人员要获得下属的尊敬与爱戴，建立和谐顺畅的工作关系，优质高效地完成工作任务，就要注意讲究礼仪的艺术。

视频
与下属沟通的
5个注意事项

（一）平等尊重、合作共赢

无论职位、身份如何，每一个人都是平等的，都应当得到尊重。能够尊重级别低于自己的下属、看到下属的优点与成就是上级人员良好修养的体现，能够平等对待每一位员工、遵循职场机会均等原则是上级人员优秀领导品质的展现。上级人员要认识到每一位成员都是团队不可或缺的一部分，平等尊重下属，这样不仅能获得下属的认同与尊敬，也能够获得其信任，有利于提升团队凝聚力、提高工作效率。

（二）适度批评、适时鼓励

在不恰当的场合、时间，或是缘由不清地批评与指责会让下属难以接受，不但不能起到纠偏的作用，反而会适得其反，令下属产生消极态度，进而影响团队绩效。因此，当下属出现工作上的问题时，上级人员应当全面了解问题产生的原因，考虑解决问题的方法，从企业效益与个人利益出发，据理据实分析，讲究语言艺术，适度批评并给予其改正的机会与方法。

礼仪故事 9-1

拿破仑替士兵站岗

“世界上最宽阔的是海洋，比海洋更宽阔的是天空，比天空更宽阔的是人的胸怀。”拿破仑就具有广阔的胸怀。士兵的错误行为可能导致一场战争的失败，拿破仑作为百万大军的统帅，为了能更好地领导军队，在士兵犯错时批评他们是在所难免的，但是他从来不以盛气凌人的方式指责和批评士兵，而是尽可能地照顾士兵的情绪和感受。

在一次战斗中，由于战争十分艰难，士兵们都很辛苦。拿破仑在夜间巡查的时候，发现有位士兵竟然靠着大树睡着了。他没有大发雷霆，也没有喊醒士兵，而是悄悄地拿起士兵的枪，替他站起了岗。大约半个小时后，那位士兵醒了过来，看到拿破仑正在替自己站岗，吓得手足无措，战战兢兢地看着拿破仑准备挨骂。但让他没有想到的是，拿破仑不但没有生气，反而和蔼地说：“你们作战辛苦，打瞌睡是可以得到宽容和谅解的。但是，目前形势紧张，稍有不慎，我们就可能全军覆没，我正好不困，就替你站了一会儿，下次一定要小心。”说完，拿破仑拍了拍士兵的肩膀并鼓励了一番，然后便离开了。

在犯错误的士兵面前，拿破仑没有摆出统帅的架子，对士兵大声呵斥，而是用他的方式，委婉地批评了士兵，说明了道理。比起严厉的苛责，这样的方式更容易让士兵接受。拿破仑这种宽宏大度的胸怀、包容且不失风范的行为，让其统帅的士兵充满了感激，他也因此赢得了士兵们的爱戴，拥有了能够称霸欧洲的强劲军队。

适时的鼓励能够增强下属工作的积极性。当下属取得成绩或作出贡献时，上级人员应重视其优秀表现，可以通过公开表彰、合理的物质奖励等方式给予肯定和表扬；如果下属工作遇到困难或问题，上级人员更要适时鼓励，并尽可能帮助其解决困难、找到方法，这样的鼓励可以激发个人潜能、提高工作积极性。

（三）施之关爱、荣辱与共

上级对下属的关爱不仅表现在工作上给予指导和帮助，更表现在关注下属个人生活与职业发展。优秀的上级不应当只注重下属的工作绩效，更应当关注其身心健康与能力的提升。雪中送炭是很珍贵的，当下属在生活、工作、情感上遇到困难时，上级主动关心、给予鼓励和帮助，不仅能让下属感受到来自上级和企业的温暖与关怀，更能增进其对上级的信任感和对企业的归属感。团队或下属取得成就，上级应当主动表达祝贺并适度奖励；当下属出现工作失误时，上级管理者也应主动与其共担责任。

投之以桃，报之以李

1929 年，全球经济危机波及日本，松下公司也未能在此次危机中幸免——大量产品销售不出去。更糟糕的是，之前松下公司一次性聘用了大量的员工，他们都成了多余的“闲人”，致使公司的经济负担巨大，甚至可能会将公司拖垮。松下高级管理层反复讨论后，通过了产量减半、雇员减半的提案。

作为松下公司董事长的松下幸之助看完提案后在上面写下这样一段话：“产量即日减半，雇员一个不能少！”之后事情的发展出乎意料，松下公司不仅没有因为多养许多“闲人”而不堪重负，反而因此起死回生。原来，当松下的雇员得知公司董事长坚决不裁掉他们，而且工资还一分不少时，都被深深感动了。为了报答松下幸之助，他们开始全力以赴地为公司努力工作，不分工种，不分部门，大家都自发地当起了销售员，开始积极地帮助公司销售库存产品。结果在短短的三个月时间里，就将堆积如山的库存产品全部销售掉了，松下也因此成为第一个走出经济危机阴影的日本企业，快速地渡过了难关。

无独有偶，民航业廉价航空经营模式的鼻祖——美国西南航空公司，1971 年刚成立时仅有 4 架飞机、70 多名员工，成立后不久就被两家竞争对手以违反《民用航空法》和《航空管制法》为由告上法庭，官司耗时 4 年，虽然以西南航空胜诉告终，但西南航空还是元气大伤。加之西南航空成立之初尚未形成规模效应，官司和廉价模式等因素缠绕在一起，使公司一度陷入财务困境。经测算，西南航空需要通过卖掉一架飞机或裁员渡过财务危机。

员工们听到消息后人心惶惶，认为公司不可能卖掉用来赚钱的飞机。大部分的公司高层也确实主张裁员，除了总裁凯莱赫。凯莱赫说："员工才是公司最大的财富。减少一架飞机的损失可以通过提高其他飞机的利用率来弥补，但员工丧失了工作热情和安全感，是什么都弥补不了的。"最终，西南航空不仅没有裁员，还给员工增加了薪水。西南航空的员工因此对工作更加用心，把原来需要一个多小时的登机、离机及机舱清理工作缩短到30分钟以内，飞机停留机场的时间因此缩短，飞行的次数得以增加，公司扭亏为盈。

凯莱赫将这种模式进一步优化：只开设点对点的中短途航线，通过密集的班次提高飞机的利用率，以低廉的票价和优质的服务赢取市场。根据2005年的统计数据，以载客量为计算依据，西南航空是美国第二大航空公司，连续数十年保持利润增长无亏损，堪称奇迹。

二、赢得上司好感与信任的礼仪

不卑不亢遵循职场规则、谦虚谨慎做好本职工作、察言观色掌握人际技巧，是下级人员赢得上司好感和信任的职场必修课。

(一)不卑不亢遵循职场规则

职场中因为职务高低或分工不同，上下级在身份、地位上是有所差别的，但是在人格上是相对平等的。不卑不亢是指既不因身份地位差别过分卑躬屈膝，也不因功过荣辱而高傲自大或低声下气。遵循职场规则即充分认识每个人承担的责任不同，不逾矩、不莽撞，当出现意见分歧时主动沟通、提出见解；当遇到问题困难时积极寻求支持、勇于承担责任；能够抓住机会展现能力，又不好大喜功贪图小利。

(二)谦虚谨慎做好本职工作

"满招损，谦受益"，谦虚是一种美德。作为下级人员，应保持谦虚，这样容易被上司接纳，同时也是良好职业品质的展现。管理学中著名的帕金森定律认为，为了方便管理，领导者一般不希望自己下属的能力高于自己。因此在职场中，下级人员应具有谦虚的态度和言行，特别是在公众场合，不应因意见相左或不被认同而鲁莽顶撞上司，应以本职工作为核心，认真对待工作要求，待人谦虚，处事谨慎，成为上司喜欢并能够信任的下属。

礼仪故事 9-3

王熙凤的自谦

王熙凤协理宁国府办完丧事之后，丈夫贾琏对她的操劳表示感谢，王熙凤是怎么说的呢？她说："我那里照管得这些事！见识又浅，口角又笨，心肠又直率，人家给个棒槌，我就认作针。脸又软，搁不住人给两句好话，心里就慈悲了。况且又没经历过大事，胆子又小……我是再四推辞，太太断不依，只得从命。"聪明如王熙凤，并没有在自己丈夫面前大肆邀功请赏，而是用一种得体又自谦的方式，巧妙地表达了自己的功劳。

(三)察言观色掌握人际技巧

在职场中，要学会察言观色，既要懂得如何与不同类型的上司相处，又要了解上司喜好，成为其喜欢的下级。要善于从上司的言谈举止以及事件发展势态中把握处事方法，正确领会上司意图、感知其情绪，判断事情的轻重缓急，知道应该说什么做什么以及怎么说怎么做。在工作中多听、多看、多问、多思，积极沟通，及时反馈，勇于承担责任、承认不足，巧妙化解矛盾。当与上司产生意见分歧时，应抓住问题核心以及上司关注的关键点，找准机会提出自己的建议和方法，将决策和选择权交给上司。

第三节　同事交往礼仪

现代职场中的同事关系是一种互惠互利的新型人际关系。无论对方性格、习惯、品行如何，都能够对其礼貌恭敬，与其友好相处，既是自身气度与修养的体现，又是职业活动良好发展的基础。因此，在与同事交往的过程中，要注意言谈举止礼貌规范、交际往来适度得当。

一、善结同事缘

职场中要做到与每一位同事友好相处并不容易，除了要懂得尊敬他人、礼貌恭谦，还要学会保持一定的社交距离，尽可能给予他人帮助，学会欣赏赞美他人，妥善处理意见分歧。

（一）礼貌恭谦

对同事要以礼相待，珍惜彼此能共事的机会，共同维系合作共赢的关系。在职场交往中，礼待他人是现代职场人员必备的良好素质。“克己复礼为仁”，而职场中的“仁”更多地表现在对同事的尊重上，因此，尊重每一位同事是取得工作绩效并营造好的职场氛围的关键，具体表现在尊重隐私、包容不足、欣赏优点、恭敬谦让等方面，这是一种态度，也是一种能力，更是一种美德。

（二）适度交往

同事关系是以工作为纽带的，“远则疏，近则不逊”，所以，把握同事交往的尺度对营造和谐的工作氛围、维系工作同盟情感尤为重要。与同事相处过程中，尽量平等对待每一位同事，与每一位同事保持友好的工作关系，不在工作场合过分亲近一部分人而令其他人感觉被忽视和冷落。恪守工作本分，不属于本职工作范围的资料不随意翻看，不是自己的物品未经允许不随意使用，不利用私人关系打探、讨论与利益相关的信息。在办公区域内，即使是非办公时间也不要闲谈，更不能非议组织、非议领导、非议他人。

（三）真诚赞美

不吝赞美，特别是真诚的赞美，是赢得同事好感的有效方式。善于发现他人的优点和长处，用欣赏的眼光看待同事，既是对自己的鞭策与鼓励，也是职场高情商的体现。真诚地赞美要学会“找不同”，如看到同事优于自己或优于其他人的特点与能力，即找到其与别人的不同；真诚地赞美要学会肯定同事努力的过程而不仅仅是结果；真诚地赞美是发自内心地、深深地、常常地赞美。当然，在接收到来自同事的赞美时，也要学会优雅回应，表示感谢的同时可以将焦点转移到对方，比如感谢其对自己的支持，肯定成绩来自团队的合作，期望未来彼此更好的关系发展。

礼仪故事 9-4

沃恩的赞美

沃恩每年都会受邀参加单位的杂志评审工作，这份工作虽然报酬不多，但确实是一项荣誉，很多人想参加却找不到门路，也有人只参加了一两次，就再也没有机会了。沃恩年年有此殊荣，让大家羡慕不已。

在临近退休时，有人问他其中的奥秘，他微笑着揭开了谜底。他说，专业眼光并不是关键，职位也不是重点，之所以能年年被邀请，是因为他很会给别人面子。他在公开的评审会议上一定会把握一个原则：多称赞、鼓励，少批评。但会议结束之后，他会找来杂志的编辑人员，私底下告诉他们编辑上的缺点。因此，每个人都保住了面子。也正是因为他顾及了别人的面子，所以负责该项业务的人员和杂志的编辑人员都很尊敬、喜欢他，当然也就每年都找他当评审。给对方面子、包容对方的缺点就是沃恩成功的奥秘。

(四)助人者自助

视频
爱出者爱返

在工作交往中，积极主动地帮助他人，既是友好的表达、信任的表现，又可以促进合作与共赢。在自己能力范围内向遇到困难的同事伸出援手，主动帮助新员工尽快融入集体，当其他同事寻求协助时积极响应，都是良好的助人行为。当然，帮助他人不能喧宾夺主，要既量力而行又功成不居。在同事交往中能经常帮助他人，发展良好的同事关系，也能在自己需要援助时获得回馈。当自己在工作中遇到困难或需要他人帮助时，可以礼貌寻求他人的帮助，事后应及时表达感激。

转身

一次，富兰克林和助手外出办事，在办公楼前，看见一位妙龄女郎一不小心跌倒在地上，手上的文件袋也摔得满地都是。这是一位平日里非常注意自己形象的女士，总是穿着端庄、举止得体、言行大方。助手见到这一幕，本能地大步向前，要去帮助她，却被富兰克林一把拉住，并带着他走到了一处隐蔽的墙角躲了起来。

助手一脸不解地欲言又止，但他们看见那位女士环顾四周后起身，快速掸去身上的灰尘，捡起地上的文件夹，很快便恢复了平日的光彩。这时，富兰克林笑着对助手说："小伙子，你难道愿意让别人看见自己摔倒的样子吗？更何况刚刚那位还是一位很注意自身形象的漂亮女士。我们暂时回避，假装没看见这一幕，其实就是在帮助她。"助手听了这番话后，恍然大悟。其实，有些时候，面对别人的窘迫，转身也是一种善意。

(五)妥善处理分歧

同事交往中，难免会因为工作问题或意见不同而出现分歧，如果处理不当，一来会产生误会和隔阂，二来容易影响工作效率。要妥善处理意见分歧、化解矛盾纠纷，首先应当谨慎争论，可以积极表明自己的观点和认识，但不盲目否定他人的看法和分析，当自己的意见和大多数人不同时，更应该及时停止争论；其次，应当转换立场，找到矛盾产生的关键原因，从彼此的立场和角度出发，据实分析，对事不对人，客观理性，不带个人主观情绪。

礼仪故事 9-6

袭人怎么不见了

《红楼梦》中有这样一段故事。

贾府元宵家宴，贾母罕见地问责了袭人。贾母说："袭人怎么不见？他如今也有些拿大了，单支使小女孩子出来。"王夫人忙起身笑回道："他母亲前日没了，因有热孝，不便前头来。"贾母听了点头，又笑道："跟主子却讲不起这孝与不孝。若是他还跟我，难道这会子也不在这里不成？皆因我们太宽了，有人使，不查这些，竟成了例了。"凤姐儿忙过来，笑回道："今儿晚上她便没孝，那园子里也须得她看着，灯烛花炮最是耽险的。这里一唱戏，园子里的人谁不偷来瞧瞧。她还细心，各处照看照看。况且这一散后，宝兄弟回去睡觉，各色都是齐全的。若她再来了，众人又不经心，散了回去，铺盖也是冷的，茶水也不齐备，各色都不便宜，所以我叫她不用来，只看屋子。散了又齐备，我们这里也不耽心，又可以全她的礼，岂不三处有益。老祖宗要叫她，我叫她来就是了。"贾母听了这话，忙说："你这话很是，比我想得周到，快别叫她了。"

故事里，王熙凤正是通过找到贾母关心的核心问题、针对核心问题给出意见、把选择权交给贾母这三个解决问题的步骤，化解了矛盾，平息了纷争。

二、避免交往"雷区"

(一)不跻身"小圈子"

职场中，有时会出现"小圈子"，所谓的"圈内人"和"圈外人"会彼此排斥，甚至在工作上形成对抗关系。因此，在同事交往中要避免跻身"小圈子"，更不要主动建立"小圈子"。

(二)不使用"硬性"语言

"肯定不对""绝对不行"等断然性否定的语言、批评性的用语以及表示责难语气的话语，容易伤害对方自尊，招致对方反感，甚至令其感到不快或怨恨。因此在同事交往中，要避免使用这些"硬性"语言。

(三)不随意分享秘密

同事交往中，说闲话、传谣言、挑是非会让他人不悦，特别是探寻他人隐私、涉及功过利害的话题，更不宜在同事间交流讨论。在职场中不随意分享秘密，如果无意间知道了他人的秘密，最好的处理方式是保持沉默，不做任何形式的二次传播。

第四节　商务文书撰写

商务文书是企业在商务活动中使用的各类文书。规范严谨的商务文书不仅能够促进企业信息沟通、情感联络、关系协调、合作达成等，也能反映企业的管理水平和业务水平。根据内容和目的，商务文书可以分为经营性文书、事务性文书、商务运作文书、商务礼仪文书、法律文书、策划文书等，本节重点围绕商务活动中经常使用到的商务礼仪文书，以邀请信、感谢信、祝贺信为例说明文书撰写的礼仪规范。

一、商务礼仪文书撰写原则

(一)目的明确、表达清晰

目的明确、表达清晰是商务礼仪文书撰写的首要原则。在商务礼仪文书撰写前，要明确礼仪文书所要沟通的具体事宜，以及所要传达的情感与信息，要注意符合语言规范、用词准确，注意文字、符号、图片的正确使用，设计精巧、排版合理，让阅读者能准确、清晰地获得信息并理解意图。

(二)语言简练、真诚礼貌

商务礼仪文书篇幅不宜过长，内容编排应遵循规范性结构，遣词造句要讲求简练、客观。同时，要让接收方感受到态度的真诚、措辞的礼貌。

二、商务礼仪文书撰写范例

(一)邀请信

邀请信也叫邀请函，一般是企业举办活动、召开会议、举行仪式或邀请对方来访时所使用的商务信函。有时因为一次活动邀请人数较多，也会以请柬替代邀请信进行邀约。一般来说，重要的商务活动、会议应发邀请信。

邀请信由标题、称谓、正文、落款等构成。

(1)标题。标题一般要直接表明事由,如“2024年企业合作洽谈会邀请信”。如果是邀请对方来访,则可直接拟写标题为“邀请信(函)”。

(2)称谓。称谓可以是对方的单位或部门,也可以是邀请对象个人,个人姓名后应加上准确的称呼,如职位、职称或“先生”“女士”等。如果邀请对象为多人团队且不以单位称呼,则一般以团队中职位最高者为称呼对象,可在正文内对具体邀请对象做进一步说明。

(3)正文。邀请信正文一般包含问候语、邀请对象、主体事宜、敬语等。称谓之后换行拟写问候语,如“你(们)好!”。主体事宜包括邀请对象、主要事项、时间地点、形式流程、具体安排或特别事项等,以便受邀者能提前为参加活动做相应的准备。主体事宜之后应换行拟写敬语,如“敬请光临”“欢迎莅临指导”等。

(4)落款。落款包括邀请者和邀请日期;以企业为邀请者需写上单位全称,以个人为邀请者需写上邀请人全名(可以手写);邀请日期以“阿拉伯数字+年、月、日”的形式拟写,要注意邀请日期要早于会议或活动日期,且不能晚于对方收到邀请信之日。

邀请信(函)范例如下所示。

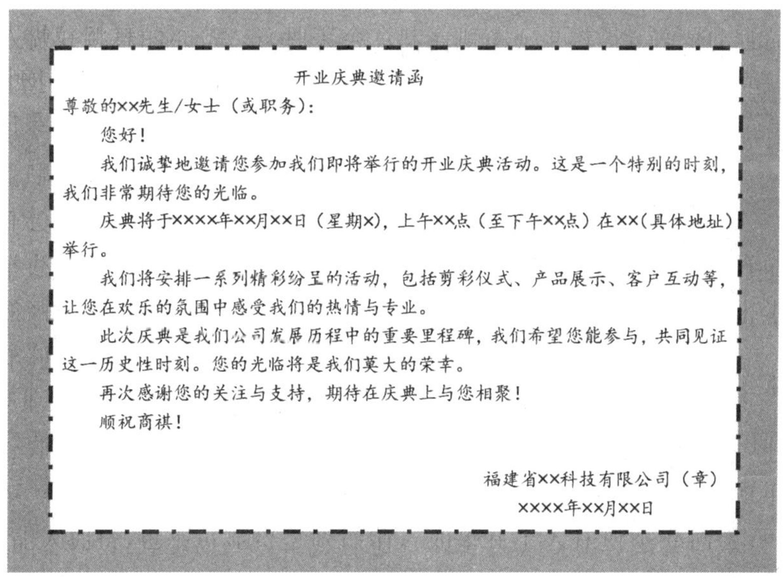

开业庆典邀请函

尊敬的××先生/女士(或职务):

您好!

我们诚挚地邀请您参加我们即将举行的开业庆典活动。这是一个特别的时刻,我们非常期待您的光临。

庆典将于××××年××月××日(星期×),上午××点(至下午××点)在××(具体地址)举行。

我们将安排一系列精彩纷呈的活动,包括剪彩仪式、产品展示、客户互动等,让您在欢乐的氛围中感受我们的热情与专业。

此次庆典是我们公司发展历程中的重要里程碑,我们希望您能参与,共同见证这一历史性时刻。您的光临将是我们莫大的荣幸。

再次感谢您的关注与支持,期待在庆典上与您相聚!

顺祝商祺!

福建省××科技有限公司(章)

××××年××月××日

(二)感谢信

感谢信是企业或者个人对帮助或支持工作的对象表示感谢的信函。一般发出者为受助企业、部门或者个人,目的是对对方给予的帮助或支持表达感谢和敬意。感谢信要体现真实、真诚的情感,要基于客观发生的事实结果,因此无论是对象还是事实都应是真实存在的,对事实叙述也要完整地体现时间、地点、人物和时间经过。

感谢信由标题、称谓、正文、感谢语、落款等构成。

(1)标题。在感谢信第一行的居中位置写“感谢信”作为标题,也可以具体写明感谢对象,如“致某某某的感谢信”,对象可以是个人也可以是单位。

(2)称谓。称谓就是具体的感谢对象。如果感谢对象是单位,则需要正确的全称;如果是个人,则需为姓名加上正确的称呼。

(3)正文。感谢信是基于客观事件的结果表达谢意,因此在感谢信的正文部分要将事件过程完整表述,包括人物对象、时间地点、事件经过、原因结果等,并且要在完整表述之后重点表明由此得到的对方的关心、支持和帮助,表达自己对此的感受、态度和决心等。

(4)感谢语。感谢语是在正文之后表示敬意、感谢的语言,比如“致以最诚挚的感谢”等。

(5)落款。落款即在信函结尾的右下方署名,可以署单位全称或个人姓名。同时,需要写明日期,表达感谢要及时,一般受助事实发生后应尽快通过感谢信传达情意。

此外,撰写感谢信时还需要注意用词准确、表述客观、情感自然、符合身份,通过清楚的表达让对方知晓感谢的缘由,通过中肯的评价突出自己的真情实感,不能过分夸张,让对方感觉不适和有压力。

感谢信范例如下所示。

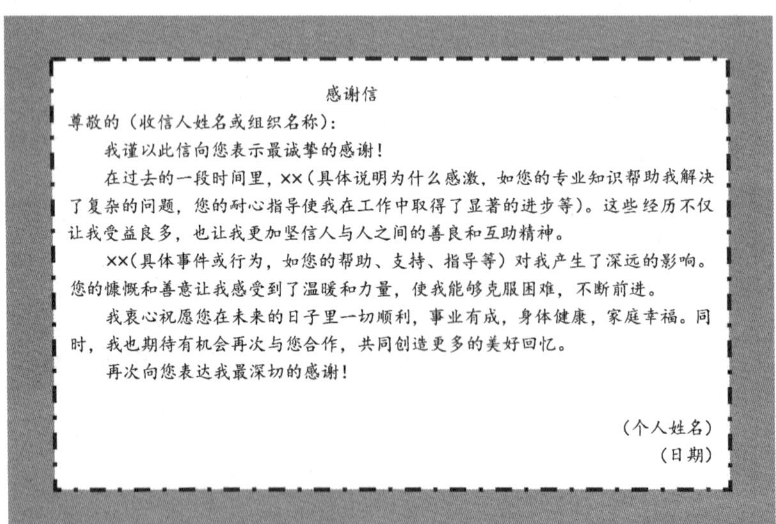

感谢信

尊敬的(收信人姓名或组织名称):

我谨以此信向您表示最诚挚的感谢!

在过去的一段时间里,××(具体说明为什么感激,如您的专业知识帮助我解决了复杂的问题,您的耐心指导使我在工作中取得了显著的进步等)。这些经历不仅让我受益良多,也让我更加坚信人与人之间的善良和互助精神。

××(具体事件或行为,如您的帮助、支持、指导等)对我产生了深远的影响。您的慷慨和善意让我感受到了温暖和力量,使我能够克服困难,不断前进。

我衷心祝愿您在未来的日子里一切顺利,事业有成,身体健康,家庭幸福。同时,我也期待有机会再次与您合作,共同创造更多的美好回忆。

再次向您表达我最深切的感谢!

(个人姓名)

(日期)

(三)祝贺信

祝贺信有时也称为贺电,是表达对对方祝贺、称赞的函件。企业的重大节点,如开业、周年庆、上市、成果发布、项目启动或业绩提升等,以及个人取得较大成绩、晋升、获奖等,可以通过祝贺信的方式表达祝福之意。此外,一些重要会议的召开、活动的圆满闭幕、企业或个人重要的纪念日等也属于祝贺信祝贺称颂的范畴。

祝贺信由标题、称谓、正文及落款构成。

(1)标题。祝贺信标题一般简单写“祝贺信”或“贺电”即可,当然也可以具体写明“给某某的祝贺信”,或直接以祝贺事由为标题,如“热烈庆祝某某会议胜利召开”。

(2)称谓。如果祝贺对象是单位,则称谓以单位全称为准;如果对象是个人,则以姓名加上正确称呼;如果是对于会议、活动的开闭幕表示的祝福,则以其主办单位为称呼对象。

(3)正文。祝贺信正文开头一般会用简练的语言直接描述祝贺事由,如“值××之际”“欣闻贵公司××(事件)”,并紧随其后表达祝福,如“谨代表××向贵公司(您)表示热烈祝贺”。正文主体部分需要就祝贺的具体事由进行称颂,如果是称赞对方的绩效,则要肯定过程、赞扬结果,提出希望和祝福;如果是对会议、活动的召开或举办进行祝贺,则要提及会议、活动的重要意义及对此的真诚期望和祝福;如果是成果发布、项目启动等,需要就其内容、意义以及期待做具体说明;如果是特别的节点或事件,如项目周年庆、个人晋升等,则需要肯定过往的成果并给予祝愿。一般祝贺信结尾应表达祝福、鼓励以及对未来关系发展的期望。

(4)落款。落款为表示祝贺的单位全称或个人姓名,并注明信函撰写时间。

祝贺信具有较强的情感色彩,措辞要热情洋溢,给予对方褒扬之意的同时又能体现真挚的祝愿,但是也不能过于浮夸老套;语言要遵循商务礼仪文书规范,简洁精练,但又不能词不达意。

祝贺信范例如下所示。

祝贺信

尊敬的××(公司名称):

值此贵公司××(周年数)周年之际,我谨代表××(组织/企业),向您致以最热烈的祝贺和最诚挚的祝福!

××(周年数)年来,贵公司始终秉持着××(核心理念/价值观/使命)的精神,不断创新、锐意进取,为社会各界提供了××(主要服务/产品/贡献)。您们的努力和成就,不仅赢得了市场的广泛认可,也为行业的发展树立了标杆。

在此,我们高度赞赏贵公司的卓越贡献,以及为社会带来的深远影响。我们深信,在未来的日子里,贵公司将继续保持创新精神,不断超越自我,为社会创造更多的价值。我们期待与贵公司在未来的日子里,继续加强交流与合作,共同发展。同时,我们也祝愿贵公司在未来的征程中,取得更加辉煌的成就!

再次向贵公司表示衷心的祝贺,祝愿××(周年数)庆典活动圆满成功!

福建××科技有限公司

××××年××月××日

案例分析

林丽是一家公司的前台接待。一日,她正在前台接电话,忽然看见两位客人直接往办公区走,于是便赶快叫住他们。客人有些不耐烦地说:“我们昨天刚来过,是找销售部钱经理的,昨天有点事没办完。”林丽说:“对不起,请你们稍等一下。我马上通知钱经理。”电话接通后,钱经理说:“我不想见那两个人,请你帮我挡一下。”

请思考:

林丽该怎样帮钱经理回绝这次见面?

复习题

1.公共办公区域应注意哪些礼仪?

2.请说说和同事相处的礼仪有哪些?

第十章　涉外商务礼仪

学习目标

知识目标

1.学习并了解涉外商务礼仪的一些原则及特点。

2.了解各国的商务礼俗和禁忌。

3.通过学习掌握外交礼遇的三条原则和四条标准。

4.熟悉一些主要国家的商务礼俗和禁忌。

能力目标

1.熟练掌握涉外商务礼仪规范，展现专业形象，提升国际交往中的个人魅力。

2.灵活运用跨文化沟通技巧，有效推进国际商务合作进程。

3.深入理解不同文化背景下的商务习俗，规避误解与冲突，促进国际商务关系和谐发展。

素养目标

1.培养跨文化理解与尊重的能力，展现开放包容的涉外商务素养。

2.塑造优雅得体的商务形象，彰显专业与自信，提升国际竞争力。

3.强化细致入微的礼仪意识，以周到细致的服务促进国际商务交流的成功。

知识图谱

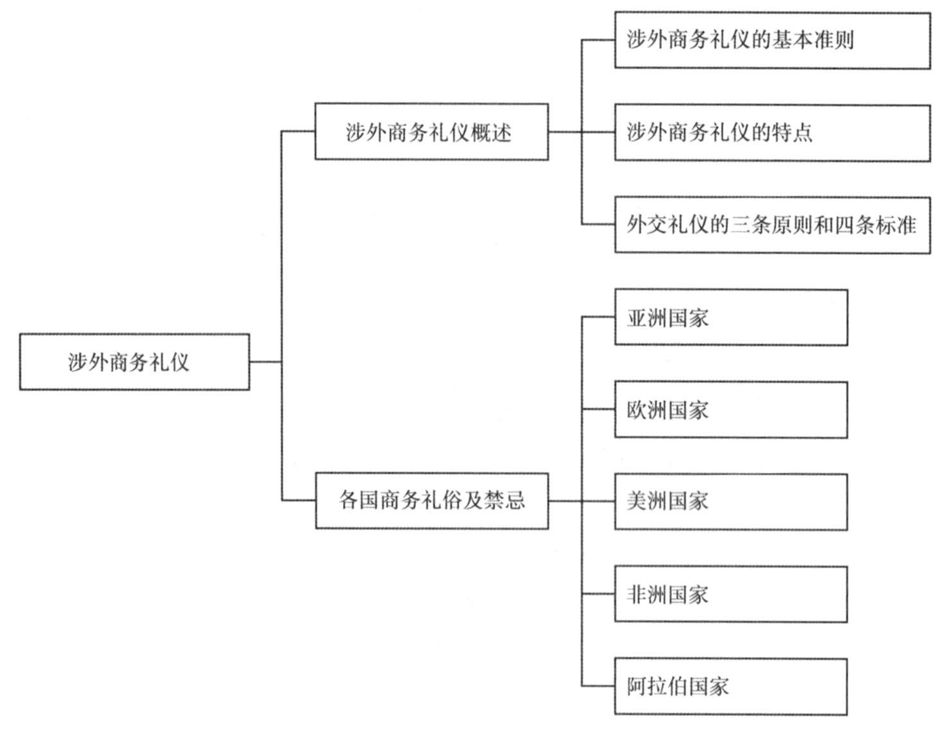

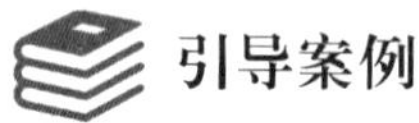

引导案例

“破冰之旅”中的外交礼仪

1972年2月，尼克松访华，这是一次“破冰之旅”。时任国务院总理周恩来当时确定的接待方针是“不冷不热，不卑不亢，待之以礼，不强加于人”。尼克松乘坐的专机于2月21日中午抵达北京，周恩来总理等到机场迎接。当尼克松走出机舱，走下近一半舷梯时，周恩来总理开始鼓掌，尼克松也回以掌声。周恩来总理不是等尼克松一出舱就鼓掌，也不是根本不鼓掌，而是等尼克松走下近一半舷梯时才鼓掌，足见周恩来总理对礼仪细节的重视。

尼克松对周恩来总理说：“我非常高兴来到中华人民共和国的首都北京。”周恩来总理的回复意味深长：“你的手伸过世界上最辽阔的海洋——我们25年没有交往了！”

接下来的欢迎仪式上，按照惯例要悬挂两国国旗、奏两国国歌和检阅仪仗队等，我方的接待完全符合礼仪。不过，同当时我国接待其他国家贵宾的仪式相比还是有所区别的，最明显的就是没有群众欢迎场面。所以，当时西方媒体报道中对我国接待工作的评价是“合于礼而不热”，这与当时的接待方针“不冷不热”相吻合。

欢迎宴会上，在周恩来总理的精心安排下，中国乐队演奏了美国民歌和尼克松家乡的歌曲《美丽的亚美利加》《牧场上的家》，让尼克松感到非常亲切。在祝酒环节，周恩来总理的举动体现了"不卑不亢"的接待方针。周恩来总理一般在与其他国家的领导人碰杯时，总是让自己的酒杯上沿去碰对方杯子的中间部分，以示对来访客人的尊敬，但这次在向尼克松敬酒时，却特意将酒杯杯沿和尼克松的酒杯杯沿持平后再碰杯。

第一节　涉外商务礼仪概述

涉外礼仪是指人们在国际交往中展示自身形象、表达尊重与友好的惯常做法，涉及一系列约定俗成的行为准则，是参与国际交流必须了解和遵守的基本规范。在经济全球化的今天，商务人员掌握涉外礼仪知识显得尤为重要，不仅有助于提升个人形象，更能促进国际商务活动的顺利进行，加深国际合作与友谊。因此，商务人员应深入了解涉外礼仪，以展现专业素养，推动国际交流与合作。

一、涉外商务礼仪的基本准则

《联合国宪章》作为国际法的基石，在开篇便明确了尊重"大小各国平等权利之信念"，并详细列出了各会员国应遵循的七项原则。其中，首要的原则便是各会员国主权平等。这一原则不仅是现代国际关系的基石，更是各国在国际舞台上相互交往、共同发展的基本准则。

主权平等原则强调每个国家，无论大小、强弱、贫富，都享有平等的权利和尊严。这意味着每个国家都有权自主决定自己的内外政策，不受他国的干涉和侵犯。同时，每个国家也都有义务尊重他国的主权，不得借口行使自己的主权而侵犯他国的主权。这种平等和尊重的精神，为国际社会的和谐稳定奠定了坚实的基础。

涉外商务礼仪作为国际交往的行为规范，自然也要以主权平等原则为指导。在国际交往中，各国应遵循礼仪规范，尊重他国的文化和传统，避免任何形式的歧视和偏见。同时，各国也应以平等、开放、包容的态度参与国际事务，共同推动国际关系的民主化和法治化。

主权平等原则在国际交往中的体现是多方面的。首先，在国家的尊严方面，每个国家都应受到尊重，其国家元首，以及国旗、国徽等象征物不得受到侮辱或轻视。其次,在外交代表方面,按照国际公约的规定,他们享有外交特权和豁免权,以确保其能够正常履行外交职责。最后,各国在交往中应坚持不干涉别国内政的原则,不得以任何方式强制他国接受自己的意志或干涉他国的内部事务。

在国际组织和国际会议中,主权平等原则更是得到了充分体现。每个参与国都拥有同等的代表权和投票权,每一票都具有相同的法律效力。这确保了各国在国际组织中的平等地位,使得各国能够平等地参与国际事务的决策和讨论。

在礼宾序列问题上,也应体现各国主权平等的原则。在国际会议上,各国代表的位次不是按国家大小或强弱来排列的,而是按照会议所用文字中各国国名首字母的顺序或其他公平合理的方式来确定的。在签订条约协定时,应遵守轮换制,确保每个缔约国在其保存的一份文本上名列首位,并由其代表首先签字。这种安排体现了对各国主权的尊重和平等对待的精神。

在国际活动中,各国代表的排序应以职务高低或就职时间的先后作为排列的依据,而不是以国家大小或强弱为依据。这体现了对各国代表个人尊严和地位的尊重,也符合主权平等原则的精神。同时,在文字的使用上,每个国家都有使用本国文字的权利,这体现了对各国文化和传统的尊重。在签订国际条约协定时,本国文字与别国文字具有同等效力,这确保了各国在国际法上的平等地位。

总之,主权平等原则是现代国际关系的基本准则,也是国际交往中必须遵循的重要原则。它体现在国际关系的各个方面和细节之中,为各国在国际舞台上的相互交往和共同发展提供了有力的保障。我们应该深刻理解和贯彻这一原则,推动国际关系朝着更加和谐、稳定、繁荣的方向发展。

二、涉外商务礼仪的特点

(一)以相互尊重与主权平等为基础

涉外商务礼仪的首要特点在于其建立在相互尊重和主权平等的基础之上。这意味着现代国家间的关系应当是完全主权国家之间的平等交往,摒弃了封建割据和闭关自守的旧有模式。不论国家大小强弱,其主权都应得到相同的尊重和平等对待。

(二)多边往来的增加与礼仪的创新

随着国际关系的深入发展,国家之间的双边关系持续深化,同时多边往来的趋势也愈发明显。这种多边往来的增多使得国际礼仪需要与时俱进,促进了国际礼仪的创新。各国在交往中不断探索新的礼仪形式,以适应多边往来的需求。

(三)礼仪内涵的丰富与多样化

涉外商务礼仪的内涵日益丰富,涵盖了政治外交、经济贸易、文化教育、军事国防以及民间往来等多个方面和层次。这些不同领域的国际往来都需要运用相应的礼仪,体现了礼仪的多样性和包容性。特别是随着国际经济贸易的蓬勃发展,许多公司设立了专职礼仪人员或公关部门,以更好地展示企业形象和促进业务合作。

(四)讲求实效与形式多样的礼仪活动

涉外商务礼仪活动更加注重实效,摒弃了烦琐的形式主义,形式更加多样且具体安排更加灵活。例如,领导人之间的实质性会谈得到更多的重视,日程安排更加紧凑合理;宴会等礼仪活动虽讲究礼仪,但不再过分铺张浪费;参加宴会的人数有所减少,正式讲话的次数也有所减少;互访代表团人数缩减;生活接待更加注重安全、舒适和方便;等等。

(五)外交礼仪简化的趋势

随着国际交往和活动的增多,繁文缛节逐渐让人们不堪重负,消耗了大量时间和精力。因此,外交礼仪简化成为国际上的必然趋势。各国在保持基本礼仪规范的同时,力求简化程序,提高效率,使国际交往更加便捷高效。

涉外商务礼仪的特点主要体现在在相互尊重与主权平等的基础上,多边往来的增加与礼仪做法的创新,礼仪内涵的丰富与多样化,讲求实效与形式多样的礼仪活动,以及外交礼仪简化等。这些特点共同构成了涉外商务礼仪的基本框架和发展方向。

三、外交礼仪的三条原则和四条标准

(一)外交礼仪的三条原则

1.对等的原则

主方与来访者在级别、职务以及待遇、费用等方面大体上要对等。除非有特殊的安排,否则外交礼遇不宜随便提高或降低。

2.破格的原则

当来访者社会地位虽然不高但背景强大、主方对来访者有特殊需求、主方为了达到某种目的时,会给来访者破格的较高接待礼遇。

3.从简的原则

即重精神、重友谊、重实效,不重形式,不讲排场,不铺张。从简不等于冷落,要注意生活方面的照顾,尽量做到热情周到。

我国的外交礼遇规格是在长期的外交实践中逐渐形成的,具有中国特色。具体如下:一是国家不论大小都一律平等,尊重各国的风俗习惯,不强加于人,不卑不亢,落落大方;二是礼宾安排要与我国的对外政策相一致,要有针对性,重礼仪,重实效,生活上要尽量热情周到;三是提倡勤俭办外事,反对讲排场、摆阔气。

(二)外交礼仪的四条标准

在举办对外交际活动时,礼宾工作至关重要。这不仅涉及国家的形象和声誉,更体现了对来访者的尊重与友好。因此,礼宾工作人员需具备高度的政治责任感、全面的业务知识和灵活严谨的工作作风。外交礼仪包括四条基本标准,具体如下。

1.尊重与平等

尊重是外交礼仪的核心。在接待过程中,应尊重来访者的身份、地位和习俗,确保其在活动中受到应有的礼遇。同时,应坚持平等原则,无论来访者的国家大小、强弱,都应给予相同的尊重和礼遇,体现主权平等的国际关系准则。

2.热情与友好

热情友好是外交礼仪的重要表现。礼宾工作人员应以热情的态度、周到的服务,使来访者感受到宾至如归的温暖。在接待过程中,应注重细节,关注来访者的需求和感受,提供个性化的服务,以展现国家的友好形象。

3.隆重与适度

隆重与适度是外交礼仪的重要原则。在举办活动时,应根据来访者的身份、地位和访问目的,合理安排活动规模和形式,既要体现隆重热烈的氛围,又要避免过于铺张浪费。同时,应注重礼仪的规范性和文化性,展现国家的文化底蕴和风采。

4.灵活与变通

灵活与变通是外交礼仪的重要特点。在接待过程中,礼宾工作人员应根据实际情况和需要,灵活调整工作安排和服务方式,以确保活动的顺利进行。在遇到突发事件或特殊情况时,应迅速作出反应,采取适当措施,确保来访者的安全和舒适。

在举办对外交际活动时,礼宾工作人员应严格按照上述四条标准,确保来访者受到应有的尊重和礼遇。同时,应注重提升个人素质和专业能力,以更好地服务于国家的外交事业。

第二节　各国商务礼俗及禁忌

入境问禁、入国问俗、入门问讳是商务交往的准则。国际商务礼仪是共性惯例，但各国商务礼俗具有特殊性。了解各国商务礼俗有助于认识世界、拓宽视野，并在国际交往频繁的时代把握商机。在商务活动中，应尊重并遵循不同国家的商务礼俗，以建立良好的商业关系，促进国际交流与合作。

一、亚洲一些国家的商务礼俗与禁忌

亚洲不同国家商务礼俗与禁忌的差异性还是较大的。

(一)日本

日本人经商一般比较慎重，有耐心且有韧性，自信心、事业心和进取心都比较强，具有典型的东方风格。

1.重视礼节和礼貌

与日本商界打交道，要注意服饰、言谈、举止和风度。与日本人初次见面，要互相鞠躬，互递名片，一般不握手。如果没有名片，就自我介绍姓名、工作单位和职务。如果是老朋友或者是比较熟悉的人，就主动握手或拥抱。他们常用的寒暄语是“您好”“您早”“再见”“请休息”“晚安”“对不起”“拜托您了”“请多关照”“失陪了”等。日本人鞠躬很有讲究，往往第一次见面时行问候礼是30度鞠躬；分别时行告别礼，会45度鞠躬。日本盛行送礼，日本人既讲究送礼，也讲究还礼，不过日本人送礼、还礼一般都是通过运输公司的服务员送上门的，送礼与收礼的人互不见面。

2.在商务谈判中往往不明确表态

在商务谈判中，应切记的是，若日商在你阐述意见时一直点头，这并不表示他同意你的主张和看法，仅仅表示他已经听见了你的话。他们在签订合同前一般都很谨慎，且历时也很长，一般很重视合同的履行，同时对对方履行合同的要求也很严苛。因此，同日商签订合同时应十分仔细，事前最好有中间人介绍，在合同签订前要仔细审查并应完全理解每一条款的准确含义，以免以后产生纠纷。

3.商务谈判中常微笑着讨价还价

日商一般都具有较高的文化素质和个人涵养，能自如地面带笑容进行讨价还价，以实现获取更多利益的目标。

4.商务谈判时努力做细致准备

对商业谈判，日本人往往事先就会撰写详尽的计划和方案，做精心准备。若在谈判中出现新的变化，他们会迅速响应，形成相关文本，使对方充分理解。在认真准备的同时，日本人还有很强的应变能力，随时会形成对策。

5.谈生意时注意长远效果

与日商谈生意应坚持看货论价，绝不要被高折扣率所迷惑，日商很注意交易和合作的长远效果，不过分争执眼下的利益，善于“放长线钓大鱼”。因此，与日商交往时，自己也应有长远和全局观念，不至于以后受制于人。

6.在交易中通过关键人物促成交易

日商很重视在交易中建立和谐的人际关系，十分重视做对交易有决定性作用的人物的工作，在他们身上不惜花大工夫。在同日商商谈开始的时候，去拜访日方企业中有同等地位的负责人也十分重要，他们会促使合作关系的达成。

7.日本人的习俗及商务禁忌

第一，日本人不喜欢偶数(8 例外，9 及其他某些奇数也不受欢迎)。在贸易谈判时要尽可能不用偶数。日语发音中“4”和“死”相似，“9”与“苦”相近，因此，日本人忌讳 4、9 等数字。此外，13、14、19、24、42 等数字也在忌讳之列。

第二，日本不流行家宴，商业宴会也难得让女士参加，商界人士没有偕夫人出席宴会的习惯。商界的宴会普遍是以在大宾馆举行鸡尾酒会的形式进行。

第三，日本人没有相互敬酒的习惯。与日本人一起喝酒，不宜劝导他们开怀畅饮。日本人接待客人不是在办公室，而是在会议室、接待室。

第四，日本人有当天的事当天完成的习惯，时间观念强，生活节奏快。

第五，日本人很忌讳别人打听收入。日本年轻的女性忌讳别人询问她的姓名、年龄以及婚姻情况等。

第六，送花给日本人时，不能送白花(象征死亡)，也不能把玫瑰和盆栽植物送给病人。菊花是日本皇室专用的花卉，民间一般不能赠送。日本人喜欢樱花。

第七，在颜色上，日本人喜欢淡雅的颜色，厌绿色；在图案上，忌用荷花、狐狸(象征贪婪)等。

第八，在日本，招呼侍者时得把手臂向上伸，手掌朝下，并摆动手指。

第九，在日本，用手抓自己的头皮是愤怒和不满的表示。

第十，在日本寄送信件时，邮票不能倒贴，倒贴邮票表示绝交；装信也要注意不要使收信人打开后看到自己的名字朝下。

(二)韩国

韩国是一个很注重礼仪的国家，尤其是在尊老爱幼、礼貌待人方面更为注重，习俗与我国朝鲜族基本相同。

对于韩国的商务礼俗我们应注意以下几个要点。

第一，最适合前往韩国进行商务访问的时间是每年的 2 月—6 月、9 月、11 月和 12 月。尽量避开多雨的 10 月，以及 7 月—8 月中旬、12 月中下旬。

第二，与不了解的韩国商务人士来往，要有一位双方都尊敬的第三者介绍，否则不容易得到对方的信赖。为了介绍方便，要准备好名片，中文、英文或韩文名片均可，但要避免在名片上使用日文。到公司拜访，必须事先约好。会谈的时间最好安排在上午 10 点或 11 点左右，以及下午 2 点或 3 点。

第三，在商务交谈中，首要的是建立信任和融洽的关系，否则谈判要持续很长时间，尤其是在韩国进行长期的业务活动，需要多次访谈才能奏效。

第四，在商务交往中，韩国人比较敏感，也比较看重感情。只要感到对方稍有点不尊重自己，生意就会告吹。韩国人重视业务中的接待，宴请一般在饭店举行。用餐过后，有时会邀客人到歌舞厅进行娱乐、活动。

（三）泰国

泰国商人喜欢诚实且富有人情味的伙伴。在泰国，佛祖和国王是至高无上的。

"合十礼"是泰国文化中一种重要的礼仪形式。行礼时，人们将两掌相合，十指伸直，举至胸前，身子略下躬，头微微低下，口念"萨瓦迪卡"。"萨瓦迪"为梵语，原意为如意，在泰语中则表示问候之意，相当于"你好"。根据受礼人身份的不同，合十礼的具体形式也会有所变化。比如，晚辈遇见长辈时，需将双手高举至前额，而拜见国王或王室重要成员时，则需跪下行礼。这种礼仪体现了泰国文化中"长幼有序，贵贱有别"的传统观念，彰显了泰国人对长辈和尊贵人物的尊敬。

泰国人喜欢大象与孔雀，白象被视为国宝。荷花是泰国人最喜欢的花卉。泰国喜欢红、黄色，尤其喜欢蓝色，将蓝色视为安宁的象征。泰国人不用红笔签名，不喜欢狗的图案。

（四）越南

在越南，如遇到与自己年龄相仿的人，不要以"先生""小姐""师傅"相称，更不能称"大哥""大姐"，而应礼貌地尊称对方为"二哥""二姐"。越南人很好客，在南方一些山区做客，可以同他们一起喝"同坛酒"。路口有绿色树枝的村寨和门口悬挂有绿色树枝的人家，外人不得进入。越南的傣族人忌讳与他们姓氏同音的事物。

（五）缅甸

缅甸素有"佛塔之国"之称。无论什么人进入佛塔或寺庙，或是进入某些人家中，都必须脱鞋后光脚进入。缅甸人认为牛是最忠诚的朋友，吃牛肉是一种忘恩负义的行为。缅甸人认为“右为大，左为小”，随时都要遵守“男右女左”的原则。缅甸人忌讳星期天送东西给人，忌讳星期二做事。

（六）印度尼西亚

前往印尼洽谈商务的最佳时间是每年的9月份到次年6月份，因为多数印尼商人会在7月和8月外出度假。印尼商人很强调行业互助精神，待人非常有礼貌，但也较难同他人成为知心朋友。一旦同印尼人有了很深的交情，与之合作就相对比较容易，而且可靠。喜欢他人到家里访问是印尼商人的一个重要特点，家访是与印尼商人顺利洽谈商务的一种有效手段。印度尼西亚是一个多民族的国家，很多民族有特殊礼仪与禁忌，若到印度尼西亚访问旅游，最好先了解一下这些礼仪与禁忌。

（七）新加坡

新加坡商人谦恭、诚实、文明和礼貌。他们在谈判桌上一般会表现出三大特点：一是谨慎，不做没有把握的生意；二是守信用，只要签订合同，便会认真履约；三是看重“面子”，特别是老一代人。

在新加坡禁说“恭喜发财”，因为新加坡人认为发财是指发不义之财，是对别人的侮辱与谩骂。在新加坡，留长发的男子不受欢迎。新加坡注重环保，讲究文明和卫生，因此在新加坡不得随地吐痰和扔烟头等。

二、欧洲一些国家的商务礼俗与禁忌

（一）英国

英国人崇尚绅士风度和淑女风范，讲究女士优先。在日常生活中，英国人注重仪表，讲究穿着；男士每天都要刮胡子，凡外出进行社交活动，都要穿深色的西服，佩戴条纹的领带；女士参加社交活动时则应穿两件式套裙或连衣裙。英国人的见面礼是握手礼，若戴着帽子，则在与英国人握手时，最好先摘下帽子；切勿与英国人交叉握手，因为那样会构成表示晦气的“十”字形，也要避免交叉干杯。与英国人交谈时，应注视着对方的头部，并不时与之交换眼神。英国人交往时，注重用敬语“请”“谢谢”“对不起”等。

英国人奉行“不问他人是非”的信条；不愿让别人进入自己的私人生活领域，把家当成“私人城堡”，未经邀请他人不能进入。在英国，非工作时间即为私人时间，一般不进行公事活动；在就餐时谈及公事更是犯大忌，会惹人生厌。日常生

活中，英国人会按事先安排的日程进行，时间观念极强。

在商务谈判中，英国人说话、办事都喜欢讲传统、重程序，对于谈判对手的身份、风度和修养看得很重。通常，英国商人不太重视谈判的准备工作，但他们能随机应变，能攻善守。在英国从事商务活动，对以下特殊礼俗和禁忌应注意。

第一，不要随便闯入别人的家。但若受到对方的邀请，则应欣然前往，这可以理解为对方向你发出商务合作可能顺利实现的信号。在访问时最好不要涉及商务，不要忘记给女士带上一束鲜花或巧克力。

第二，给英国女士送鲜花时，宜送单数，不要送双数和 13 枝，不要送英国人认为象征死亡的菊花和百合花。

第三，不要以英国皇室的隐私作为谈资。

第四，忌用人像作为商品装饰的元素。

第五，一般将英国人称为“不列颠人”，或具体称为“英格兰人”“苏格兰人”等。

第六，英国人忌讳打喷嚏。在打喷嚏后，都会讲“bless you”。

(二)法国

在与法国人的社交中，称呼对方时宜称其姓，并冠以“先生”“小姐”“夫人”等尊称。唯有区别同姓之人时，方可姓与名兼称。熟人、同事之间，才直呼其名。

法国人天性浪漫，喜欢交际。在商务交往中，常用的见面礼是握手，而在其他社交场合，亲吻礼和吻手礼则比较流行。法国人使用的亲吻礼，主要是相互之间亲面颊或贴面颊。至于吻手礼，则主要限于男士在室内象征性地吻一下已婚女士的手背，少女的手不能吻。

在商务活动中，法国商人特别注重“面子”。在与之交往时，如有政府官员出面，会使他们认为有“面子”而更加通情达理，有利于促进商务活动的进行。在商务谈判中，法国商人对双方提交的各方面材料都十分重视。他们通常对对方要求较高。合同在法国商人眼里极富有“弹性”，所以他们经常会在合同签订后，还一再要求修改。

在商务交往中，法国商人有一个十分独特的地方，就是坚持要求使用法语。在商务活动中，法国人若发现跟自己交谈的人会说法语却使用了英语，则很有可能会生气。但是，法国人也忌讳别人讲蹩脚的法语，认为这是对其祖国语言的亵渎。若对法语不纯熟，最好讲英语或借助翻译。

法国人喜欢有文化和美学含义的礼品。唱片、磁带、艺术画册等是法国人最欣赏的礼品。他们非常喜欢名人传记、回忆录、历史书籍，对于鲜花和外国工艺品也颇有兴趣，不喜欢那些带有公司标志的广告式礼品。

公鸡是法国的国鸟，以其勇敢、顽强的性格得到法国人的青睐。野鸭也很受法国人喜爱。法国人不太喜欢无鳞鱼，所以也不大爱吃。

对于色彩，法国人有着自己独特的审美观。他们不喜欢黄色、灰绿色，喜爱蓝色、白色和红色。

（三）德国

德国人勤勉矜持，讲究效率，崇尚理性思维，时间观念强。他们不喜欢拖拉、不守纪律和不讲卫生等坏习气。

在商务活动中，德国商人讲究穿着打扮。一般男士穿深色的三件套西装，打领带，并穿深色的鞋袜。女士穿长过膝盖的套裙或连衣裙，并配以高筒袜，化淡妆，不能穿低胸、紧身、透明的性感上装和超短裙，也不能佩戴过多的首饰。与德国人打交道时，如在这些方面加以注意，则有助于赢得好感和信任。

在商务谈判中，德国商人不仅讲效率，而且准备周到，瞧不起临阵磨枪、缺乏准备的对手。德国商人喜欢在商谈前准确地做好谈判议程安排；在谈判中，他们好胜心较强，表现得较为固执、难以妥协，很少做出让步。德国商人重视合同，讲信誉，对合同条文研究得极为仔细与透彻，合同一旦签订，任何对合同的更改要求都不会得到他们的理会。

德国人在交谈中很讲究礼貌。他们比较注重身份，特别看重法官、律师、医生、博士、教授一类有社会地位的头衔。一般来说，和德国人见面时，应多以“先生”“小姐”“夫人”等称呼相称。

德国人爱吃油腻的食品，且口味偏重。香肠、火腿、土豆是他们最爱吃的东西。德国人在吃饭、穿衣、待客方面都崇尚节俭。

给德国人赠送礼品应审慎，尽量选择有民族特色和文化内涵的物品。男士不宜给德国女士送玫瑰、香水和内衣，因为它们都有特殊的意思，玫瑰表示爱，香水与内衣表示亲近。即使是女性之间，也不宜互赠这类物品。将刀、剪，以及餐叉等西餐餐具送人，有断交之嫌，这也是德国人所忌讳的。德国人不喜欢茶色、黑色、红色和深蓝色。

（四）俄罗斯

俄罗斯是一个重礼好客的多民族国家，其礼俗兼有东西方礼仪的特点。俄罗斯人整体文化素质很高，许多家庭都有极丰富的藏书。他们的见面礼是亲吻与拥抱，即使在商务活动中也是如此。俄罗斯人做生意比较谨慎，在谈判桌上，从不吝惜时间，擅长讨价还价，在生意场上显得有些拖沓。和俄罗斯人交往，应特别注意以下特殊礼俗与禁忌。

第一，日常交往中主动问好是起码的社交礼仪。

第二，在称呼上，“您”和“你”有不同的用法，“您”用来称呼长辈、上级和不熟识的人，以示尊重；“你”用来称呼家人、熟人、朋友、平辈、下辈和儿童，表示亲切、友好。

第三，送礼和收礼都极有讲究。俄罗斯人忌讳别人送钱，认为送钱是一种对人格的侮辱，但他们很爱外国的东西，外国的糖果、烟、酒、服饰都是很好的礼物。如果送花，要送单不送双，双数被认为是不吉利的。

第四，对颜色的好恶和东方人相似，喜红忌黑；对数字，他们和西方人一样忌讳“13”，但对“7”这个数字却情有独钟。

第五，俄罗斯人豪爽大方，忌讳别人说他们小气。

第六，俄罗斯人很爱整洁，随便乱扔东西会受到鄙视。

（五）欧洲其他国家

奥地利人热情好客，和蔼可亲，民族自尊心强。与之进行商务交往时，切忌将其误认为德国人，也不要弄错企业家的头衔，否则会产生不良后果。奥地利是一个传统的旅游国家，但若前去奥地利进行商务活动，最好安排在每年的 2 月—4 月或 9 月—次年 1 月。

在荷兰，人们大多习惯吃生冷食品。荷兰人日常生活中必不可少的饮料是牛奶，但为客人倒牛奶时讲究倒到杯子的 2/3 处，否则会被认为是一种失礼或缺乏教养的行为。荷兰人爱政治和体育等方面的话题，对中国的孔孟之道也乐于谈及，更喜欢别人对其家庭布置的夸奖，但忌讳谈及个人私生活等话题。荷兰是个花的王国，郁金香是荷兰的象征。荷兰人是理财的好手，乱花钱被看作是一种浪费的行为。荷兰人注重工作效率，喜欢安静而平和的生活。在荷兰，送礼忌送食品，且礼物要用纸制品包好。到荷兰人的家里做客，切勿对女主人过于殷勤。在男女同上楼梯时，其礼节恰好与大多数国家相反：男士在前，女士在后。

挪威人友善好客。若受邀到挪威人家里做客，切记给女主人带上一束鲜花或是巧克力作为礼物。在挪威严禁酒后开车，否则将受到极重的处罚。每年的 7 月、8 月和 9 月初为挪威人享受阳光的季节，在此期间最好不要找他们办公事，否则将会被视为不顾及他人的自私行为。

瑞典人享受着“从摇篮到坟墓”的各种社会保障，文化素养也高。见面时很少有人接吻，即使恋人也不表现得过分亲昵，而是以握手为礼。瑞典是个半禁酒的国家，即使在家中饮酒，也要持“购酒许可证”到指定的地点购买，还要交一笔可观的税。因此，在瑞典忌讳送酒。瑞典人爱吃生冷食品，喜欢清鲜的食物，不爱油腻的食物，对中国的粤菜很感兴趣。蓝、黄、白色的组合在瑞典是不受欢迎的。

在丹麦，敬酒有很严格的礼节和顺序。主人“请”字未出口，所有人都不能动杯。其他人要待主人、年长者、位尊者饮酒之后，才能饮酒。

瑞士人有极强的环保意识，尤其爱鸟。瑞士噪声极少，人们说话也是轻声细语的。瑞士人作风保守、严谨，办事讲究实际，时间观念极强。在瑞士，从事商务活动宜穿三件套式西装；拜访公私机构均应预约；公事信函应寄送单位收，而不要寄给个人，以免误事。瑞士商人特别愿与“老字号”进行交易，历史悠久的公司若在名片、信封上印上本公司的创建日期，往往会有意想不到的效果。

比利时商人理性、稳健、诚实、努力。他们不像有的国家在休息时间不谈公事，一些办事人员在需要时，即使正逢周末或休假，也会办理公事。比利时商人讲究职业道德，很少做欺骗他人的事；特别注意外表和地位，与之交往时，容易因所住饭店级别不高、穿着不雅或身份地位不高而受到轻视。与比利时商人交易时，要直接与同级负责人会谈，事先请他们指定会见日期，并且要保证会见双方的身份、地位相当，否则很难获得见面的机会。

西班牙人性格直率，但争吵后不计前嫌，往往在争吵后又满面笑容。西班牙人家庭观念极强，热情好客。西班牙人喜欢狮子、石榴，不喜欢有山水、亭台楼阁的商标图案。在西班牙，忌送被认为与死亡有关的菊花。西班牙人对商务活动的时间有一定的要求，比如午休时间不做工作，下午四点以后才开始工作等。

葡萄牙人非常重视和喜爱葡萄酒，且在饮酒时对酒的温度、酒标形状、开瓶及斟酒方式等方面均有不少的讲究。

三、美洲一些国家的商务礼俗与禁忌

（一）美国

美国人崇尚进取和个人奋斗，不大注意穿着。通常相见时，只点头微笑，打声招呼，而不一定握手。一般不爱用先生、太太、小姐、女士之类的称呼，对关系亲密的人直呼其名是一种亲切友好的表示，从不以行政职务去称呼他人。在美国等西方国家，都有付小费的习惯，在美国付费被认为是对服务人员提供服务的尊重和酬劳。付小费的方式可根据当地习惯灵活运用，例如，不必找零钱，将小费置于茶盘、酒杯下面或塞在服务人员手中。有些旅馆、饭店会收取10%～15%的服务费，可不付小费。但其他服务，如帮助叫出租车、开车门、存取衣帽、代搬行李，以及对旅馆看门人员、服务员，得付不低于1美元的小费。对政府公务员、客机上的机组人员等，是不付小费的。

美国人在进行商务谈判时，非常强调时间观念，喜欢开门见山、答复明确，不爱拐弯抹角；在谈判中谈锋甚健，不断地发表自己的见解和看法；商务谈判前准备充分其参与者各司其职、分工明确；一旦认为条件适合，会迅速作出是否合作的决定，通常在很短的时间内就可以敲定一笔生意。在和美国人开展商务谈判时，应特别注意以下几个方面。

第一，和美国人做生意大可放手讨价还价，但在磋商中要注意策略，立足事实，不辱对方。若不同意美商的某些论点，可用美国人自己的逻辑进行驳斥，这往往会有很好的效果。美国人十分欣赏那些富有进取精神、善于施展策略、善于通过讨价还价获取经济利益的人，尤其爱在棋逢对手的情况下和对方开展谈判和交易。

第二，美国商人法律意识很强，在商务谈判中十分注重合同的推敲。

第三，把以前在谈判中出现过的摩擦作为话题，或是把处于竞争关系中的公司的缺点指出来进行贬低，都是违反美国人经商原则的。

第四，注意商品的包装。包装新奇的商品往往能激起他们的购买欲与销售欲。

第五，忌商标中含有各种珍贵动物的图案。

（二）加拿大

加拿大是和美国相邻的一个大国，但在礼俗上与美国人存在区别。与加拿大人进行商务交往应注意以下几点。

第一，赴约时要准时，切忌失约。

第二，日常生活中忌白色的百合花，白色的百合花只在开追悼会时才使用。加拿大人喜欢枫叶，因为加拿大的国旗上就有枫叶，加拿大有“枫叶之国”的美称。

第三，切勿将加拿大与美国相比较，这是加拿大人的一大忌讳。

第四，销往加拿大的商品，其包装等上面的文字必须是英法文对照的。

第五，当听到加拿大人自己把加拿大分为讲英语和讲法语的两部分人时，切勿发表意见，因为这涉及加拿大国内民族关系的敏感问题。

（三）巴西

巴西是南美洲面积最大、人口最多的国家，也是世界上种族融合特色很鲜明的国家之一。大部分的巴西人信奉天主教或基督教。巴西人感情外露，人们在大街上相见也热烈拥抱。无论男女，见面和分别都以握手为礼。妇女们相见时脸贴脸，虽然唇不触脸，但双方都用嘴发出接吻时的声音。在巴西，因人种复杂，与人交往时，切勿轻易探问对方的种族。巴西人忌用“OK”手势，因为他们认为这是一种不文明的表示。

（四）阿根廷

阿根廷是南美最富有的国家之一，有“世界粮仓”的美誉。阿根廷人惯于保持体面，重视礼节，平时很注重仪表，穿西服、系领带，保持一副绅士派头，但灰色西服在阿根廷不受欢迎，因为它给人一种阴郁之感。阿根廷人相见时的礼仪与巴西相似，但商界流行的是握手礼。在阿根廷，忌讳以贴身用品为礼物送人；忌讳谈有争议的宗教、政治问题；严禁男子留胡须。

四、非洲部分国家的特殊礼俗与禁忌

（一）南非

到南非进行商务活动，穿着可以比较随意，参加一般的商务谈判，穿两件套或三件套的西装均可。在南非进行商务活动，持英语名片最为方便。在商务谈判桌上，只允许使用英语对话。南非人很少外出旅游，因此一年四季均可拜访。

南非工商界人士在商务活动中进行会晤时，习惯事先联系，他们遵守约会时间，拜访应事先预约。同时，他们信守合同，交易方式力求正式；喜欢有话直说，不喜欢拐弯抹角地拖延时间；在付款方面也严格按照规定执行。

南非各族人在正式社交场合一般都行握手礼。有些民族对受尊敬的人习惯用左手握住右手手腕，然后用右手与对方握手。有些民族在与尊贵的客人相见或分别时，还常送上一支孔雀毛。

（二）埃及

按照埃及的商务礼俗，无论是拜访公司或朋友，都要提前定好时间。埃及人对专访的客人很重视，即使是不速之客，他们也会给予热情招待。但在同埃及商人洽谈生意时，往往需要耐心等待一段时间，因为他们会多了解一些对方的情况后再做决定。在埃及从事商务活动，持阿拉伯文和英文名片均可，但英阿文对照的名片更方便。

到埃及进行商务活动，最好是在 10 月到次年 4 月。另外，埃及实行每周 5 天工作制，每周的周五、周六为公休日。

埃及人谈话时习惯站得近些，他们会注视对方但不凝视。同埃及人相处谈话时，要多赞美埃及全球闻名的棉花和古老的文明。埃及人认为用手指人是不礼貌的。在埃及不能穿带有星星图案的衣服，同样图案的包装纸也不受欢迎。

埃及名胜古迹很多，但有很多地方是禁止外国人拍照的，应多加注意。

埃及人与朋友相见时，常称呼对方为“阿凡提”，意思是先生。原来这一称呼只限于王室，现在已经被广泛使用了。埃及人见面时一般先握手，随后亲吻对方的脸，当地还有一种吻手礼节。

在口味上，埃及人一般喜欢清淡、香甜、不油腻的食物。他们在用餐时，通常不喜欢互相交谈，因为用餐时相互交谈被认为是对神的一种冒犯。埃及人习惯用右手就餐，认为左手不洁净，不但不能用左手与他人接触，更不能用左手给别人递送食品或其他物品。埃及人一般忌讳喝酒，但喜欢大量饮茶，习惯喝一种加入薄荷、冰糖、柠檬的绿茶。他们有饭后洗手、饮茶聊天的习惯。埃及人不吃猪、狗肉，以及虾、蟹及鳝鱼等怪状的鱼类，也不谈论有关猪、狗的话题。

埃及人喜欢绿色和白色，忌讳黑色和黄色。他们认为3、5、7、9是积极的，而13是消极的。

五、阿拉伯国家的商务礼俗与禁忌

在阿拉伯人的社会里，宗教和等级制度根深蒂固。不尊重他们的教义和习俗，是不可能谈成生意的。阿拉伯人重感情、讲信誉，争取他们的好感和信任，与之建立起朋友关系，是和他们进行商务往来的基础。在阿拉伯国家，不可能通过一次见面或是一次电话就谈成一笔生意。如想向他们推销商品，前两次见面时最好不要提及，第三次才可稍微提一下，再访问两次后，方可进行商谈。讨价还价是阿拉伯人做生意时的一个重要习惯，他们认为在买东西时与对方讨价还价是对对方的尊重。

在与阿拉伯人进行商务交往中，“IBM”是一种经常出现的语言。这里的“IBM”是由阿拉伯商业圈中三个词语的首字母构成的：“I”表示“因夏拉”（神的意志）；“B”代表“波库拉”（明天再谈）；“M”为“马列修”（不要介意）。阿拉伯商人常用“IBM”保护自己和同对手周旋。比如，双方已在商谈中确定了合同，但后来情况有了变化，若想单方面取消合同，阿拉伯人可名正言顺地说这是“神的意志”。若你在同阿拉伯商人的商谈中刚好谈出一点成果，赢得较为有利的地位时，对方可能会耸耸肩，来上一句“明天再谈吧”，而当明天再谈时，对你有利的形势已不复存在，一切都要从头开始。或许你对他们的上述行为或商业上的其他行为感到不满，他们却会拍拍你的肩膀说“不要介意，不要介意”，让你哭笑不得，不知如何是好。

与阿拉伯人进行商务合作时，一般必须通过中间商介绍，如果没有合适的中间商，商务合作很难进展顺利。

阿拉伯国家都禁用六角星图案。由于阿拉伯人分布广泛，礼俗上也存在一些差别。沙特阿拉伯人特别讲究礼仪。他们见面时首先要互致问候，互道“撒拉姆，阿拉库姆”“伊夫凯，拉克”，前者为“你好”之意，后者为“身体好”之意。沙特阿拉伯人爱以咖啡和茶待客，迎送客人时喜欢用薰香和喷洒香水这种传统的待客礼节。在沙特阿拉伯，黄色象征着神圣和尊贵，只有王室才能使用，平民是不能使用的。

故事一　约翰逊的“跷二郎腿风波”

20世纪60年代，美国总统约翰逊访问泰国，这是一次旨在加强两国友好关系的重要访问。然而，在与泰国国王的会面中，约翰逊却犯下了一个严重的礼仪错误。

当时，会谈在一种相对轻松的氛围中进行，约翰逊或许是为了放松自己，不自觉地跷起了二郎腿，而且他的脚尖正好对准了泰国国王。在泰国文化中，用脚尖指向他人被视为极大的侮辱，尤其是指向国王，更是无法被容忍的。

这一幕被在场的记者和摄影师捕捉到了，很快就在国际上引起了轩然大波。泰国媒体和民众对此表示强烈不满，认为这是对泰国国王和整个泰国文化的侮辱。约翰逊的这一行为也被视为对泰国的不尊重，对两国关系产生了负面影响。

事后，约翰逊不得不通过外交渠道向泰国国王道歉，并承诺以后在访问其他国家时会更加注意自己的言行举止。这次“跷二郎腿风波”也成了国际礼仪交往中的一个经典案例，提醒着每一位外交官和政治家在访问他国时要时刻注意自己的礼仪形象。

故事二　王总的时间冲突

王总是国内一家知名企业的负责人，他带领团队前往中东某国进行商务洽谈。然而，在抵达该国的当天下午，他们就犯下了一个严重的礼仪错误。

当时，王总一行不顾对方的安排，执意要在下午进行拜访。而按照该国的习俗，下午是当地人进行祷告的时间，工作会暂停。王总团队不顾对方习俗的行为让对方感到非常不满。尽管对方出于礼貌还是接待了他们，但在随后的会谈中，对方却显得心不在焉，没有再进行任何实质性的洽谈，王总团队也因此失去了这次宝贵的合作机会。

事后，王总意识到自己的失误，他后悔没有提前了解对方的习俗和礼仪。这次经历让他深刻体会到了在国际商务交往中尊重对方文化习俗的重要性。

故事三　韩小姐的着装失误

韩小姐是一家大型外贸公司的秘书，她跟随公司总经理前往伊朗参加一场重要的商务晚会。然而，在晚会上，她却因为着装不当而犯下了一个严重的礼仪错误。

当时，韩小姐穿着一件白色无袖紧身上衣和一条蓝色短裙出席晚会。然而，在伊朗文化中，女性的着装应该相对保守，避免暴露过多的肌肤。韩小姐的着装显然过于暴露，与当地的习俗格格不入。

当韩小姐走进晚会现场时，立刻成了众人注目的焦点。然而，这种注目并不是因为她的美丽和优雅，而是因为她的着装不当。许多伊朗人都对她投来了异样的目光，甚至有些人还对她指指点点。

韩小姐感受到了这种尴尬和不适，她试图用微笑和自信来掩饰自己的不安。然而，她的努力却似乎徒劳无功。整个晚会期间，她都感到自己像是一个异类，与周围的环境格格不入。

这次着装失误给韩小姐带来了深刻的教训。她意识到在国际商务交往中，了解并尊重对方国家的文化习俗和礼仪规范是多么重要。从此以后，她在参加任何国际商务活动之前都会提前了解当地的习俗和礼仪规范，确保自己不会再犯类似的错误。

故事四　李总的“左手之误”

李总是国内一家知名科技公司的CEO，他凭借精明的商业头脑和果断的决策能力在业界享有盛名。然而，在一次前往印度进行商务洽谈的过程中，他却因为一个小小的举动而犯下了一个严重的礼仪错误。

当时，李总一行抵达印度后，受到了当地合作伙伴的热情接待。在晚宴上，为了表示对李总的尊重，一位印度高管亲自为他递上了一杯当地的特色饮料。然而，就在接饮料的那一刻，李总却犯下了一个致命的错误——他伸出了左手去接饮料。

在印度文化中，左手被视为不洁之手，因为印度人习惯用左手来处理一些不太干净的事情。因此，在印度，用左手递接物品被公认为是对对方的一种侮辱。李总的这一举动立刻引起了在场印度人的不满。

尽管李总很快意识到了自己的错误，并试图用右手去接饮料，但为时已晚。他的这一失误给对方留下了深刻的印象，也让原本愉快的晚宴氛围变得尴尬。在接下来的商务洽谈中，李总明显感受到了对方态度的冷淡和疏离。

这次“左手之误”让李总深刻体会到了在国际商务交往中尊重对方文化习俗的重要性。他意识到，即使是在一些看似微不足道的细节上，也可能因为自己的无知而触犯对方的禁忌，从而给商务合作带来不必要的麻烦和损失。

从此以后，李总在国际商务活动中变得更加谨慎和细心。他不仅会提前了解对方的文化习俗和礼仪规范，还会在行程中时刻提醒自己注意言行举止，确保不会再犯类似的错误。

案例分析

西欧一位颇有身份的女士到华访问，下榻北京一家豪华大酒店。酒店以贵宾的规格隆重接待：总经理在酒店门口亲自迎接，从大堂入口处到电梯走廊都有服务员欢迎、问候，贵宾入住的豪华套房里摆放着鲜花、水果，等等。这位女士十分满意。陪同的总经理见女士兴致很高，为了表达酒店对她的心意，主动提出送一件中国旗袍，女士欣然同意，并让酒店裁缝量了尺寸，总经理也很高兴能送给尊敬的女士这样一件有意义的礼品。

几天后，总经理将赶制好的鲜艳、漂亮的丝绸旗袍送来时，不料这位洋女士却面露愠色，勉强收下，后来离店时还把这件珍贵的旗袍当作垃圾扔在酒店客房的角落里。总经理疑惑不解，经多方打听，好不容易了解到，原来这位洋女士在酒店餐厅里看到女服务员都穿旗袍，误以为那是女侍者的特定服装，总经理赠送旗袍是对自己的不尊敬，故非常生气，将旗袍丢在一边。总经理听说后，为自己当初想出这么一个“高明”的点子而懊悔不已。

请思考：

1.这位总经理犯下的错误是什么？

2.你还了解哪些西方服务禁忌？

复习题

1.涉外商务礼仪的基本准则是什么？

2.外交礼仪的三条原则和四条标准是什么？

3.欧洲国家的商务礼俗有哪些特点？

4.美国的商务礼俗有哪些特点？

应用型本科经管系列教材

财务会计类

中级财务会计
会计学(非会计专业用)
管理会计
业财一体信息化应用
财务共享综合实务
审计学(非审计专业用)
财务管理学
财务报表编制与分析
审计学原理
会计学科专业导论
成本管理会计
Python 在企业财务中的应用
风险管理与内部控制
会计学基础仿真实训
成本会计
企业会计综合实验
统计学
会计学原理
会计模拟实验

金融投资类

大数据金融
金融风险管理
证券投资学
金融学
金融市场学
公司金融学
货币金融学
供应链金融
金融衍生工具
商业银行经营管理理论及案例解读
投资银行理论与实务
保险金信托与财富传承概论
投资组合理论与实务
投资学

经济贸易类

品牌管理
数字经济理论与实务
数字贸易
国际市场营销
国际经济学
数字经济学导论
跨境电子商务
自贸区发展学
国际贸易学
数字贸易规则
电子商务概论

国际结算
国际贸易实务

工商营销类

国际管理:赋能全球企业变革
商务礼仪
新媒体营销
数智时代的营销学原理与实务
消费心理学
文旅直播理论与实务
客户关系管理
营销策划
数字资产管理与综合实践
企业数字化战略变革案例集
服务管理
电商直播运营
绩效管理
短视频直播运营
健康管理学
数字营销
项目策划
网络营销
市场调查与预测

物流类

数智化沙盘模拟实验
智慧物流管理
智慧供应链管理
物流系统规划与管理

现代物流学概论

物流成本管理

运营管理

仓储与配送管理

物流系统建模与仿真——案例与模型

国家自然科学基金(41702288、41861134011)、福建省自然科学基金(2018J0163)、自然资源部丘陵山地地质灾害防治重点实验室开放基金(FJKLGP2012K001)资助

土坡对降雨入渗的响应及其失稳演变

Research on the Response and Failing Process of Unsaturated Soil Slope Under Rainfall Infiltration

许旭堂　简文彬　著

人民交通出版社股份有限公司

北　京

内 容 提 要

本书作为国家自然科学基金"干湿循环效应下残积土孔隙演化特征及降雨滑坡机制研究(41702288)""台风暴雨型滑坡多级监测预警系统研究(41861134011)"等的研究成果之一,主要以闽东南地区非饱和残积土坡为研究对象,通过理论分析、室内试验和数值分析,全面、系统地研究了土坡对降雨入渗的响应及其失稳演变过程。

本书可为从事岩土工程、地质工程、采矿工程、水利水电工程等相关专业的科研、生产、教学人员参考使用。

图书在版编目(CIP)数据

土坡对降雨入渗的响应及其失稳演变 / 许旭堂,简文彬著. — 北京 : 人民交通出版社股份有限公司, 2020.8

ISBN 978-7-114-16456-9

Ⅰ. ①土… Ⅱ. ①许… ②简… Ⅲ. ①降雨—下渗—影响—土质—边坡稳定性—研究 Ⅳ. ①U416.1

中国版本图书馆 CIP 数据核字(2020)第 056271 号

Tupo Dui Jiangyu Rushen De Xiangying Ji Qi Shiwen Yanbian

书　　名: 土坡对降雨入渗的响应及其失稳演变
著 作 者: 许旭堂　简文彬
责任编辑: 刘　倩
责任校对: 孙国靖　扈　婕
责任印制: 刘高彤
出版发行: 人民交通出版社股份有限公司
地　　址: (100011)北京市朝阳区安定门外外馆斜街 3 号
网　　址: http://www.ccpcl.com.cn
销售电话: (010)59757973
总 经 销: 人民交通出版社股份有限公司发行部
经　　销: 各地新华书店
印　　刷: 北京虎彩文化传播有限公司
开　　本: 720 × 960　1/16
印　　张: 14.5
字　　数: 260 千
版　　次: 2020 年 8 月　第 1 版
印　　次: 2020 年 8 月　第 1 次印刷
书　　号: ISBN 978-7-114-16456-9
定　　价: 65.00 元